城市轨道交通系统能耗分析与节能策略

李宇杰 张 骄 著

北京交通大学出版社
·北京·

内 容 简 介

本书主要介绍城市轨道交通系统能耗分析与节能策略。全书共分 7 章，分别介绍了城市轨道交通系统能耗分析与节能策略研究的意义与现状、城市轨道交通系统能耗分析与辨识方法、城市轨道交通系统能耗过程解耦与分析评估方法、城市轨道交通列车能量综合利用技术及节能策略、城市轨道交通车站能量综合利用技术及节能策略、典型线路列车运行能效状态估算与分析、城市轨道交通能量综合利用与能效管理系统等内容。

本书可供高等院校、研究院所及企业中从事城市轨道交通系统能耗分析与节能策略研究的科技人员参考使用。

版权所有，侵权必究。

图书在版编目（CIP）数据

城市轨道交通系统能耗分析与节能策略 / 李宇杰，张骄著. —北京：北京交通大学出版社，2020.9

ISBN 978-7-5121-4310-4

Ⅰ. ① 城… Ⅱ. ① 李… ② 张… Ⅲ. ① 城市铁路–轨道交通–节能–交通运输管理 Ⅳ. ① U239.5

中国版本图书馆 CIP 数据核字（2020）第 149624 号

城市轨道交通系统能耗分析与节能策略
CHENGSHI GUIDAO JIAOTONG XITONG NENGHAO FENXI YU JIENENG CELÜE

责任编辑：黎 丹
出版发行：北京交通大学出版社　　电话：010-51686414　　http://www.bjtup.com.cn
地　　址：北京市海淀区高粱桥斜街 44 号　　邮编：100044
印 刷 者：北京时代华都印刷有限公司
经　　销：全国新华书店
开　　本：185mm×260mm　　印张：13.25　　字数：331 千字
版 印 次：2020 年 9 月第 1 版　　2020 年 9 月第 1 次印刷
印　　数：1～1 200 册　　定价：59.00 元

本书如有质量问题，请向北京交通大学出版社质监组反映。对您的意见和批评，我们表示欢迎和感谢。
投诉电话：010-51686043，51686008；传真：010-62225406；E-mail：press@bjtu.edu.cn。

前　言

随着我国城市轨道交通运营城市不断增多、线网规模持续扩大，如何降低城市轨道交通全生命周期运营成本已成为我国城市轨道交通可持续健康发展的瓶颈问题，迫切需要进行轨道交通系统关键设备能量综合利用技术及运行策略研究。

本书以"先进轨道交通"重点专项指南为指导，以轨道交通系统能耗过程解耦与能效提升需求为导向，联合国内该领域最具创新能力优势，并且长期从事轨道交通系统科学研究工作的企业、高校和科研机构，组成专业结构合理，理论研究、应用研究与工程应用并举的科研联合体，在"轨道交通系统能耗过程解耦与能效提升关键技术"课题的研发成果支撑下开展相关内容的编写。本书以北京地铁八通线为研究对象，采用理论分析和现场调研的方法，研究了城市轨道交通列车运行能效状态估算与分析方法，通过数值模型构建以及智能优化等方法，形成了轨道交通系统关键设备能量综合利用技术及运行策略。

本书适用于从事城市轨道交通列车节能优化技术及节能策略、环控通风系统节能优化技术及节能策略、动力照明系统节能优化技术及节能策略、自动扶梯系统节能优化技术及节能策略等方向研究的从业人员。

本书由李宇杰、张骄共同编写。由于水平有限，再加上时间仓促，书中不妥之处在所难免，敬请读者批评指正。

著　者

2020 年 8 月

目　录

第1章　引言 ··· 1
　1.1　研究背景和意义 ··· 1
　1.2　国内外研究现状 ··· 2
　　　1.2.1　城市轨道交通关键设备能效现状分析 ······································ 2
　　　1.2.2　城市轨道交通系统节能策略现状分析 ······································ 8
　1.3　主要研究内容 ··· 20

第2章　城市轨道交通系统能耗分析与辨识方法 ··································· 21
　2.1　城市轨道交通系统构成 ·· 21
　2.2　城市轨道交通系统能耗构成分析 ·· 25
　2.3　城市轨道交通系统能耗影响要素集 ··· 27
　　　2.3.1　能耗与能效内涵分析 ·· 27
　　　2.3.2　城市轨道交通系统能耗影响要素分析规则 ······························ 28
　　　2.3.3　城市轨道交通系统能效影响要素集构建 ································· 29
　　　2.3.4　能效影响要素集构建 ·· 34
　2.4　城市轨道交通系统能耗关键环节辨识方法 ····································· 35
　　　2.4.1　城市轨道交通系统能耗关键环节要素分析 ······························ 35
　　　2.4.2　城市轨道交通系统能耗辨识方法 ·· 39

第3章　城市轨道交通系统能耗过程解耦与分析评估方法 ······················ 47
　3.1　城市轨道交通系统能耗过程解耦理论 ·· 47
　3.2　城市轨道交通系统能耗特征分析 ·· 52
　3.3　城市轨道交通系统能耗过程建模与评估方法 ·································· 53
　　　3.3.1　城市轨道交通系统能耗关联网络模型 ··································· 53
　　　3.3.2　城市轨道交通系统能耗过程评估方法 ··································· 56

第 4 章 城市轨道交通列车能量综合利用技术及节能策略 ······ 64
4.1 城市轨道交通牵引能耗特征分析 ······ 64
4.1.1 城市轨道交通牵引能耗影响要素 ······ 64
4.1.2 城市轨道交通牵引能耗模型 ······ 68
4.1.3 城市轨道交通牵引能耗估算方法 ······ 70
4.2 城市轨道交通列车综合节能优化技术 ······ 72
4.2.1 列车节能操纵驾驶控制方法 ······ 72
4.2.2 列车节能驾驶能耗节约量评估 ······ 76
4.3 城市轨道交通列车综合节能策略 ······ 81
4.3.1 城市轨道交通系统牵引系统节能策略 ······ 81
4.3.2 城市轨道交通系统节能运营策略 ······ 85

第 5 章 城市轨道交通车站能量综合利用技术及节能策略 ······ 87
5.1 城市轨道交通车站通风空调系统节能优化技术及节能策略 ······ 87
5.1.1 城市轨道交通通风空调系统能耗模型 ······ 87
5.1.2 城市轨道交通通风空调系统能耗预测模型 ······ 95
5.1.3 城市轨道交通通风空调系统能耗优化策略 ······ 96
5.2 城市轨道交通车站动力照明系统节能优化技术及节能策略 ······ 104
5.2.1 城市轨道交通车站动力照明系统能耗模型 ······ 104
5.2.2 城市轨道交通车站动力照明系统能耗预测模型 ······ 107
5.2.3 城市轨道交通车站动力照明系统能耗优化策略 ······ 109
5.3 城市轨道交通车站自动扶梯系统节能优化技术及节能策略 ······ 111
5.3.1 城市轨道交通车站自动扶梯系统能耗模型 ······ 111
5.3.2 城市轨道交通自动扶梯系统能耗预测模型 ······ 114
5.3.3 城市轨道交通车站自动扶梯系统能耗优化策略 ······ 115

第 6 章 典型线路列车运行能效状态估算与分析 ······ 123
6.1 城市轨道交通列车牵引节能案例数据分析 ······ 123
6.1.1 列车牵引节能优化计算方案 ······ 123
6.1.2 典型案例场景数据 ······ 126
6.1.3 数据处理与分析 ······ 130
6.2 城市轨道交通列车牵引节能评估案例数据分析 ······ 150
6.2.1 列车牵引节能优化评估计算方案 ······ 150

6.2.2　数据处理与分析···151

第7章　城市轨道交通能量综合利用与能效管理系统·······························191
　7.1　系统架构设计···191
　　7.1.1　平台物理架构···191
　　7.1.2　平台总体架构···192
　7.2　系统功能设计···193
　　7.2.1　能耗数据统计分析模块···193
　　7.2.2　能效节点综合管理模块···194
　　7.2.3　全局能效调控模块···194
　　7.2.4　平台维护模块···194
　7.3　城市轨道交通能量综合利用与能效管理平台数据流图与接口设计·······195
　　7.3.1　城市轨道交通能量综合利用与能效管理平台数据流图···············195
　　7.3.2　城市轨道交通能量综合利用与能效管理平台接口设计···············195
　7.4　系统界面设计···199

参考文献···202

第 1 章

引 言

1.1 研究背景和意义

轨道交通科技持续自主创新是国家全面实施"创新驱动发展""新型城镇化""区域经济一体化"等战略的全局性基础保障。各发达国家在轨道交通系统安全保障、综合效能、可持续性和互联互通等核心技术与装备的完备性、体系化、国际化方面已形成优势。我国在这些方面体系相对不完备、国际化程度低、领先程度不高、持续创新强度不够,已成为制约我国轨道交通支撑国家战略的瓶颈。

我国经济发展进入新常态,随着工业化、城镇化进程的加快和消费结构的持续升级,我国能源刚性需求增长,资源环境问题仍是制约我国经济社会发展的瓶颈之一,节能减排依然形势严峻、任务艰巨。为此,在 2016 年 12 月 20 日,国务院印发了《"十三五"节能减排综合工作方案》,指导节能减排工作。城市轨道交通作为高速发展的高能耗单位,应积极响应国家政策,提高轨道交通能效水平,落实节能减排目标和责任。习近平总书记多次做出重要指示要加快城市交通低碳发展,加快运量大、速度快、能效高、排放低的城市轨道交通和城际铁路建设,使之逐步成为超大、特大城市内部和城市间的骨干旅客运输方式。

作为轨道交通重要组成部分的城市轨道交通,在我国已经实现了跨越式的发展,无论是运营、规划,还是在建里程及客运量均位居世界第一,在引领和优化城市布局、满足人民群众出行需求、缓解城市交通拥堵、促进经济社会发展等方面发挥了越来越重要的作用。截止到 2019 年 12 月 31 日,我国大陆运营城市轨道交通的城市达到 40 个,通车线路 208 条,总通车里程 6 736.2 km。其中,上海、北京、广州、成都、南京运营里程排名前五,上海和北京分别达到了 809.9 km 和 771.8 km,北京、上海的日均客运量均超过 1 000 万人次,分别达到 1 086.9 万人次和 1 064.3 万人次。

与城市轨道交通快速发展给我们带来便利相伴随的是能源消耗量持续的增长,能效综合利用水平相对较低,由此带来的城市轨道交通快速发展与能源短缺、环境污染的矛盾日益突出。以北京市城市轨道交通系统为例,截至 2019 年底,北京城市轨道交通里程达到 771.8 km，2019 年全年累计完成客运量 39.6 亿人次，总能耗量近 21 亿 kW·h，总牵引能耗近 12 亿 kW·h。城市轨道交通能耗成本占整体运营成本的四成左右，高能耗带来的高运行成本随着全国线网的快速建设还在不断攀升。

城市轨道交通系统能耗和能效利用程度贯穿整个项目全生命周期，与线路设计、规划、建设和运营各个阶段息息相关。因此，在设计、规划、建设和运营中如何有效地进行节能减排、提升能效、避免高能耗点，已成为当前城市轨道交通行业运营重要的科学与技术问题。城市轨道交通系统的能耗构成及影响因素比较复杂，例如，在线路建设条件一定时，能耗与列车自重、牵引系统效率和再生能利用装置密切相关；从运营的角度来看，能耗与行车密度、外部环境和客流量等密切相关。目前，轨道交通系统的能效/能耗管理及节能措施、数据大多数局限于各专业、各子系统的局部研究，较少从系统全局的角度考虑，存在重局部、轻全局的问题，未形成系统性、综合性的节能解决方案。然而城市轨道交通系统是一个庞大、复杂的系统，子系统与子系统、子系统与设施之间相互制约，形成耦合作用，造成能效的降低。仅仅强调局部先进技术的应用并不能显著提升系统能效，系统能效的提升应贯穿整个项目全生命周期，包括系统设计、设备选型和运营各个阶段，需要各子系统、各专业之间的相互协调配合，采取系统化、全方位的节能提升措施。同时，城市轨道交通系统能耗数据零散且数据关系孤立，现有管理平台功能单一，仅实现了简单的数据统计，数据利用率低，整体设计与能效管理的要求具有一定差距，因此亟须建立统一的能耗大数据库和能效管理平台。

本书以系统分析城市轨道交通能效为导向，以实际运营能耗数据为依托，深入挖掘、分析城市轨道交通系统能耗构成分布及其关联性，研究城市轨道交通能效影响要素之间的作用机理和变化规律，辨识项目全生命周期内系统综合能效提升的关键环节，形成轨道交通系统能耗过程评估和解耦方法，以及面向城市轨道交通子系统和全局综合能效的评估方法，设计基于能效提升的城市轨道交通系统能耗综合管理平台，为城市轨道交通的能耗管理、能效提升提供理论基础，同时也为其他相关行业节能增效提供借鉴和参考。

1.2　国内外研究现状

1.2.1　城市轨道交通关键设备能效现状分析

1. 城市轨道交通车辆

城市轨道交通的特点包括线路站间距短，列车运行时频繁地启动、制动等，就地铁而言，现有线路基本上在列车达到最高速时很快就会制动。同时，为了让列车能够准确地按照运行图运行，城市轨道车辆在 ATO（自动列车运行）模式下都是采用巡航方式来运行。目前，我国地铁列车大多采用接触网/轨直流供电，牵引系统大多是变压变频的交流传动系统。列车牵引时从电网吸收能量，制动时优先采用再生制动把制动能量反馈回电网，当电网电压升高到一定程度（1 800 V）时采用电阻制动。基于地铁车辆快速启动、快速制动、全线以精确的预设速度运行的特点，列车在牵引时会消耗大量的电能，在制动时就必然要产生相当大的制动能量，再生制动把动能转化为电能送入电网供其他列车使用，这极大地降低了列车的实际能量损耗。

车辆是城市轨道交通系统中的用电"大户"，占城市轨道交通总能耗的50%左右。车辆用能分为牵引用能和辅助用能，影响轨道交通车辆能耗的因素很多，除直接决定行车的线路里程、运行交路、发车间隔、车辆编组、车载辅助设备数量及容量以外，车辆能耗还受客流规模（列车满载率）、车辆制式及车型、线路敷设方式等因素的影响。

1）客流规模（列车满载率）

客流量对车辆能耗影响较大，主要体现在以下两个方面：一是客流量越大，相应的发车列次越多，从而列车的运营里程也就越大，车辆能耗也随之增大；二是随着列车满载率的变化，车辆能耗变化明显，列车在满载情况下，乘客质量一般占列车总质量的25%～30%，满载甚至超员的列车相对乘客稀少的列车，牵引能耗显然要高，同时车载空调设备的负荷也相应增加。

2）车辆制式及车型

城市轨道交通系统的车辆制式及车型对车辆能耗起着决定性的作用。不同制式的车辆，其能耗差别非常大，一般规律是普通轮轨、跨座式单轨、直线电机、中低速磁浮这几种制式的能效依次降低，同等运量情况下能耗量依次增大。

同种车辆制式的不同车型，不仅车辆尺寸及容量存在差异，而且车辆的自重、运营速度等技术指标也有较大的不同，从而影响整个系统的车辆能耗。同一制式的轨道交通车辆有动车和拖车、带司机室和不带司机室等多种形式，宽度为2.8～3.0 m，定员为200～320人，最高运行速度为80～160 km/h，车体材料有碳素钢、不锈钢或铝合金，这些因素决定了列车的自重，从而影响着列车的车辆能耗状况。车辆自重越大，要求车辆的启动、制动力矩越大，车辆电机的耗电量也越大。

3）线路敷设方式

在同等车辆和客流等条件下，地下线路比地上线路的车辆能耗更大，因为列车在地下隧道中行驶要克服空气阻力而消耗额外的电能。历史数据统计显示：北京地铁1号线年平均单位吨公里能耗约268 kW·h，而行驶条件与之相当的地铁八通线的这一指标为227 kW·h，前者比后者高约18%。

研究资料显示，车体重量减轻10%，能耗可降低6%～8%，而与此同时，车辆自重的减轻，其动力学惯性也会减小，会直接影响车辆的加速和制动能力，缩短高峰时段发车间隔，进而提高城市轨道交通的运营效率。

从轨道交通车辆角度实现对运行能耗的优化，主要的工作方向如下。

（1）车体材料选择

车体材料的确定是车体轻量化设计的前提，目前国内城市地铁新线 B 型车的车体材料都是选用铝合金和轻量化不锈钢两种材料。

从材料本身特性分析，铝合金的密度只相当于钢的三分之一，弹性模量也只有钢的三分之一。为了实现降低车体自重的目的，铝合金在实际设计中充分利用自身性能特点，采用大型中空挤压型材。根据北京地铁公司车辆牵引电耗测试结果，车辆每公里耗电 170 kW·h，车辆每吨公里耗电约 3 kW·h。按铝合金车体比不锈钢车体轻 2 t 计算，每辆铝合金车辆比不锈钢车辆每年能节约电能约 72 万 kW·h。同时，轻量化铝合金车体还能减轻对钢轨的磨耗和冲击，降低噪声，减少线路维修费用，延长线路的使用寿命。因此，在未来地铁新线车辆车体材质选择上，可多采用铝合金材质，以达到降低成本、节省能源的目的。

（2）车体结构优化

车辆车体设计一般通过计算机仿真分析的方法完成，按照 EN 12663—2000 标准，对车体受力情况进行精确计算，然后根据计算结果，优化车体结构及车体型材结构、壁厚，经过多次反复迭代优化，最终确定车体结构。车体结构优化技术需综合考虑型材制造工艺、焊接工艺、加工工艺、强度要求、车辆结构等方面。

（3）整车轻量化设计重量控制技术

车辆重量设计控制是整车系统集成的一项关键技术，是将整车设计重量目标结合整车各系统方案，逐级分解并落实、控制，最终实现车辆重量达到目标值的工作。优化的车辆设计中需要实现车辆设计重量的精确控制，将车辆设计重量控制的理论值与实际产品称重数据进行对比，确保设计值与理论值有很高的吻合度，达到整车使用过程满足预期的目标。

2. 城市轨道交通牵引控制系统

蒸汽机技术的革新，为轨道交通车辆的运行提供了技术支撑。第一条铁路于 18 世纪正式问世，同时也代表着轨道交通领域取得了历史性的突破。在长达两个多世纪的发展历程中，轨道交通车辆的牵引技术发生了多次变革，由最初的蒸汽机转变为内燃机，再到后来的电力牵引，其中电力牵引阶段又可分为直流传动阶段和交流传动阶段，在此过程中，牵引控制技术也发生了巨大的变革。

实际上在 19 世纪 80 年代就开始了电力牵引的尝试，但因技术条件的限制，最终并未得到普及应用。到了 20 世纪 50 年代，电力电子开关器件的出现，为轨道车辆的牵引方式带来了巨大变革，牵引传动技术正式迎来电力电子时代，同时也标志着牵引动力的发展速度不断加快。20 世纪 60 年代，牵引系统普遍采用直流传动系统，20 世纪 70—80 年代，以异步电机为牵引电机的交流传动系统应用到轨道车辆牵引控制中，主要表现出如下优势：牵引电机的质量轻、体积小，有助于简化转向架结构；电路简单可靠，牵引控制更便捷；牵引效果和制动效果好，还具备防空转和防滑行功能。

地铁普遍采用直流牵引供电系统，其保护方法和控制策略是整个系统正常运行和实现其保护控制目标的两个重要方面。系统控制功能的实质是：保护系统通过特定方法获得系统的即时运行参数，经过与内设定值比较和逻辑判断后，如果判定为故障，则输出跳闸开关量脉冲，使相应的断路器跳闸，切除故障线路或故障设备，实现直流供电系统的保护。实际上在微机保护装置中，控制部分与保护部分通过整体规划设计已经结合在一起，成为保护装置的基本组成部分，可大大减少外围接线，降低二次回路的故障率，大幅度提高设备的可靠性。

随着地铁列车数量的增加，对地铁列车的节能新技术也提出了更高的要求。当前异步电动机在牵引传动领域的实施极为普及，同时永磁同步电动机应用于牵引传动领域也初露锋芒。相比异步电机，永磁电机在效率和功率密度方面更具优势。

地铁车辆上除了为牵引电机供给电能的牵引变流系统外，还有为车辆上各种负载提供电能的辅助电源系统。城市轨道交通列车辅助逆变器作为车载辅助用电设备的供电电源，负责给各类设备的冷却风机、车载空调的空气压缩机、车载插座等交流用电设备供电，是城市轨道交通列车电气化装备的重要组成部分。对辅助逆变器进行优化设计，对于提高城市轨道交通列车电气化装备的国产化水平有非常深远的意义。

车载储能系统对城市轨道交通车辆的运行可靠性、节能有着重要作用，传统车载储能系统已无法满足城市轨道交通车辆的节能化、轻量化的要求，新型车载储能系统的设计迫在眉睫，这对于城市轨道交通车辆的节能化和轻量化有着重要的意义。

在城市轨道交通列车节能运行方面，主要是通过优化列车的节能驾驶控制序列来实现的：通过预先设计好列车的节能控制曲线，在每两站之间考虑列车的牵引特性、线路的坡道及限速等条件，计算出优化节能的运行曲线，只要城市轨道交通列车运行时正确地跟踪节能驾驶曲线，就能达到节约能耗的目的。列车自动控制系统是保证城市轨道交通列车行车安全、提高运输效率的关键设备，列车自动运行系统作为其重要的子系统，通过车速自动调整模块实现列车运行自动化，保证了列车运行过程中的安全性、准时性及舒适性。车速自动调整模块通常由列车推荐速度生成和列车速度跟踪控制两部分构成。从节能的角度看，如何根据控制目标、线路条件等信息优化生成推荐速度曲线是列车节能运行需要考虑的一个重要问题。目前，国内外研究机构、轨道交通装备厂商均针对城市轨道交通列车速度曲线优化问题开展了大量研究与设计优化工作，其优化成果可以有效降低列车运行牵引能耗，实现节能减排，促进国民经济发展。

3. 车辆/车站/区间照明系统

地铁车站是乘客换乘和候车的重要场所，为了给乘客提供一个安全、舒适、卫生的环境，车站一般由供电、通信、信号、安全门、综合监控、自动扶梯、自动售检票、通风空调、动力照明、导向标识等系统构成，主要能源消耗为电耗。按站台的形式，车站可分为岛式车站、侧式车站和岛侧混合式车站三种。地铁车站按功能可分为出入口、站厅、站台、车站设备管理通用房（强电类用房、弱电类用房、管理房和其他机电用房）。出入口、通道、站厅、站台等公共区约占地铁总面积的50%。车站设备管理通用房通常设置在站厅/站台公共区的两端，在地面上还分别设置风亭和冷却塔（分散供冷）。

城市轨道交通车站照明负荷通常分为三个等级：一级负荷主要包括事故照明、疏散诱导指示照明等；二级负荷主要包括一般照明和各类灯光指示牌；三级负荷主要指广告照明等。不同功能区照度标准不一样，根据《城市轨道交通照明》（GB/T 16275—2008），车站照度可分为 10 lx、100 lx、150 lx、200 lx 和 300 lx 五个等级。由于地铁建设位置的特殊性，地下采光主要依靠人工照明来实现。按照规定，地铁照明系统应占车站平均设备负荷的 14.2%~16.1%。而交通部数据显示，地铁车站照明运行的用电量占总用电量的 20%~30%。以北京、上海和深圳等一线城市为例，地铁的耗电量占运营成本达 30%以上，即年耗电量在 1 亿 kW·h 左右。受设计规范限制和运营监管不到位影响，照明系统中存在大量低效率光源、低节能性灯具设备和低效照明控制方式，不合理用电消耗占 50%以上。因此，车站照明系统存在巨大的节能空间。

照明控制技术经历了手动控制、自动控制和智能控制三个阶段。手动控制即通过人工拉动开关元件来控制照明设备开关。随着电气技术发展，照明技术逐渐完善，手动控制被逐渐取代。在自动照明控制系统中，照明设备引入光、电、声技术，传感器通过捕捉光与声的变化将信息传递至开关，以此实现自动控制照明的效果。自传感器与灵敏元件的发明和使用使照明控制技术实现了智能化、数字化和模块化，用户可以通过中央系统实现照明的自我管理。随着现代科学技术的进步，智能控制技术得到了广泛认可与应用，传统控制理论面临很大挑战。在公共交通建设领域，智能照明技术能更好地适应运营需要，更符合绿色环保、节约能源的发展理念。与传统控制系统相比，智能照明控制系统在节能化、系统化、数字化等方面更加完善，其特点主要表现在控制系统结构独立、运行系统简单稳定、可自动监视报警等。

智能照明控制系统采用分布式总线结构，系统内部传感器与驱动器为对等关系，具有独立的 CPU（中央处理器），系统中任何传感器与驱动器的故障、损坏都不会影响其他元件运行，且维修与更换元件简单方便，不需重新布线。发生故障时监控系统将自动报警，以防止意外发生。传统照明控制系统采用单向通信结构，系统只支持调光而无法获取灯具信息。系统在多灯具系统中需要大量电缆，且需控制每个光源。若系统存在元件损坏情况则需停止整个系统，重新布线维修。

随着社会需求的增加，城市居民对地铁的要求也由单一的物质需求提升到心理层面。地铁内部环境的舒适度主要取决于地铁车站的光环境，舒适的光环境在一定程度上可以释放居民的生活和工作压力，增加乘客的舒适感和愉悦感。从节能角度和社会服务价值角度来看，提供既经济节能又安全舒适的地下照明，是地铁照明工程中亟待解决的问题。计算机技术的快速发展促使地铁车站照明系统不断趋于信息化和智能化，但由于成本问题，智能照明目前尚未得到广泛的实施与普遍应用。

4. 通风空调系统

通风空调系统作为地铁运行中的重要设备系统之一，担负着对地下空间的空气温度、湿度、空气流速和空气品质进行控制的任务。城市轨道交通通风空调系统包括车站通风空调系统与隧道通风空调系统。其中，车站通风空调系统又包含车站公共区域的通风空调系统、设备管理用房通风空调系统和制冷空调循环水系统三大部分，并分别以大系统、小系统与水系统作为代称。而隧道通风空调系统包括隧道风机、大小系统空调机组、排风机、冷水机组、冷却塔等设备与装置。地铁通风空调系统的设计与构建，借由站台与站厅的排风系统，通过静压箱进行处理，进而在空调机组与回排风机之间进行输送，分别经过混风静压机、空调新风机与新风井进行处理。

车站能耗可分为通风空调、照明、电扶梯和其他能耗（以某城市为例，分别为46%、32%、8%和14%）四种。其中，通风空调能耗最大，其次为照明负荷。地铁车站通风空调系统大多采用传统的水冷式压缩制冷机和风冷式冷却塔提供冷源，如图1-1所示。

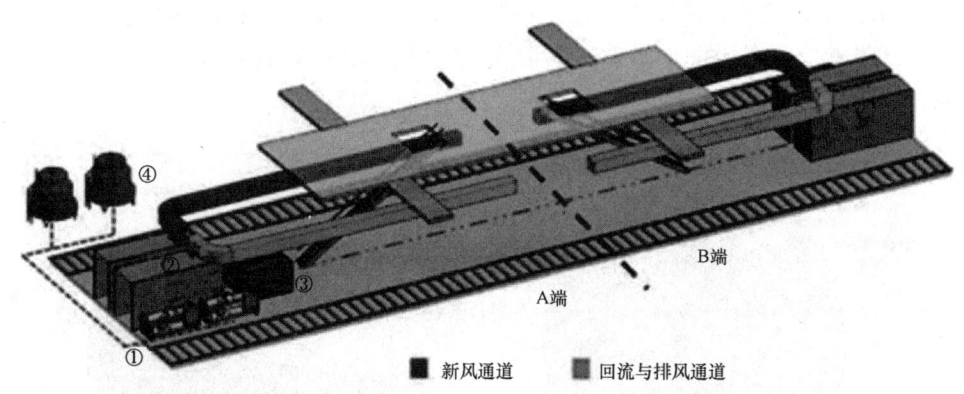

①—冷却单元；②—大面积空气冷却器；③—含小面积空气冷却器的空气处置单元；④—地面空气冷却塔。

图1-1 典型的地铁车站水冷式通风空调系统

由于地铁车站公共区面积较大，通常在其A端和B端分别设置了空调箱；冷冻水由位于A端的水冷式制冷机提供；风冷式冷却塔通常放置在地铁车站附近的地面上，按供冷方式可分为集中供冷和分散供冷。

地铁车站供冷面一般包括公共区（大系统）、管理房和强/弱电用房（小系统）。不同区域的设定温度会有所差别（站厅温度<29 ℃，站台温度<27 ℃，管理房和弱电房温度<27 ℃，强电房温度<36 ℃），新风的设置也不一样（大系统的新风量取人员最小新风量、送风量的15%、屏蔽门漏风量的最大值，小系统的新风量为送风量的10%）。此外，地铁车站还需配置车站排烟系统、隧道/轨道排风/排烟系统。

地铁车站通风空调系统的设备较多，且相互影响，是综合性多变量多参数系统，其特点如下。

① 通风空调系统的能耗约为地下线能耗的30%以上，仅次于车辆牵引用电能耗。地铁车站既需应对客流高峰时刻的高负荷情况，又要满足客流低峰期的部分负荷要求，因此通风空调系统按最大空调负荷选择，在部分负荷时依然能够确保高效运行。

② 车站内的热源波动很大。热源波动与客流量和室外天气有密切关系。车站内的热源参数随着城市、客流量和时间段的不同而变化。

③ 地铁车站内部的热源与空间大小呈正比关系（这与其他交通工具不同），对大系

统、小系统和空调水系统提出了更高的要求。

④ 地铁车站大部分是地下工程，其空间具有一定的封闭性，需要有更高的安全措施。

⑤ 地铁车辆在非屏蔽门车站充当活塞完成车站的活塞风通风。在采用屏蔽门的车站，通风空调系统对通风功能提出了更高的要求。

基于以上特点，地铁车站通风空调系统需要较高的系统稳定性和安全性。从能耗这一视角来看，通风空调系统中，大系统空调箱能耗最大（约43%），其次分别为小系统空调箱和回排风机。空调季节冷水机组的能耗最大，约为系统总能耗的50%，其次分别为冷却水泵、冷冻水泵和空调箱。非空调季节和空调季节的地铁通风空调系统能耗情况如图1-2所示。空调的热负荷主要来自乘客散热散湿、出入口热传递、新风负荷、屏蔽门热传递及渗透热、设备及照明散热等。但通风空调易受区域的影响，如华北地区环控系统能耗约占地铁总能耗的30%，而在华南地区则高达50%。

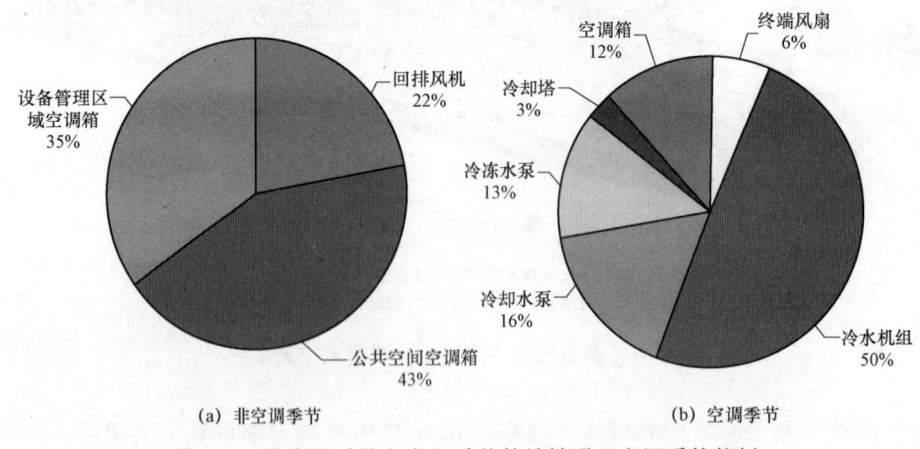

图1-2 非空调季节和空调季节的地铁通风空调系统能耗

此外，车站能耗还随着车站建设年代、面积、客流量、出入口个数、是否设置屏蔽门、是否为高架站、是否为中转站等因素的变化而变化。以我国地铁车站为例，地下车站年单位面积耗电量平均为 152 kW·h/m²，而高架站仅为 91 kW·h/m²；非中转站为 130 kW·h/m²，中转站为 166 kW·h/m²。韩国地铁车站单位能耗为 179 kW·h/m²，巴塞罗那某地铁车站单位能耗为 217 kW·h/m²。国际地铁协会 CoMET/Nava 研究表明，亚洲城市地铁运营能耗费用占总运营成本的比例为 15%~30%，比欧洲（5%）、北美（10%）高，这与其较高的空调需求有关。

1.2.2 城市轨道交通系统节能策略现状分析

1. 城市轨道交通车辆节能策略分析

城市轨道交通列车运行节能控制策略主要从两方面分析：无安全约束条件的单车节能控制策略和有安全约束条件的单车节能控制策略。对这两方面的研究，有传统优化方法和智能优化方法两种。

国内对单车节能控制的研究主要集中在：列车节能运行状态研究、不同线路工况节能策略研究、列车工况转换点研究、不同线路约束条件下节能策略研究等方面。朱金陵等人采用系统最优化理论中的最大值原理推导出了列车优化操纵方法由最大程度牵引、部分牵引、惰行、部分制动和最大程度制动等部分组成；石红国构造了以能耗为目标的多目标列车运行仿真模型，探讨了列车转换点位置问题，得出了列车的牵引计算模型；冯晓云以单车安全限制速度为基础，提出了基于模糊算法的列车运行优化操纵方法。

国外在列车节能操纵控制方面的研究主要集中在三个方面：节能优化控制方法的存在性证明、不同线路条件下列车优化控制、列车能耗计算方法。Howlett 证明了单车节能最优操纵方法的存在性；Howlett 将机械能模型和能耗模型综合考虑，得到了更加符合实际的单车优化操纵方法，利用离散控制理论得到了改进的单车能耗模型，并证明了该模型在节能上的优越性。此外，Howlett 在考虑变化坡度线路的不同线路限速的条件下利用庞特里亚金极大值条件研究了单车优化操纵问题，建立了单车优化操纵模型，并通过实验验证了该模型的有效性。相应地，研究人员在考虑陡坡道和线路限速的前提下，研究了长途旅行单车的优化操纵方法，并通过仿真验证了上述方法。Liu R F 等人分析了最大牵引力、制动力与单车速度的关系，在考虑了任意限速、线路坡道、弯道因素的前提下，提出了一种最小化单车在单位运行时间内能耗的解析算法。

在列车运行节能优化的大量研究成果中，基于定时约束条件下的列车节能算法是一种非常基础而普遍的方法，其目的是在一定的车辆、线路等硬件环境下和既定的运行图、列车编组计划等运营管理状况下，探讨列车运行过程中的优化调度方法。该方法的主要设计过程通常包括以下具体内容。

1）牵引力计算

牵引计算模型中将列车视为均匀质点链，其运行状态取决于该辆车受到的合力。列车在运行过程中受到大小和方向不同的各种力的作用，但只考虑与列车运行速度有关的纵向力，包括牵引力、运行基本阻力、附加阻力、启动阻力。

① 牵引力。受动轮和钢轨间黏着能力的限制，机车牵引力所能达到的最大值称为机车黏着牵引力，以 F 表示。轮周牵引力超过牵引力时列车就会发生空转，不能正常工作。

② 运行基本阻力。由于影响基本阻力的因素极为复杂，在使用中通常按照由大量试验综合得出的经验公式进行计算。

③ 附加阻力。将整车视作均匀质点链，随着列车逐渐进入变坡段，整列车的受力逐渐变化。根据列车长度、跨过变坡点的长度、变坡前的计算坡度、变坡后的计算坡度可得到计算坡度，同时考虑曲线情况得到列车受力，能够计算出列车的附加阻力，以用于对列车运行过程进行分析与优化计算。

④ 启动阻力。启动过程是一个复杂的随机过程，不仅受到轴承的正常润滑状态的滞后建立、轮轨间滑动摩擦阻力的加大等因素影响，还与车钩间隙状态、各辆车逐辆启动

的复杂过程有关。列车的启动阻力维持时间短，计算只能通过试验的办法，提出一些计算公式做概略的计算。

2）定时约束的节能方案

（1）节能方案求解原则

对于列车在坡段上的运行，由于断面情况复杂，难以给出较为优化的模型。节能策略所要达到的控制目标是使列车运行过程中的牵引能耗尽可能降低，这是一种比较复杂的策略。目前，普遍采用的节能控制方案还只是一种充分考虑实际情况的节能策略。典型的牵引计算过程可以划分为启动过程、中间运行过程和停车制动过程三部分。

图1-3是具有固定运行时分的列车运行"速度-距离"曲线示意图。无论是节时模式还是节能模式，列车在牵引启动阶段都尽量利用较大牵引力牵引。中间运行过程的节能调度的基本原则是在准点的前提下尽可能提高惰行的比例，减少列车行驶过程中的制动次数和制动时间，以达到节能调度的目的。锯齿形的调度方法或匀速牵引比较节能。

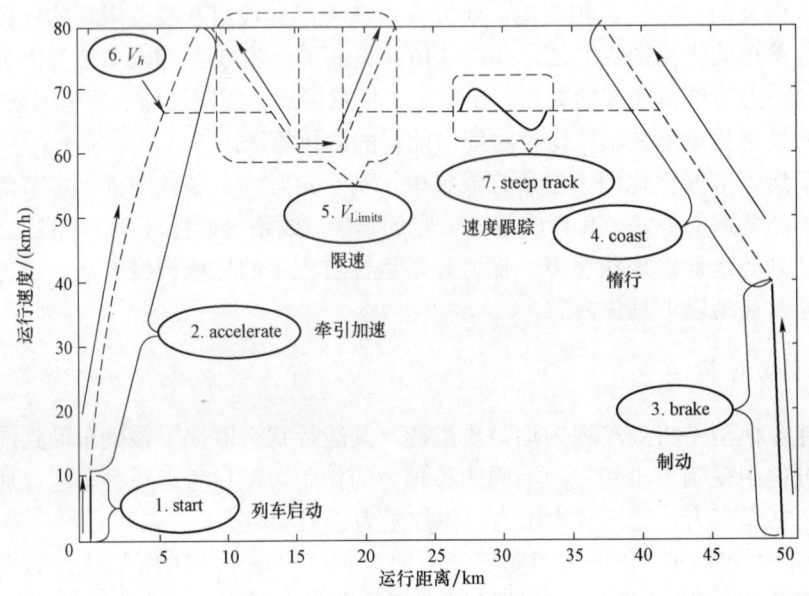

图1-3 具有固定时分的列车运行速度-距离曲线示意图

（2）定时节能优化方案计算框架

由于线路条件及其限速组合的复杂性，给定时分下列车运行轨迹的确定具有不确定性。为了保证列车按照固定时分运行，通过几次迭代来确定目标速度，通过在运行过程中运行速度在目标速度附近波动来达到近似准点的目的。

定时节能优化方案将整个运算区域分为三个主要的过程，即启动过程、中间运行过程和停车制动过程。启动过程中使用允许的最大牵引力牵引，并以旅客舒适度作调整，当达到最大限速范围区域后，启动过程结束，中间运行过程开始。中间运行过程主要由牵引段和惰行段构成，或由惰行段和制动段构成。如果通过计算得出的计算时间大于设定的运行时间,则通过改变最低限速,以达到提高平均速度的目的,进而缩短运行时间,达到定时目的;如果计算时间小于设定的运行时间,则通过加大惰行区段从而使运行时间与设定时间相同。常规的主要做法是结合建立的能耗模型,利用优化算法寻找能满足节能及其他相关指标的列车运行方案,这一思路同样适用于列车运行计划的编制过程。一种典型的节能运行方案如下:既有的节能运行研究通常是在特定的运营条件下,通过建立能耗模型,利用启发式算法寻找节能方案或者利用列车运行仿真并结合启发式算法寻找满足安全、正点、舒适、节能的列车运行方案,属于操作层面,而在列车运行计划编制阶段的节能运行图编制过程中,在进行节能运行计算时,区间节能运行时分不能超出节时运行策略下的最短运行时分太多,否则会影响线路通过能力,同时节能运行算法还必须具有较高的计算效率,以节约仿真时间。

基于以上需求,节能运行算法思路为:在计算节时运行曲线的基础上寻找节能较多但运行时间又必须在一定范围内且不能超出节时运行时间太多的方案,即在节时运行曲线的基础上,添加节能运行时间约束,设计节能运行计算框架,其主要计算流程如图1-4所示。

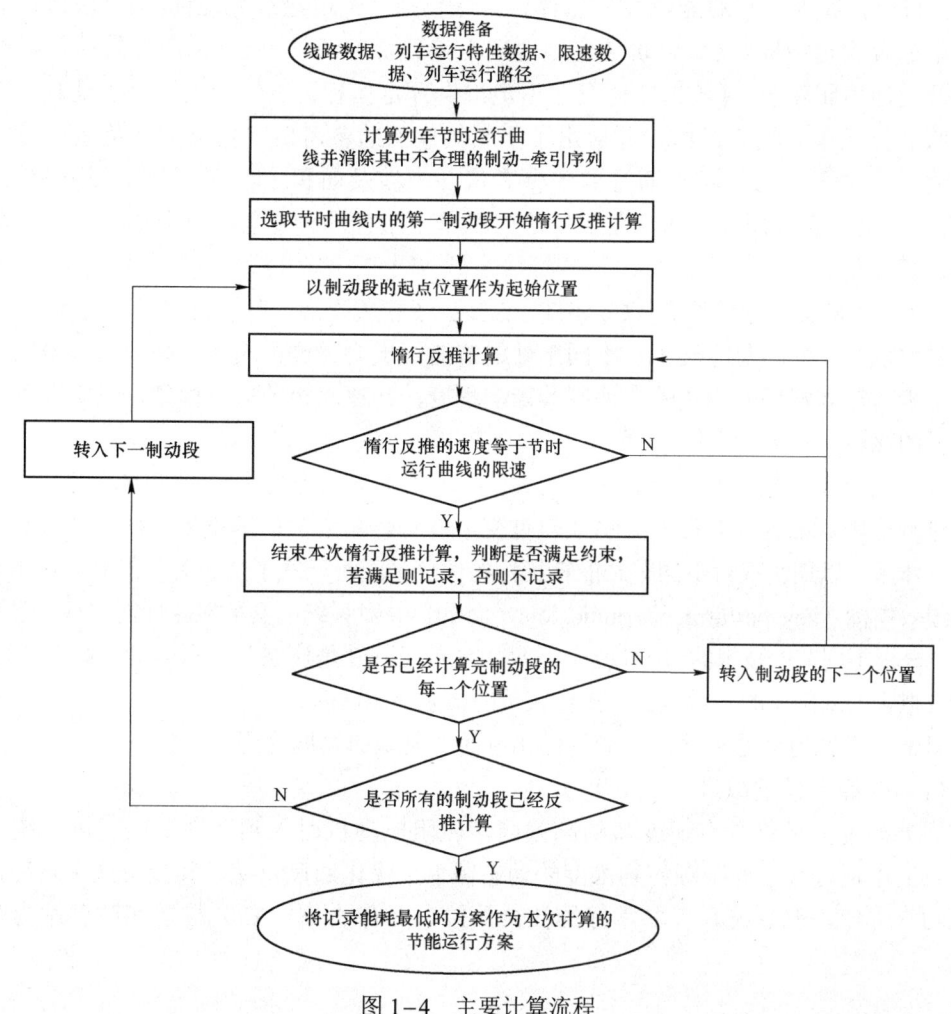

图1-4 主要计算流程

在给定线路平纵断面、列车、限速及列车运行路径等数据条件下，计算列车节时运行曲线。

首先消除节时运行曲线中不合理的制动-牵引序列，其次依次对节时运行曲线的每一制动段的每个位置进行惰行反推计算，当反推速度等于节时运行速度时，惰行反推结束，将得到的惰行运行曲线与节时运行曲线整合成新的节能运行曲线，并统计节能运行曲线相对于节时运行曲线所节省的能耗及增加的运行时间，若增加的运行时间与节时运行时间比值在一定范围内，则记录该方案，否则不予记录。

从上述结果中，选取能耗较低的节能运行曲线作为列车在所给路径上的节能运行方案。

2. 城市轨道交通车站节能策略分析

国内城市轨道交通节能技术应用较为广泛，大量新技术在新建线路中推广应用，但由于缺乏节能评价体系，节能措施所带来的收益难以量化，无法提高各参与方的积极性。目前，我国已有的能耗标准与评价方法包括《民用建筑能耗标准》《城市轨道交通用电综合评定指标》《城市轨道交通合理用能评价方法》。但《民用建筑能耗标准》不涉及交通枢纽建筑，《城市轨道交通用电综合评定指标》虽然给出了牵引能耗、车站动力照明能耗作为能耗指标，并给出了不同气候区的参考值，但只关注整条线路的能耗，而非个体车站的能耗，而且这些参考值并未涉及面积、出入口数量等影响因素；《城市轨道交通合理用能评价方法》仅给出了单个指标的计算方法，未指出如何对车站能耗进行评价。

此外，虽然国际地铁协会（CoMET）也提出了相关指标，但与我国面临的问题一样，即无法实现对不同的节能技术、不同车站的节能效果的评价。因此，必须深入研究不同影响因素与车站能耗的相关性，评判其影响程度，并建立相关评价模型，以实现不同车站能耗的比较。

该问题已经引起学术界部分学者的关注，有研究人员通过多元回归方法对不同影响因素进行比较。国内也有研究人员在轨道交通能耗影响因素的基础上，建立轨道交通能耗指标体系，以期实现对不同车站能耗指标的评价，同时开发了全面的与能源消耗相关的关键绩效指标（key performance indicators, KPI），并对系统的实际能源性能进行多层次分析，以分析不同节能技术的节能效果。这些方法的正确性是建立在不同车站大量数据采集、分析及拟合的基础上的，对数据及操作人员的要求都非常高。

目前，在轨道交通车站系统能耗优化方面，典型的发展应用方向如下。

（1）设备/系统的改进

国外研究人员将具有逆变器的高效同步磁阻电动机引入到地铁车站通风系统（见图1-5）中，可基于控制颗粒物浓度的动态需求来优化通风负荷。其投资成本较高，回收期约7.7年，但系统具有非常好的社会效益，可有效减少CO_2排放和改善站内空气质量。

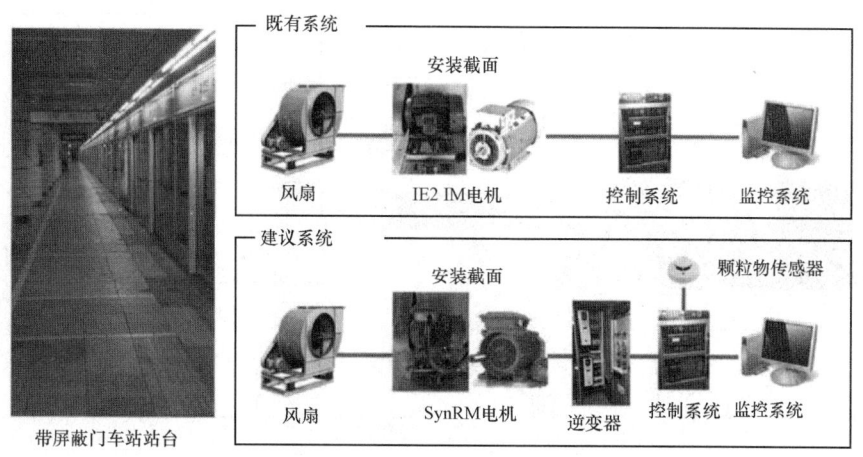

图 1-5　高效同步磁阻电动机引入的站台与通风系统

（2）地铁车站环境监控技术的研发

地铁车站环境对乘客健康的影响非常大，因此无论是地铁公司还是学术界的学者都非常关注地铁车站环境的监测与控制。地铁车站的监控主要包括热状况、CO_2、$PM_{2.5}$/PM_{10}、NO_x等污染物的监测。有研究人员提出了一种利用无线传感器网络（wireless sensor network，WSN）和建筑信息建模（building information modeling，BIM）来监测地铁车站内部热状况的方法，并开发了一种配备板式混合活性炭床的新型自控系统。该系统可根据NO_2浓度的变化来控制活性炭床的角度，在有效去除NO_2的同时降低通风能耗。该系统测量了混合活性炭床运行前后不同采样点（环境、站台和混合活性炭床前后）的NO_2浓度，结果显示，地铁车站通风孔处NO_2浓度（12.3～113.6 μg/L）高于空气监测站（9.2～68.4 μg/L）。此外，可以通过改变环境中的相对湿度来改变NO_2的水平；当表观气速从1.04 m/s 增加到 1.82 m/s 时，系统的NO_2去除率从66.3%变到60.5%，混合活性炭床层压降从 2.2 mmH$_2$O 增至 5.4 mmH$_2$O。NO_2浓度随着时间延长而迅速下降，平台的NO_2浓度显著控制在 50 μg/L 以下，降低了系统通风能耗。

在此基础上，基于非线性动态分析法、多层前馈神经网络法和偏最小二乘法，在环境监测的基础上，开发出新的室内空气质量（indoor air quality，IAQ）和通风能量需求预测控制模型，这是一种非常具有应用潜力的方案（见图 1-6）。该方案基于前馈性神经网络法来开发非线性动态回归模型，消除室外空气质量（outdoor air quality，OAQ）对 IAQ 的突发影响，预测平台上 PM_{10}、NO_x、CO_2 等污染物的浓度及车站通风系统的能耗，在保证站内空气质量的基础上，有效减少通风能耗（可达到约 64%），可用于制定通风控制策略，同时保持 IAQ 的健康水平并减少地铁车站的能量需求。

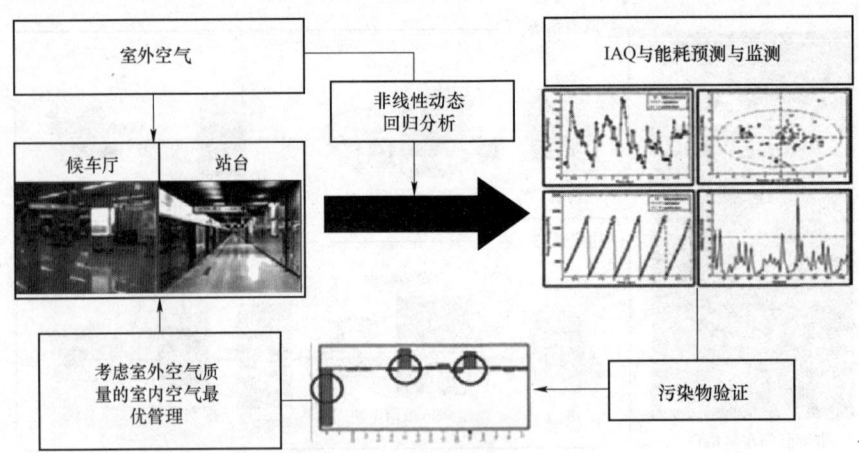

图 1-6　从 IAQ 消除 OAQ 效应的推荐方案

（3）基于模型预测的地铁车站通风空调控制

由于地铁通风空调系统的复杂性和时滞性，地铁车站通风空调系统大多在负荷预测的基础上实现自动控制。在国外，大多采用通过神经网络法或遗传算法生成车站热负荷的预测模型。例如基于多层感知器（multi-layered perceptron，MLP）开发智能方法来预测铁路车站的能源消耗，以获得车站电力消耗与站内区域面积、气象参数、客流量等影响因素的非线性关系，并分析 MLP 预测结果和实际收集的数据之间的相关系数，以评估预测的性能。该模型的最小相关系数为 0.96，置信水平为 95%，满足工程应用要求，此外还可用于预测所选车站每周电耗的分布情况，预测值与实际消耗值相符。此方向的研究可为地铁车站用电量评估提供一种新的工具。有研究人员通过多目标遗传算法来实现预测控制模型的最佳控制，以确保站内空气质量，实现能耗最小化，取代传统的手动控制或比例积分微分（proportion integration differentiation，PID）控制。使用该方法设计的系统不仅可以保证车站空气质量，还可实现节能，比传统手动控制系统节省能耗约为 435 kW·h/d，若电费按照市场价格 0.85 元/度计算，每年可节省电费约 14 万元。

还有一个与地铁车站通风空调模型预测及自动控制最密切相关的工作是 2011 年在欧洲的 SEAM4US（地下站的可持续能源管理）项目。该项目针对地下地铁能量消耗的复杂性，从建模和控制方面研究了地铁车站的节能问题。图 1-7 是通风控制系统中过程识别的输入变量和输出变量。该项目的研究方法及内容如下。

① 基于负荷预测控制系统和贝叶斯网络模型，提出一种新型的地下车站智能能源管理系统，实现车站空调系统、照明系统和电梯系统的自动调控。具体表现为：通过与外部天气的协同作用、与用户的交互作用及依据过去经验数据的模型预测来实现最佳控制；通过现存的传感器网络实现照明、通风和自动扶梯子系统的主动和自适应控制。采用该方法，通风空调系统可节能（30.6±2.0）%，照明系统可节能（24.1±1.9）%，电梯系统可节能（8.5±1.9）%。

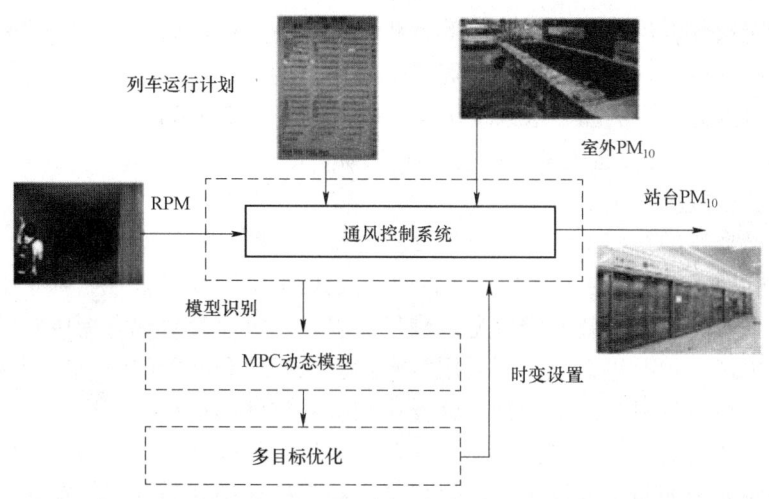

图 1-7 通风控制系统中过程识别的输入变量和输出变量

② 开发基于模型预测的地下车站通风控制系统，并试点用于巴塞罗那的帕斯山地铁站。该预测模型是基于贝叶斯环境预测模型（Bayesian environmental prediction model）开发的，与天气预报、列车时刻表、客流量预测、风机功耗预测等协同控制。该预测模型允许控制器提前动作，使系统适应当前和未来的使用条件，实现通风供给与需求的平衡。该控制模型可在保持原有舒适度的基础上，使通风系统节能 30%以上，每年最低节省电量约 74 336.14 kW·h。

近年来，国内已开始关注用于地铁车站暖通空调系统负荷特征识别的传感和学习方法，并在空调负荷分析的基础上，开发和部署了地铁车站通风空调的自动控制系统。图 1-8 是通风空调自动控制系统架构。

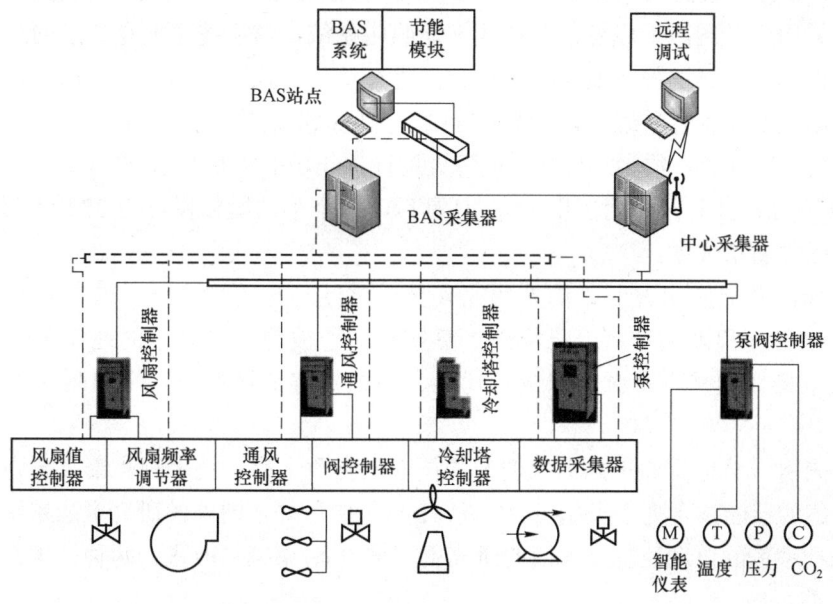

图 1-8 通风空调自动控制系统架构

该类系统根据客流量、室外温度等预测车站的热负荷,通过通风空调的自适应自动控制系统对冷水机组、冷冻水供水量等参数进行自动调节,以实现热负荷和供冷量的平衡。经实际线路的运用测算,该系统每天可以节省超过 2 000 kW·h 的电量,年节约电费约为 62 万元,可实现通风空调系统节能 20%~38%。

(4) 最小新风优化技术

研究人员通过网络模拟和现场测量分析了站内新鲜空气的两个组成部分,即空调系统提供的"机械新风"和活塞效应产生的"无组织新风"。结果表明,除了上下班阶段的高流量时间外,无组织的新鲜空气足以满足需求。同时,针对现有新风阀门密封性不好的问题,提出了一种改进系统,即采用全密封新风阀门和匹配的新风控制方法精确地控制新风量。改进系统只有入口和排气管连接到室外空间,运行时,空调箱的频率根据车站大厅和平台的当前冷负荷进行调整。该系统可节约冷量 10%~20%。该结论适用于具有平台屏蔽门系统的整个地铁车站,包括华南和东南亚国家与地区。在这些城市的地铁中,通过改进通风空调系统的形式并精确控制新风量,可以实现节能。此外,研究人员还对影响屏蔽门漏风量及出入口渗漏风量的影响因素进行分析拟合,获得了无组织新风量与隧道长度、列车发车密度、屏蔽门间隙面积、双向列车到达时间间隔的关系式。

(5) 照明与电梯

国外研究人员通过分析,建议采用二极管灯具代替传统荧光灯,以节省照明电耗,并开发了一种能调节人造光源的照度水平自适应照明系统(属于 SEAM4US 项目)。该系统基于车站原有的客流大数据(即占用情况)及灯具的维护周期进行调控,无须额外增加节能设备的投资,还可节约照明电耗 36.22%,具有很高的性价比。该系统应用于巴塞罗那地铁网络的 115 个地铁车站,结果显示每年总体节约电量为 255.47 MW·h。

国内研究人员主要从照度标准和灯具布局的改进、自然光的利用等方面对地铁照明进行优化,建议用直流供电和 LED 照明来节省照明能耗。国内地铁车站公共区智能照明系统目前采用的是国际上成熟的分布式智能照明系统,该系统主要是通过网络总线,将分布在地铁车站现场的控制器连接在一起,进行统一的控制。据测算,结合城市轨道交通典型车站照明设备容量统计,一个标准站公共区照明总容量约为 60 kW,采用 LED 灯具后,按同等照度容量约为 40 kW;按每天运行 18 h、电费 0.85 元/度计算,年节省费用约 11.169 万元,公共区照明采用 LED 灯具后,每个车站增加投资约 38.8 万元,可在 3 年半左右回收新增成本。

在电梯的节能应用方面,国外研究人员通过经验与监测相结合的方法来确定自动扶梯的磨损程度和剩余寿命,已经用于莫斯科和圣彼得堡等城市的地铁车站。目前,国内地铁电梯普遍采用变频技术进行优化,并根据客流量的不同来限制站外电梯的开启时间。

总体来看,轨道交通车站系统的节能技术已有数十种,技术种类繁多。为了便于分析,将上述的节能技术列于表 1-1 中。从表 1-1 中可知,国外的研究更注重站内空气质量的监控及系统的自动控制,我国的研究更注重设备/系统的改进,两种技术都具有很好的节能效果。

表 1–1　面向城市轨道交通车站系统的节能技术汇总与对比

地域	技术类型	技术名称	节能效果
国外	设备/系统改进	具有逆变器的高效同步磁阻电动机	回收期约 7.7 年，但系统具有非常好的社会效益，可有效减少 CO_2 和改善空气质量
	地铁车站环境监控技术的研发	利用无线传感器网络（WSN）和建筑信息建模（BIM）来监测地铁车站内部热状况	获得不同空间的温、湿度
		一种配备板式混合活性炭床的新型自控系统	可有效去除 CO_2，同时降低通风能耗
		基于多层感知机（MLP）的智能预测方法	实现电能预测
		室内空气质量（IAQ）和通风能量需求预测控制模型	保证站内空气质量，减少通风能耗（约64%）
	基于模型预测的地铁车站通风空调控制	采用多目标遗传算法来实现预测控制模型	节能 24%左右，比传统手动控制可节省能耗约为 435 kW·h/d
		新型的地下车站智能能源管理系统	通风空调系统可节能约（30.6±2.0）%，照明系统可节能约（24.1±1.9）%，电梯可节能约（8.5±1.9）%
		基于模型预测的地下车站通风控制系统	在保持原有舒适度的基础上，通风节能约30%
	照明与电梯	调节人造光源照度水平的自适应照明策略	利用车站原有客流量数据，实现照明的预测与控制，投资成本低，节约照明电耗约36.22%
		电梯监测系统	确定自动扶梯的磨损程度和剩余寿命
国内	设备/系统的改进	直接蒸发式空调系统	制冷能耗节省20%以上，需增加冷却塔，占地面积大
		独立蒸发式冷凝器的新型空调系统（EC–AC）	与传统的空调系统相比，每年节省的电量高达 81 002 kW·h。动态回收期约8.6年，20年净节约成本约74万元，减少 CO_2 排放约1 600 t
		暗挖车站新型通风空调系统	节约土建面积 800 m²，节约土建投资约400万元，年节约电费约73万元
		温、湿度独立控制空调系统	与传统空调系统相比全年耗电量节省为 1.115×10^5 kW·h，即全年节能24.37%~26.2%，初投资高出18%~25%，增量投资回收年限为5年以上
		通风空调变频控制技术	相比恒速风机，变频风机能降低地铁车站通风和水系统的能耗；同时节约风机能耗39.63%。改造后每年可节约电费31.4万元，本项目改造费用95.6万元，3年可回收投资成本
		PBD–PSD 组合系统	与PBD系统相比，组合系统的节能率为1%~8%，在炎热地区，特别是人流量较大的车站，节能效果最差
		极寒地门帘优化	站内温度升高2 ℃
		利用地下水	减少占地面积与水耗量

续表

地域	技术类型	技术名称	节能效果
国内	最小新风优化技术	新风优化（取消机械新风）	投资成本低，节能10%～20%
		对屏蔽门漏风量及出入口渗透风量进行分析模拟	得到无组织新风与隧道长度、列车发车密度、屏蔽门间隙面积、双向列车到达时间间隔的关系式
	基于模型预测的地铁车站通风空调控制	通风空调自动控制系统	节能20%～38%。该系统每天可以节省超过2 000 kW·h的电量，即每年节约电费约62万元
	照明系统的优化	直流供电+LED照明	采用智能照明系统，公共区照明采用LED灯具后，每个车站增加投资约38.8万元，可在3年半左右回收新增成本

3. 能效优化发展思路

从轨道交通系统能耗水平现状及优化方向来看，如何进一步提升系统的能耗优化能力，可以从以下几个方面考虑。

从轨道交通列车的牵引能耗优化方面来看，在列车节能操纵驾驶控制方法优化方向的研究成果大量涌现，相应的白皮书也已在 2019 年发布（《城市轨道交通列车运行节能控制导则》白皮书），未来的研究与应用方向将进一步向优化的驾驶控制策略的执行上落实，并且将列车的微观驾驶与宏观的运行组织调度进行跨层次结合，从而更深入地挖掘并实现预期的节能能力。

在轨道交通系统车站的运行能耗优化方面：

① 基于模型预测的通风空调控制系统具有较好的节能潜力，可适用于不同气候地区的车站。取消机械新风的新风优化技术，对于温带和亚热带地区的地铁车站都具有较好的节能效果。调节人造光源照度水平的自适应照明策略则适用于所有需要长时间照明的车站，不仅投资成本低，而且节能效果也较好。

② 同步磁阻电动机、独立蒸发式冷凝器的新型空调系统（EC-AC）、温湿度独立控制系统等设备/系统的改进技术，虽然具有很好的节能效果，但是投资费用较高，回收期较长；直接蒸发式空调系统需增加冷却塔，占地面积大；暗挖车站新型通风空调系统具有很好的经济、社会效益，但该技术对设计人员的要求较高；变频控制技术在风机、水泵、电梯的应用已经非常普遍，具有降低功耗、减小损耗、延长设备使用寿命等作用，但由于变频仅针对单个设备或系统进行调节，其整体节能效果有限。

③ 门帘优化（利用列车发热量来改善车站环境）比较适合北方严寒地区，通过 PBD-PSD 组合系统，利用活塞风来节省通风空调系统的能耗，比较适合温带地区，但对亚热带地区，则节能效果不佳。

整体来看，轨道交通车站系统的节能趋于向标准化、综合化、全周期化方向发展，具体的发展趋势如下。

① 建立和完善用能评价标准体系，规范节能各项工作，使不同区域、不同线路、不

同结构的地铁车站都可以科学、合理节能,从而激发各方积极性,挖掘地铁车站的节能潜力。

② 在原有创新技术的基础上,结合城市轨道交通系统规律、轨道交通特点,打破专业界限,实行生命周期全过程的研究,实现整个系统的全局优化和综合性节能。针对既有线路改造,应用节能技术,提升产品装备的能效;针对新建工程,从工程的规划、设计开始贯彻节能的理念和技术,从节能系统、节能专项工程、能源管理系统等方面开展全生命周期的节能服务。

③ 建立能耗大数据库和能源管控平台,将零散的能耗数据、客流数据、环境数据汇总和统一管理,利用先进的数据分析技术,建立车站能耗、客流量、负荷等参数的预测模型,可以有效地平衡能量供给与需求的关系,建立自动控制系统,达到节能减排的目的。

在此基础上,进一步将对能耗的优化上升至"能效"层面,其优化提升的主要方向则可以从以下两个方面进行设计与实施。

(1) 能效优化的管理手段

提高能源利用效率是一项长期而又艰巨的系统工程,在这项工程中,起主导作用的是政府,而落实节能工作的则是基层运营单位。轨道交通系统的运营管理单位需要进行节能管理,完成能源计量系统的建立,包括能源管理组织体系、能源管理规章制度、能源管理设备,以及对基层能源管理队伍的组建和培训。在建立完善的能源计量系统后,通过一段时间的数据记录、比对,可以逐渐掌握能源的消耗总量、能源消耗的分类、能源消耗的分布,继而发现用能不合理的部分,找寻原因和问题所在,从而为节能改造提供基础和依据。

此外,需要进一步充分挖掘节能的潜力,其中能源审计是分析和发现节能潜力的一个重要手段,通过自己或委托从事能源审计的机构,根据国家、行业有关节能法规和标准,对轨道交通系统运营中能源使用的效率进行检测、核查、分析和评价,找到能源消耗中存在的问题,从而制定与之相应的节能技术措施和规章制度。

(2) 能效优化的技术手段

为了提高自然资源的利用率,减少环境污染,贯彻可持续发展的宗旨,各国的学者专家都提出了众多能效优化的理论方法与技术方案,其中能源计量、合同能源管理是众多方法中的代表。学者专家们从管理面和技术面出发,构建整套节能方案,为我国轨道交通行业的节能工作提供了显著的指导作用。合同能源管理是一种起源于 20 世纪 70 年代的节能方案,其实质是节能需求单位将运营单位的节能行为、节能方案委托给在此领域拥有先进理论和经验的专业化节能服务公司(energy conservation service company),让他们与运营单位共同完成节能资本、节能技术的有效整合,并在运营过程中受益。

成套节能服务中通常包括如下步骤。

① 能源审计。以审计形式对耗能设备进行能源效率评估,测量当前的能源消耗情况,通过对当前能耗水平的评定,将各项技术指标梳理并进行沟通。

② 节能改造方案设计。根据能源审计结果,制订几套对应的技术方案,将各套技术方案的经济指标、技术指标、可行性指标、预期收益指标进行综合评估,制订最终的节

能改造与能效提升实施方案。

能源计量是实施能效评估与管理的核心基础,其根本价值在于提供用能单位准确、全面、可靠的能耗数据,将数据汇总后,形成能源消耗统计表,清晰反映用能情况,并从收益角度综合评估能源消耗与收益之间的相对关系,对未来从管理、技术投资、规范制度等层面实施改进创造条件,使在技术更新、制度优化等过程中形成的节能效益更多地反映到运营的本质需求中去。

1.3 主要研究内容

本书结合能耗历史运营数据,构建了城市轨道交通系统能耗关联网络模型,从节点的度、介数和聚类系数等网络拓扑属性的角度对能耗关联网络模型进行统计分析,并分析了基于熵的属性分布异质性,形成了城市轨道交通系统能耗过程分析评估方法,提出了城市轨道交通系统中关键能耗控制点的辨识方法,得到了城市轨道交通系统能耗过程解耦方法,分析了城市轨道交通系统的关键设备情况,分别从轨道交通列车牵引系统、轨道交通车站系统开展了能耗特征分析、能耗预测模型研究,结合实际数据进行了量化分析与验证,并给出了城市轨道交通系统能量综合利用的建议。本书的主要研究内容如下。

① 城市轨道交通系统能耗分析与辨识方法,包括:城市轨道交通系统构成、城市轨道交通系统能耗构成分析、城市轨道交通系统能耗影响要素集、城市轨道交通系统能耗关键环节辨识方法。

② 城市轨道交通系统能耗过程解耦与分析评估方法,包括:城市轨道交通系统能耗过程解耦理论、城市轨道交通系统能耗特征分析、城市轨道交通系统能耗过程建模与评估方法。

③ 城市轨道交通列车能量综合利用技术及节能策略,包括:城市轨道交通牵引能耗特征分析、城市轨道交通列车综合节能优化技术、城市轨道交通列车综合节能策略。

④ 城市轨道交通车站能量综合利用技术及节能策略,包括:城市轨道交通车站通风空调系统节能优化技术及节能策略、城市轨道交通车站动力照明系统节能优化技术及节能策略、城市轨道交通车站自动扶梯系统节能优化技术及节能策略。

⑤ 典型线路列车运行能效状态估算与分析,包括:城市轨道交通列车牵引节能案例数据分析、城市轨道交通列车牵引节能评估案例数据分析。

⑥ 城市轨道交通能量综合利用与能效管理系统,包括:系统架构设计、系统功能设计、城市轨道交通能量综合利用与能效管理平台数据流图和接口设计、系统界面设计。

城市轨道交通系统能耗分析与辨识方法

2.1 城市轨道交通系统构成

城市轨道交通系统是集多专业、多工种于一身的复杂系统，通常由轨道路线、车站、车辆、维护检修基地、供变电、通信、信号、指挥控制中心等组成。城市轨道交通的运输组织、功能实现、安全保证均应遵循轨道交通的客观规律。

① 在运输组织方面，要实行集中调度、统一指挥、按运行图组织行车。

② 在功能实现方面，如线路、车站、隧道、车辆、供电、通信、信号、机电设备及消防系统均应保证状态良好、运行正常。

③ 在安全保证方面，主要依靠行车组织和设备正常运行来保证必要的行车间隔和正确的行车线路。

为了保证列车运行安全、正点，在集中调度、统一指挥的原则下，行车组织、设备、车辆检修、设备运行管理、安全保证等均由一系列规章制度来规范。列车运行是一个多专业、多工种配合，围绕安全行车这一中心而组成的有序联动、时效性极强的系统。轨道交通系统中，其主要构成是人、机、环和管。

1. 人

在城市轨道交通系统中，"人"按照属性可以分为六大部分，分别是管理及技术人员、运营组织人员、设备维修人员、应急人员、施工人员和乘客。

（1）管理及技术人员

管理及技术人员是指在城市轨道交通系统运营公司或者分公司中负责行政、客运、车辆、通信、信号、AFC、供电、机电、线路、土建、调度等相关工作的管理及专业技术人员。

（2）运营组织人员

运营组织人员是指在城市轨道交通系统运营现场，负责调度、综控、站务、乘务等工作的人员。

(3) 设备维修人员

设备维修人员是指对城市轨道交通系统运营设备进行维修的人员，主要包括车辆维修人员、供电维修人员、线路维修人员、信号维修人员、机电维修人员、土建设施维修人员、通信维修人员和 AFC 维修人员。

(4) 应急人员

应急人员是指当城市轨道交通系统发生故障时，对故障采取紧急措施，以求尽可能减小故障所带来的损失的工作人员，主要分为值守人员和抢险人员。

(5) 施工人员

施工人员是指对城市轨道交通系统已有设备设施进行改造或对新设备设施进行建设的人员。

(6) 乘客

乘客是指使用城市轨道交通系统出行的人。如果把城市轨道交通系统看作是一个服务设施，那么乘客就是"顾客"，是对城市轨道交通系统功能进行消费的群体。乘客一般可分为普通乘客和特殊群体。

2. 机

在城市轨道交通系统中，"机"是实现城市轨道交通正常运营的工具，是城市轨道交通系统中最复杂的部分。按照类别可以将"机"分为三大类，分别是设施、设备和维检设备。其中，设施包括土建设施与线路，设备包括列车系统、信号系统、供电系统、AFC 系统、通信系统、机电系统；维检设备是指对设施、设备的正常工作情况进行检修的装备，其分类可以参照设施与设备的分类，如维检设备包括信号系统维检装备、供电系统维检装备等。

1) 土建设施

城市轨道交通的土建设施包括桥梁、隧道、路基及涵洞、车站和车辆段。其中车辆段主要负责列车车辆的运营、整备、检修等，同时也是城市轨道交通系统中对车辆进行运营管理、停放及维修保养的场所。

2) 线路

城市轨道交通的线路包括轨道、接触轨和轨道附属设备。其中，轨道是城市轨道交通车辆运行的基础，没有铺设轨道的地方，城市轨道交通车辆将无法到达；接触轨是为城市轨道交通车辆提供运行所需能量的装置，是供电系统和城市轨道交通车辆之间联系的纽带，接触轨一般位于轨道的旁边，因此又称为"第三轨"；轨道附属设备指的是车挡、涂油器、融雪装置、标志标识等保障城市轨道交通车辆正常完成运营工作的设备。

3) 列车系统

列车系统是城市轨道交通系统中极为重要的部分，它是乘客交通出行的载体，是为顾客提供服务的工具。列车系统按照构成可以分为车体、转向架、制动及风源、电气系统、车钩及管通道和安全服务设施。其中，电气系统又可细分为牵引系统、辅助电源及广播等辅助系统。

4）信号系统

信号系统是为城市轨道交通车辆提供开行信息，对城市轨道交通车辆进行调度指挥、信息管理、设备工况监测及维护的系统。城市轨道交通信号系统主要包括：列车自动防护系统（automatic train protection，ATP）、列车自动运行系统（automatic train operation，ATO）、列车自动监控系统（automatic train supervision，ATS）、联锁子系统，其中联锁子系统包括信号机、计算机联锁及道岔转换装置。

5）供电系统

供电系统是为城市轨道交通提供电能支撑的系统。因为城市轨道交通系统中设备设施的多样性，因此对电能的需求类型也不尽相同。例如，北京地铁 9 号线的列车（B 型车）牵引制动需要的是 750 V 直流电源；车站内的插座需要的是 220 V 交流电源。根据实地调研，城市轨道交通系统的供电系统可以分为交流电源系统、牵引供电系统、低压供电系统、杂散电流防护系统、再生能吸收利用系统、交直流操作电源系统、不间断电源系统、电力监控系统、能源管理系统。

6）AFC 系统

AFC 系统的全称是 automatic fare collection system，即自动售检票系统，由车站终端设备与相应的 AFC 管理计算系统构成。AFC 系统基于计算机、通信、网络、自动控制等技术，能够自动实现城市轨道交通售票、检票、计费、收费、统计、清分和管理工作。

7）通信系统

通信系统的作用是保证城市轨道交通运营信息的互联互通，从而使城市轨道交通系统安全高效地运作。通信系统由通信线路、传输系统、专用电话系统、无线通信系统、闭路电视监视系统、PIS 系统、广播系统、时钟系统、电源与接地系统、通信集中告警系统、车门监视系统、隧道洞口报警系统、无障碍可视对讲系统和关门提示门铃系统等构成。

8）机电系统

机电系统是城市轨道交通系统中非常重要的部分。根据功能的不同，可以将城市轨道交通机电系统分为站台门系统、无障碍设备系统、电梯设备系统、火灾自动报警系统、环境与设备监控系统、给排水系统和暖通空调系统。

具体来看，城市轨道交通系统的机电系统包括以下方面。

（1）站台门系统

站台门系统又称为屏蔽门系统，它可以将站台和列车运行区域隔开，在列车停稳时可以自动开启。站台门可以有效地减少站台与列车运行区域的空气对流所造成的站台冷热气的损失，同时可以保障列车进出站时乘客的安全，降低列车进出站的噪声。站台门系统可以为乘客营造一个安全、舒适的候车环境。

(2) 无障碍设备系统

城市轨道交通机电系统中的无障碍设备主要包括轮椅升降台和爬楼车两种。无障碍设备系统的设置符合以人为本的思想，能满足老、幼、病、残、孕等特殊群体搭乘城市轨道交通出行的需求。

(3) 电梯设备系统

电梯设备系统是城市轨道交通系统中服务系统的一种，能使乘客在城市轨道交通车站内的移动更为便捷。电梯设备系统包括自动扶梯/自动人行道和直梯两种。目前的城市轨道交通车站基本上都配有自动扶梯，新型的城市轨道交通车站配备有直梯和自动人行道。

(4) 火灾自动报警系统（FAS）

火灾自动报警系统包括防火报警主机、工作站、探测器、火灾报警按钮和消防通信设备等。该系统借助通信系统完成信息的流通和火灾的报警等功能。当火灾事故发生时，FAS可以帮助工作人员及早发现火灾事故地点，尽快采取相应措施，进而减少损失。

(5) 环境与设备监控系统（BAS）

环境与设备监控系统包括工作站、数据服务器、BAS主控制器、监控模块箱、网络设备和通信设备等。该系统也借助通信系统完成信息的流通及对环境与设备状态的实时监控，可以帮助工作人员及时发现失效和有故障的设备，从而做出相应的处理。

(6) 给排水系统

给排水系统是任何建筑都必不可少的重要组成部分。给排水系统的主要功能是满足城市轨道交通系统中的用水、排水及消防等的用水。

(7) 暖通空调系统

暖通空调系统是指室内负责暖气、通风及空气调节的系统或相关设备，可以满足乘客在炎热、寒冷、干燥、潮湿状况下对于环境的需求。良好的暖通空调系统可以有效地提高城市轨道交通系统的服务水平，提升乘客的舒适度。

3. 环

在城市轨道交通系统中，"环"是指城市轨道交通运营中的环境因素。良好的城市轨道交通运营环境是城市轨道交通正常运营必不可缺的部分。按照环境的类别可以将"环"分为四大类，分别是运营环境、生产环境、自然环境和社会环境。运营环境是指城市轨道交通运营中与设备、设施有关的环境，如车站自动扶梯、通道、站台的环境等；生产环境是指包括车站生产用房及线路上变电所、司机室等城市轨道交通运营中与生产有关的环境；自然环境包括风、雪、雨、雾、高温和严寒等；社会环境是指大型活动、重大节假日等对城市轨道交通运营造成影响的集聚出行活动。

4. 管

在城市轨道交通系统中，"管"是指城市轨道交通运营中与管理有关的因素。"不以规

第 2 章 城市轨道交通系统能耗分析与辨识方法

矩，不成方圆"，而"管"就是城市轨道交通运营中的规矩。良好的管理是城市轨道交通系统正常有序运营的保障。根据实地调研，可以将城市轨道交通系统中的"管"分为五大部分，分别是：标准和规章制度、维修管理、运营管理、应急管理和培训管理。其中，标准和规章制度包括国家标准、地区标准、行业标准、企业规章制度，企业标准规范；维修管理包括故障维修管理、计划维修管理、大修管理和更新改造管理；运营管理包括标准和规章制度、行车计划制订、行车管理、客运管理、施工管理；应急管理包括应急预案制订、应急机构设置等与应急相关的管理制度；培训管理包括与人员培训相关的管理制度。

2.2 城市轨道交通系统能耗构成分析

城市轨道交通的出现提高了城市整体的能源利用率，减少了空气污染与地面交通拥堵，但是从政府和运营公司的角度来看，行业的蓬勃发展同时也意味着建设与运营成本的不断提高。城市轨道交通系统主要由车辆、轨道、供电、通信、信号、安全门、综合监控、自动扶梯、自动售检票、通风空调、动力照明、导向标识等系统构成，主要能源消耗为电耗。目前，城市轨道交通系统的节能措施主要分为降低列车运行能耗和车站节能管理两部分。通风空调系统与列车牵引供电系统的能耗是城市轨道交通系统总体能耗的主要组成部分，通风空调系统能耗所占比例因当地气候与车站站台形式（地下、地面或高架）的不同而有所区别，而列车牵引能耗则占系统总体能耗的一半左右。

根据城市轨道交通变配电系统的用电关系及系统构成，城市轨道交通系统的主要用电设备系统可分为以下两类。

1. 车辆系统

车辆系统的电耗设备包括牵引、制动、车载照明、车载空调等。

车辆系统（列车）是城市轨道交通系统的重要组成部分，它是乘客运输的载体，是乘客发生位移的工具。除此之外，城市轨道交通作为公共交通的一种，既要有运输乘客的功能，同时还需要满足乘客对于舒适度的要求。这就意味着车辆系统应拥有更多的功能、更复杂的组成，以及更高的能耗。根据统计，车辆系统的能耗大约占城市轨道交通系统总能耗的 56%，轨道交通车站系统大约占总能耗的 44%。因此，车辆系统能耗构成研究是城市轨道交通系统能耗构成研究中非常重要的部分。

车辆系统能耗按照系统构成可分为牵引系统能耗、制动系统能耗、安全服务设施系统能耗及其他能耗。其中，安全服务设施系统能耗主要包括通风系统能耗、照明系统能耗、车门控制系统能耗和烟雾报警系统能耗，其他能耗主要包括网络系统能耗、广播系统能耗和司机室电气设备能耗等。

牵引系统能耗、制动系统能耗及安全服务设施系统能耗中的通风系统能耗和照明系统能耗是列车运行中的主要能耗。根据相关统计，各系统能耗占车辆系统能耗的比例如图 2-1 所示。

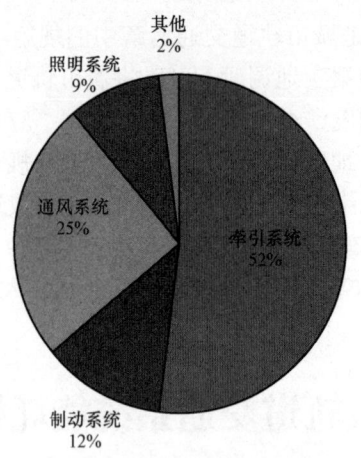

图 2-1 城市轨道交通车辆系统能耗分布统计

2. 车站设备系统

车站设备系统的耗电设备包括通风空调、自动扶梯、车站照明等。

车站设备系统是城市轨道交通系统中另外一个结构复杂、功能多样的子系统。车站设备系统在为乘客提供良好的候车、换乘环境的同时，还肩负着保障城市轨道交通系统正常运营的任务。车站设备系统能耗按照系统构成可以分为通信系统能耗、信号系统能耗、AFC 系统能耗、供电系统能耗和机电系统能耗。其中，机电系统能耗是车站设备系统的主要能耗，占车站设备系统能耗的 90%以上。机电系统能耗包括电梯设备系统能耗、暖通空调系统能耗、给排水系统能耗、低压配电与动力照明系统能耗、站台门系统能耗、FAS 能耗和 BAS 能耗。

暖通空调系统能耗、电梯设备系统能耗、低压配电与动力照明系统能耗（简称照明系统）和给排水系统能耗是车站设备系统的主要能耗。根据相关统计，各系统能耗占车站设备系统能耗的比例如图 2-2 所示。

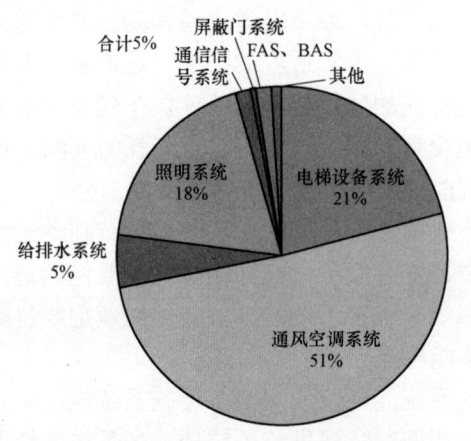

图 2-2 城市轨道交通车站设备系统能耗分布统计

第 2 章 城市轨道交通系统能耗分析与辨识方法

据统计，北京市城市轨道交通的牵引电耗占总能耗的 52%左右，车站电耗占总能耗的 42%左右。其中，列车辅助系统能耗（如通风空调、照明、控制系统等）占列车运行能耗的 30%~40%，车站通风空调系统、照明系统、自动扶梯等的能耗占车站设备系统能耗的 70%~80%，其他能耗占总能耗的 6%。

据统计，随着广州地铁线网规模的不断增大，客流强度不断增加，服务水平不断提高，广州地铁线网列车车公里牵引能耗逐年上升，平均每年增幅 1.2%。2017 年，广州地铁车公里牵引能耗达到了 2.5 kW·h/km，其中 4 号线、5 号线及 6 号线直流型电机车辆车公里牵引能耗处于较高水平。数据还显示，广州地铁线网列车牵引能耗占总能耗的 58%，动力用电占总能耗的 34%，照明用电占总能耗的 5%，办公及其他用电占总能耗的 3%。

2.3 城市轨道交通系统能耗影响要素集

2.3.1 能耗与能效内涵分析

1. 城市轨道交通系统能耗

能耗是反映能源消耗数量大小的指标，是能源消耗数量的表征参数。根据实地调研分析，在城市轨道交通系统中，消耗的能源有很多种，包括电力、天然气、外购热力、汽油、柴油和水，其中电力消耗占据了城市轨道交通系统能源消耗的 83%以上。因此，本书选择电能为主要研究对象，将城市轨道交通系统能耗定义如下。

城市轨道交通系统能耗是指城市轨道交通系统在统计期内实际消耗的耗电量，反映了城市轨道交通系统的能源消费水平。

2. 城市轨道交通系统能效

能效（energy efficiency）是能源利用效率的简称。所谓"效率"，一般意义上是指产出量与投入量的比值。关于能源效率，目前各界的认识基本上是一致的，采纳的是世界能源理事会（WEC）的概念。1995 年，WEC 首次明确提出了能源效率的概念，即"减少提供同等能源服务的能源投入"；2006 年，WEC 又对能源效率的概念进行了解释说明，能源效率是能源的服务产出量与能源使用量（或投入量）的比值。

改善能源效率就是用尽可能少的能源投入获得尽可能多的服务产出。然而，对于能源效率的内涵，学界却有颇多争论。*Science* 等著名期刊上刊发过多篇文章，讨论关于能源效率的"回弹效应""Jevons 悖论"等。此外，WEC 的概念仅给出了计算公式，即产品或服务的产出量除以能源投入量。但是，产出量和投入量往往是多维的，各项投入、产出是不同质的，不能进行直接的除法运算。于是造成了不同行业范围、应用领域有不同的测度方法,产生了不同的能源效率测度指标。

总结以往学者对城市轨道交通能源效率的研究,大致可以分为以下两种:一种是从纵向角度,分别研究城市轨道交通的规划、建设和运营;另一种是从横向角度,研究城市轨道交通的运转效率(车辆周转强度)、客运效率(客运周转强度)和成本效率(客运成本),具体如图2-3所示。

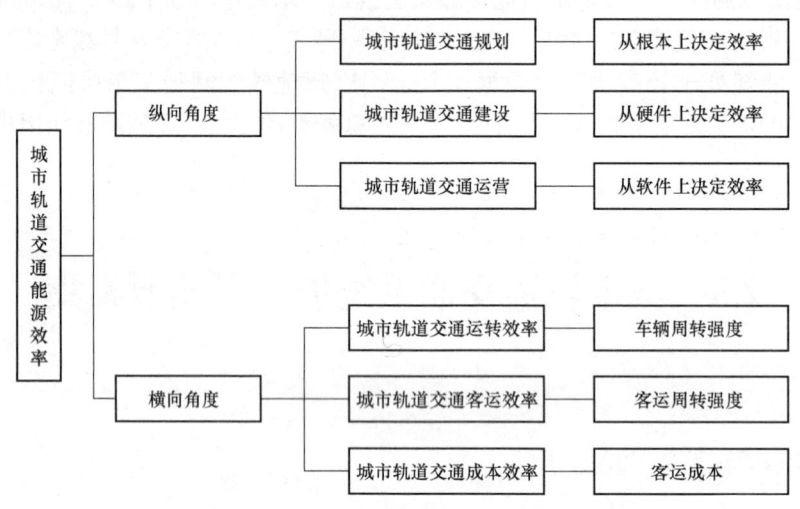

图2-3 城市轨道交通能源效率研究视角

城市轨道交通企业的能源技术效率用来衡量在现有的技术水平下能源的利用水平。从产出角度讲,就是城市轨道交通运营单位在能源投入一定时,获得更多产出的能力(客运量);从投入角度讲,就是在产出需求(乘客需求)一定的情况下,通过对现有技术的充分利用,使投入尽可能减少的能力。城市轨道交通建设与运营的核心是满足乘客的出行需求,为乘客提供安全、高效、舒适、便捷、人性化的服务。因此城市轨道交通的能效定义如下。

城市轨道交通系统能效是指在城市轨道交通客流需求和服务水平一定的前提下,通过对现有技术的充分利用,使能耗尽可能减少的能力,反映了能源的利用效率。

需要说明的是,城市轨道交通系统的能耗具有可加性,也就是系统的总能耗可以由各个子系统的能耗值相加而得;而能效具有不可加性,系统的综合能效反映了各个子系统相互作用的结果,不能由各子系统的能效值简单相加获得。

2.3.2 城市轨道交通系统能耗影响要素分析规则

在城市轨道交通系统能耗影响要素分析过程中,应充分考虑其系统特点,选择的分析要素要体现准确性、概括性,并充分考虑数据的可得性,能全面反映城市轨道交通系统能耗影响要素。由于城市轨道交通系统能耗影响要素复杂且繁多,各要素之间既有相互作用,又有相互间的输入与输出联系,因此在历史统计数据的基础上,要在众多影响要素中筛选出较为灵敏且便于度量的、内涵丰富的主导性要素，需遵循科学性、完备性、独立性、可控性和层次性等原则。

（1）科学性原则

城市轨道交通系统能耗要素的选择、数据的选取，必须以实际情况为基础，以科学理论为依据，能直接或间接地反映其对系统能耗影响的程度。

（2）完备性原则

城市轨道交通系统能耗要素作为一个整体，要能比较全面地反映城市轨道交通系统能耗的各方面特点。

（3）独立性原则

城市轨道交通系统能效影响要素之间相互联系、相互依赖，但对于其特定表征的内容，应互不相关、彼此独立。

（4）可操作性原则

在城市轨道交通系统能耗影响要素的选取过程中，选取的要素越多，意味着选取的工作量越大，所消耗的资源越多，技术要求也越高。因此，在保证完备性原则的条件下尽可能地选取具有代表性、敏感性的影响要素，同时要兼顾要素的可获得性和可比性。

（5）层次性原则

城市轨道交通系统是一个复杂的系统，能耗影响要素具有复杂的层次结构，因此在分析时，要素的选取要具有层次性。

2.3.3 城市轨道交通系统能效影响要素集构建

本书在详细梳理现有文献和实地调研的基础上，分析了城市轨道交通系统各个能耗构成的影响因素，构建了城市轨道交通系统能耗影响要素体系，如表 2-1 所示。

表 2-1 城市轨道交通系统能耗影响要素体系

序号	能耗构成	影响要素
1	列车牵引系统	列车自重 S_1、再生制动利用率 S_3、构造速度 S_4、节能坡 S_9、满载率 S_{11}、曲线半径 S_7、驾驶模式 S_{10}、线路敷设方式 S_8、列车牵引电机效率 S_2、行车密度 S_{12}、运行交路 S_{13}、编组方案 S_{14}、停站时间 S_{15}、车站客流量 S_{16}、运行速度 S_{17}、走行公里 S_{18}
2	列车制动系统	列车牵引电机效率 S_2、再生制动利用率 S_3、站间距 S_6、节能坡 S_9、行车密度 S_{12}、运行交路 S_{13}、编组方案 S_{14}、停站时间 S_{15}、车站客流量 S_{16}、运行速度 S_{17}、走行公里 S_{18}
3	列车空调系统	满载率 S_{11}、线路敷设方式 S_8、行车密度 S_{12}、编组方案 S_{14}、走行公里 S_{18}、运行速度 S_{17}、季节 S_{27}
4	列车通风系统	满载率 S_{11}、线路敷设方式 S_8、行车密度 S_{12}、编组方案 S_{14}、走行公里 S_{18}、运行速度 S_{17}、季节 S_{27}
5	列车照明系统	满载率 S_{11}、线路敷设方式 S_8、行车密度 S_{12}、编组方案 S_{14}、走行公里 S_{18}、照明设备数量、种类和运行方式 S_{22}、季节 S_{27}

续表

序号	能耗构成	影响要素
6	车站电梯设备系统	车站客流量 S_{16}、车站敷设方式 S_{19}、车站出入口数量 S_{21}、车站面积 S_{20}、自动扶梯数量、运行方式和效率 S_{23}
7	车站通风空调系统	车站客流量 S_{16}、列车自重 S_1、行车密度 S_{12}、季节 S_{27}、车站敷设方式 S_{19}、车站面积 S_{20}、车站出入口数量 S_{21}、运行速度 S_{17}、编组方案 S_{14}、满载率 S_{11}、车站设备负荷 S_{26}、其他车载辅助设备负荷 S_5
8	车站照明系统	季节 S_{27}、车站敷设方式 S_{19}、车站客流量 S_{16}、车站面积 S_{20}、照明设备数量、种类和运行方式 S_{22}
9	闸机系统	车站客流量 S_{16}、闸机数量、运行方式和效率 S_{24}、车站敷设方式 S_{19}、车站面积 S_{20}
10	其他子系统	其他系统设备数量、种类和运行方式 S_{25}、行车密度 S_{12}、车站客流量 S_{16}、车站敷设方式 S_{19}、车站面积 S_{20}

下面从车辆属性、线路基础条件、运营组织、车站基础条件、机电设备和其他等几个方面对上述影响因素进行整理归类，并对各个影响要素进行解释说明。

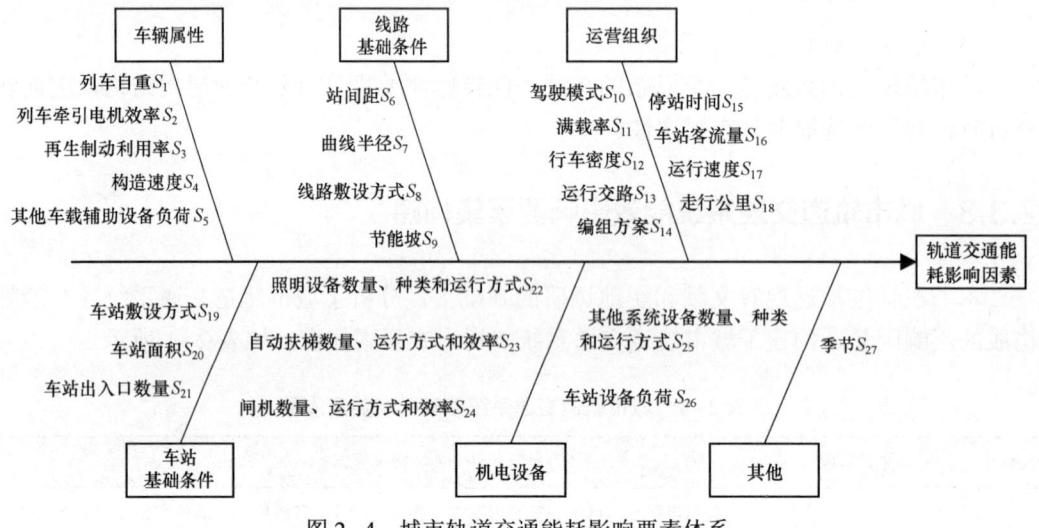

图 2-4　城市轨道交通能耗影响要素体系

1. 车辆属性影响因素

（1）列车自重 S_1

车辆自重直接影响列车的启动和制动力矩，影响整个列车的牵引能耗。根据相关研究，列车自重每减轻 1 t，牵引能耗将会减少 636 kW·h。同时列车自重直接影响列车编组和输送能力，进而影响整个系统的运行能耗。此外，列车自重还会影响活塞风量，增加空调通风系统的能耗。车辆内部设备的配置、额定载荷状态下及超员状态下的载客人数等决定了列车的自重。为了达到降低能耗的目的，应尽量减轻车体自重（可采用高强度合金材料来降低车辆自重）。较小的自重不仅降低了运行时的牵引能耗，而且大大减轻了车体对线路的冲击，进而使车体和线路的使用寿命都大大提高，延长了轨道和车体的更换周期，使整个城市轨道交通系统总耗能下降。

（2）列车牵引电机效率 S_2

不同类型列车的牵引动力特性的区别主要体现在牵引动力传递效率上。传递效率直接影响列车运行能耗的大小，直线电机与旋转电机传递效率不同，新设备与旧设备的传递效率也各不相同。直线电机的传递效率一般为 0.65，经过多年的研究改进，传递效率可达 0.7 左右，一般不会超过 0.75。旋转电机的传递效率一般为 0.8~0.85。

（3）再生制动利用率 S_3

再生制动利用率越高，节能效果越好；再生制动利用率低，必将带来隧道和站内的温度上升，使通风空调系统的负担增加。列车发车间隔、区间距离是制约再生制动能实时利用的主要条件，当列车发车间隔较大时，大部分能量主要通过制动电阻消耗，再生制动能利用率很小。

（4）构造速度 S_4

构造速度影响列车的编组和输送能力，从而影响整个系统的运行能耗。

（5）其他车载辅助设备负荷 S_5

车载各种设备设施（通风空调、照明和指示等）数量越多、运行时间越长、满载率越高、走行公里越长、设备负荷越大、散热量越多，车站通风系统和空调系统的负荷就会增加，能耗就越大。

2. 线路基础条件影响因素

（1）站间距 S_6

站间距对运行能耗的影响主要体现在启、停过程中产生的能耗。站间距较短，虽然能够缩短乘客步行距离，方便乘客出行，但列车在区间内运行必定频繁启动和制动，增加乘客出行时间和列车开行数量，从而导致牵引能耗的增加；站间距长，虽然能降低列车能耗，但乘客出行距离也会增加，会给乘客的出行带来不便。站间距的确定需要同时考虑客流量、配车数量等多方面的因素。

（2）曲线半径 S_7

曲线半径对能耗的影响主要体现在曲线附加阻力的增加上。曲线半径越小，列车受到的阻力越大，从而使列车的牵引能耗增加。曲线半径与线路的性质、车辆性能、行车速度、地形地物条件等有关。

（3）线路敷设方式 S_8

线路敷设方式主要有地上、地下两种。列车在运行过程中，由于空气阻力、车载能耗装置等各不相同，引起的牵引能耗也是不同的，而敷设方式带来的能耗恰恰是由这两项数据显现出来的。通常情况下，如果线路敷设在地下，则空气阻力的影响相较于地上会更大一些，因此所消耗的牵引能也会更大。如果线路敷设在地下，照明、通风空调等系统也需要更多的使用，因此耗能也会更多。

（4）节能坡 S_9

坡道对牵引能耗的影响主要表现在重力势能的改变上。列车在上坡段运行时，牵引力克服重力做功，导致能耗增加；列车下坡段运行时，重力分量和牵引力在同一方向上做功，能耗减少。通过节能坡可减少列车能量电阻损耗，从而达到进一步降低通风空调系统能耗的目的。

地铁设计规范规定城市轨道交通线路正线的最大坡度不宜大于30‰，困难地段可采用35‰。线路理想的纵断面是将车站设在纵断面的凸形部位上，使列车进站时上坡，将动能转化为势能，列车出站时下坡，再将势能转化为动能，这样有利于减少能源消耗。对于使用直线电机列车的轨道交通线路纵断面，可以充分利用直线电机爬坡能力强的特点设置节能坡。列车运行速度、列车编组和列车属性等因素对节能坡坡率、坡长等都有影响。

3. 运营组织影响因素

（1）驾驶模式 S_{10}

人工驾驶模式下的牵引能耗普遍低于 ATO 模式下的牵引能耗。人工驾驶模式利用惯性制动，同时在平峰时间段通过适当降低区间运行速度，可以减少牵引能耗（据测算，牵引能耗可降低 10%）。

（2）满载率 S_{11}

满载率对轨道交通运行能耗的影响主要体现在对列车牵引总重的影响上。通常情况下，列车重量越大，要求列车启动、制动距离越大，满足运营需要所需的牵引电机耗电量也就越大，从而造成能耗随之增加。随着列车满载率的变化，列车能耗变化明显。列车在满载情况下，乘客质量一般占列车总质量的 25%～30%。满载甚至超员的列车相对乘客稀少的列车，牵引能耗显然要高，同时车载照明和空调设备的负荷也相应增加。

（3）行车密度 S_{12}

一方面，行车密度越大，开行列数越多，运送旅客也就越多，列车能耗也就越大；另一方面，列车行车密度的增加会增加活塞风量，进而增加通风空调系统的能耗。当列车行车密度较低时，行车间隔大，再生能量被其他相邻车辆吸收的概率大大降低。有资料表明，当列车的行车间隔大于 6 min 时，再生制动能被相邻车辆吸收的几乎为零。

（4）运行交路 S_{13}

不同运行交路，开行的列车数量不同，行车里程不同，能耗也就有所不同。根据轨道交通不同线路上客流的时间或空间分布特性的差异，采用不同的交路形式或停站方案，可以提高线路运营效率，并能达到降低列车运行能耗的目的。

（5）编组方案 S_{14}

列车编组对运行能耗的影响主要表现在列车的牵引总重上。列车的编组数量是由列车自重、其高峰断面客流量及运输组织方案所决定的。编组数量越多，列车重量越大，要求列车启动、制动力矩越大，所需的牵引力越大，其能耗也随之增加。在运送相同乘客量的情况下，4 辆编组和 6 辆编组相对于 3 辆编组列车能耗增加率分别为 20.9%和 69.8%。

（6）停站时间 S_{15}

列车停站时间对牵引能耗有较大影响。目前，大多数信号系统具备自动调整运行时间的功能，如果列车停站时间超出系统设定时间，列车启动后会调整速度控制模式自动赶点，使列车区间运行时间小于图定值，相应地牵引能耗随之增加。可以适当降低列车运行速度或者增加惰性时间，减少列车停站时间，增加列车在区间的运行时间，以此来减少牵引能耗。

（7）车站客流量 S_{16}

客流量越大，发车列次越多，牵引能耗增加；车站客流量越大，站内和车内余热量增加，其相应的服务负荷也随之增加，配套设施、设备如自动售票机、通风空调、照明、自动扶梯等的使用率也相应提高，从而使能耗增加。

（8）运行速度 S_{17}

运行速度越高，列车运行产生的阻力也就越大，列车牵引能耗增加；列车运行速度会对车内空调能耗产生影响，主要反映在速度对车体外表面对流换热系统的影响，进而影响车体维护结构的综合传热系数；同时速度越快，列车运行产生的活塞风越大，温度越高，从而使车站空调系统的负荷增加，能耗增加。

（9）走行公里 S_{18}

在轨道交通列车开行列数一定的情况下，列车行驶里程越长，能耗也就越大。

4. 车站基础条件影响因素

（1）车站敷设方式 S_{19}

车站敷设方式是引起轨道交通系统车站能耗差异的主要原因，地面及高架车站相比于地下车站，在动力、照明方面会节省大量电能消耗。一方面，地下车站空间相对封闭，光线较暗，车站内的照明在白天运营期间就比地面及高架车站要多很多。另外，由于空间封闭，通风较差，需要通风空调系统来对车站环境的温度、湿度进行调节控制，而地面及高架车站，一般没有空调系统只有通风系统，甚至可以只依靠自然通风就能实现车站内良好的通风环境，节省了部分能耗。另一方面，为了方便乘客，地下车站需要建设较多的自动扶梯来实现人员的快速输送，而地面及高架车站自动扶梯及电梯的设置会少一些，这也可节省一部分电能。

（2）车站面积 S_{20}

车站的建筑规模越大，面积越大，其可容纳的客流量越大，车站所需设备（闸机、自动扶梯、自动售票机等）的数量越多，维护车站环境的空调和照明设备的数量也越多，用电量就越大。

（3）车站出入口数量 S_{21}

车站出入口越多，与外界环境的能量交换也越多，需要更多的能量来维持车站环境的稳定，能耗随之增加。此外，出入口的数量也影响车站的自动扶梯数量。

5. 机电设备影响因素

（1）照明设备数量、种类和运行方式 S_{22}

照明系统数量、种类、运行方式会影响照明系统能耗大小。照明设备的数量与线路车站的敷设方式、车站的面积等因素有关。选择合理的灯具和控制方式，提高照明效率，减少照明用电量，可以有效降低照明系统能耗。在选用节能型 LED 灯具的基础上，还可以采用智能照明系统进行集中控制，制定多种照明运行模式，对不同时间、不同环境的照度进行精确设置和合理管理，根据不同场合及人流量，进行时间段、工作模式的细分，关掉不必要的照明，在需要时自动开启，在保证必要照明的同时，有效减少了灯具的工作时间，节省了不必要的能源开支，也延长了灯具的使用寿命。

（2）自动扶梯数量、运行方式和效率 S_{23}

自动扶梯设备的数量、运行方式和效率等在一定程度上影响了自动扶梯系统的能耗。例如，城市轨道交通系统车站的自动扶梯在额定负载情况下运行时间很短，大多数时间都处于空载和轻载情况下运行，这会耗费大量电能。

（3）闸机数量、运行方式和效率 S_{24}

闸机数量、运行方式和效率等在一定程度会影响自动扶梯的能耗。车站计算机系统和自动售票机在不影响乘客使用的情况下，可采用高效节能型 LED，同时采用没有操作时暗屏模式运行，以降低能耗。

（4）其他系统设备数量、种类和运行方式 S_{25}

其他系统的设备数量、种类和运行方式在一定程度上影响了系统的能耗。

（5）车站设备负荷 S_{26}

车站各种设备（照明、闸机和自动扶梯等）数量越多、运行时间越长、负荷越大，散热量越多，造成车站通风系统和空调系统负荷增加，能耗大，车站设备负荷还与客流量等因素有关。

6. 其他影响因素

其他影响因素主要是季节 S_{27}。季节对于车辆能耗和车站能耗都有影响，季节因素对车站的能耗影响主要体现在通风空调系统上。夏季炎热，南方城市车站通风空调的能耗相对高于北方城市车站通风空调的能耗；而在冬季，北方城市车站的能耗高于南方城市车站。此外，季节因素对于车辆的辅助能耗，尤其是空调通风能耗和照明能耗有影响。无论是南方城市夏季车站能耗较高还是北方城市冬季车站能耗较高，都表现为季节变化对能耗有着重大的影响。

通过分析发现，一方面，城市轨道交通单一能效影响要素影响多个能耗分布；另一方面，城市轨道交通系统各个能效影响要素之间相互作用、相互影响。

2.3.4 能效影响要素集构建

能耗影响要素对城市轨道交通系统能耗的影响贯穿整个项目全生命周期，与线路设计、规划、建设和运营各个阶段息息相关。本书根据能耗影响要素在城市轨道交通系统的运营阶段能否简单、经济和高效控制的原则，将能耗影响要素分成可控和不可控两类，具体如表 2-2 所示。

第 2 章 城市轨道交通系统能耗分析与辨识方法

表 2-2 可控与不可控能耗影响要素

要素分类	名 称
可控能耗影响要素	列车牵引电机效率 S_2，再生制动利用率 S_3，构造速度 S_4，其他车载辅助设备负荷 S_5，驾驶模式 S_{10}，行车密度 S_{12}，运行交路 S_{13}，编组方案 S_{14}，停站时间 S_{15}，车站客流量 S_{16}，运行速度 S_{17}，走行公里 S_{18}，照明设备数量、种类和运行方式 S_{22}，自动扶梯数量、运行方式和效率 S_{23}，闸机数量、运行方式和效率 S_{24}，车站设备负荷 S_{26}，季节 S_{27}
不可控能耗影响要素	列车自重 S_1，站间距 S_6，曲线半径 S_7，线路敷设方式 S_8，节能坡 S_9，车站敷设方式 S_{19}，车站面积 S_{20}

能耗影响要素对系统能耗的影响贯穿线路设计、规划、建设和运营各个阶段，而提升能源利用效率的简单、经济及可实现的方式在于调控运营阶段可控的能耗影响要素。也就是说，在城市轨道交通系统运营过程中可控的能耗影响要素也是系统能效的影响要素。因此，本书在能耗影响要素集的基础上，以可控性为首要原则，提取构建了城市轨道交通能效影响要素集如图 2-5 所示。

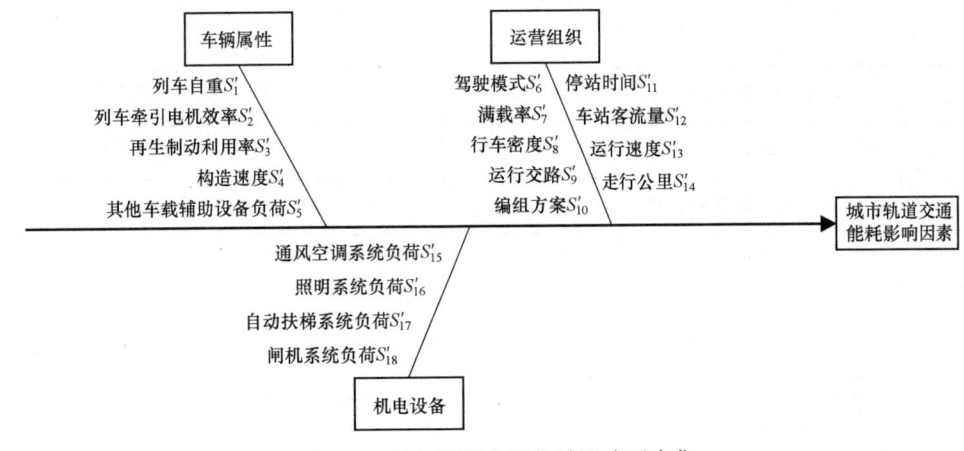

图 2-5 城市轨道交通能效影响要素集

2.4 城市轨道交通系统能耗关键环节辨识方法

2.4.1 城市轨道交通系统能耗关键环节要素分析

1. 能效影响要素网络构建

每个子系统都有其对应的能效影响要素，每个要素之间也有相应的复杂作用关系影响,每个要素都直接或间接地影响着城市轨道交通系统能效。下面以已构建的能效影响要素集为能效影响要素网络模型的节点集,以能效影响要素之间的相互作用关系为能效影响要素网络模型的节点的连接边,构建能效影响要素网络模型。

构建城市轨道交通系统能效影响要素网络模型的具体步骤如下。

(1)明确划分内容和边界

在运营阶段,城市轨道交通系统能耗影响要素可分为可控要素和不可控要素两大类,其中可控要素是指可以加以控制的要素,不可控要素是指不可以加以控制的要素。我们在城市轨道交通系统能耗关联网络模型分析的基础上,按照子系统的能效影响要素,以可控性为原则,确定城市轨道交通能效影响要素网络模型的节点,选取要素节点分别标记为 S_1',S_2',$\cdots$,S_n',如表2-3所示。

表2-3 城市轨道交通系统能效影响要素网络模型节点名称及符号

名 称	符 号
列车自重	S_1'
列车牵引电机效率	S_2'
再生制动利用率	S_3'
构造速度	S_4'
其他车载辅助设备负荷	S_5'
驾驶模式	S_6'
满载率	S_7'
行车密度	S_8'
运行交路	S_9'
编组方案	S_{10}'
停站时间	S_{11}'
车站客流量	S_{12}'
运行速度	S_{13}'
走行公里	S_{14}'
通风空调系统负荷	S_{15}'
照明系统负荷	S_{16}'
自动扶梯系统负荷	S_{17}'
闸机系统负荷	S_{18}'
季节	S_{19}'

（2）建立作用关系

根据能效影响要素之间的相互作用关系，按照解释结构模型（ISM）的建模步骤，由 15 位企业专家和高校相关领域专家组成 ISM 小组，重点分析了各影响要素之间的影响，确定了两两要素之间的相关关系，建立了节点间的相互作用，如以下矩阵所示。

$$C = \begin{bmatrix}
0 & 1 & 0 & 1 & 0 & 0 & 0 & 0 & 0 & 1 & 0 & 0 & 0 & 0 & 1 & 0 & 0 & 0 & 0 & 0 \\
0 & 0 & 0 & 0 & 0 & 0 & 0 & 0 & 0 & 0 & 0 & 0 & 0 & 0 & 1 & 0 & 0 & 0 & 0 & 0 \\
1 & 0 & 0 & 0 & 0 & 0 & 0 & 0 & 0 & 0 & 0 & 0 & 0 & 1 & 0 & 0 & 0 & 0 & 0 & 0 \\
0 & 0 & 0 & 0 & 0 & 0 & 0 & 0 & 1 & 0 & 0 & 1 & 0 & 0 & 0 & 0 & 0 & 0 & 0 & 0 \\
0 & 0 & 0 & 0 & 0 & 0 & 0 & 0 & 0 & 0 & 0 & 0 & 0 & 0 & 1 & 0 & 0 & 0 & 0 & 0 \\
0 & 0 & 0 & 0 & 0 & 0 & 0 & 0 & 0 & 0 & 0 & 1 & 0 & 0 & 0 & 0 & 0 & 0 & 0 & 0 \\
0 & 1 & 0 & 0 & 1 & 0 & 0 & 1 & 0 & 1 & 0 & 0 & 0 & 0 & 0 & 0 & 0 & 0 & 0 & 0 \\
0 & 0 & 1 & 0 & 0 & 0 & 0 & 1 & 1 & 0 & 0 & 0 & 1 & 1 & 0 & 0 & 0 & 0 & 0 & 0 \\
0 & 0 & 0 & 0 & 0 & 0 & 0 & 0 & 0 & 0 & 0 & 1 & 0 & 0 & 0 & 0 & 0 & 0 & 0 & 0 \\
0 & 0 & 0 & 0 & 0 & 0 & 0 & 0 & 0 & 0 & 0 & 1 & 0 & 0 & 0 & 0 & 0 & 0 & 0 & 0 \\
0 & 0 & 0 & 0 & 0 & 0 & 0 & 0 & 0 & 0 & 0 & 1 & 0 & 0 & 0 & 0 & 0 & 0 & 0 & 0 \\
0 & 0 & 0 & 0 & 1 & 1 & 1 & 1 & 1 & 1 & 0 & 0 & 1 & 0 & 0 & 0 & 0 & 0 & 0 & 0 \\
0 & 1 & 0 & 0 & 0 & 0 & 0 & 0 & 0 & 0 & 0 & 0 & 0 & 0 & 0 & 0 & 0 & 0 & 0 & 0 \\
0 & 0 & 0 & 0 & 0 & 0 & 0 & 0 & 0 & 0 & 0 & 0 & 0 & 0 & 0 & 0 & 0 & 0 & 0 & 0 \\
0 & 0 & 0 & 0 & 0 & 0 & 0 & 0 & 0 & 0 & 0 & 0 & 0 & 0 & 0 & 0 & 0 & 0 & 0 & 0 \\
0 & 0 & 0 & 0 & 0 & 0 & 0 & 0 & 0 & 0 & 0 & 0 & 0 & 0 & 0 & 0 & 0 & 0 & 0 & 0 \\
0 & 0 & 0 & 0 & 0 & 0 & 0 & 0 & 0 & 0 & 0 & 1 & 0 & 0 & 0 & 0 & 0 & 0 & 0 & 0 \\
0 & 0 & 0 & 0 & 0 & 0 & 0 & 0 & 0 & 0 & 0 & 1 & 0 & 0 & 0 & 0 & 0 & 0 & 0 & 0 \\
0 & 0 & 0 & 0 & 0 & 0 & 0 & 0 & 0 & 0 & 0 & 0 & 0 & 0 & 0 & 0 & 0 & 0 & 0 & 0 \\
0 & 0 & 0 & 1 & 0 & 0 & 0 & 0 & 0 & 0 & 0 & 0 & 0 & 0 & 1 & 1 & 0 & 0 & 0 & 0
\end{bmatrix}$$

（3）绘制网络图

依据上文中对节点、连接关系的网络化表达，构建城市轨道交通系统能效影响要素网络模型，用 G' 表示。

2. 能效影响要素网络模型拓扑特征分析

（1）节点的度

度是衡量节点属性的重要概念之一，是一个局部测度指标。节点的度越大，表示节点与其他节点相连通的边越多，意味着节点自身在路网中的地位越"重要"。

定义 2-1（节点的度 K_{S_i}） 节点的度是指在城市轨道交通系统能效影响要素网络模型 G' 中与节点相关联的边的数量，可用式（2-1）表示

$$K_{S_i'} = \sum_{j \in AN_i} C_{ij}, \quad C_{ij} = \begin{cases} 1, & j \in AN_i \\ 0, & j \notin AN_i \end{cases} \quad (2-1)$$

式中：AN_i 为与节点 S_i' 相连接的节点的集合。

城市轨道交通系统能效影响要素网络模型 G' 中节点的度可分为出度和入度，其中出度是指该节点指向其他节点的数量，出度越大，代表对其他节点的影响力越强；入度是指 G' 中该节点作为边的终点的次数之和，入度越大，表示该节点越容易受影响。节点出度排名前三的分别是 $K_{S_{12}'} > K_{S_8'} > K_{S_7'} = K_{S_1'}$，即车站客流量、行车密度、满载率和列车自重，而车站客流量具有随机性，行车密度、满载率直接影响的是城市轨道交通系统的服务水平，其可控性低于列车自重，因此应从列车自重方面着手提升能效；节点入度排名前三的是 $K_{S_{15}'} > K_{S_{10}'} > K_{S_2'}$，即通风空调系统负荷、编组方案和列车牵引电机效率，列车编组方案直接影响了城市轨道交通系统的服务水平，因此应重点从通风空调系统负荷和列车牵引电机效率两个方面提升系统能效。

（2）介数

介数（betweenness）指标是由 Freeman 首先提出来的，它能够衡量节点或者边对整个网络影响的重要程度，是一个全局测度。

定义 2-2（节点的介数）节点的介数是指在城市轨道交通系统能效影响要素网络模型 G' 中，所有最短路径中经过节点 S_i' 的数量比例，它反映节点 S_i' 在整个路网中的作用和影响力。

$$b_{s_i} = \frac{\sum_{s,t \in S, s \neq t} \sigma_{st}(S_s')}{\sum_{s,t \in S, s \neq t} \sigma_{st}} \quad (2-2)$$

式中：b_{s_i} ——节点 S_s' 的结构介数；

S ——节点的数量集；

σ_{st} ——节点 S_s' 到 S_t' 的最短路径个数；

$\sigma_{st}(s_s)$ ——节点 S_s' 到 S_t' 经过节点 S_s' 的最短路径的个数。

介数越大，表示城市轨道交通系统能效影响要素网络模型 G' 中经过节点 S_i' 或者边 e_{ij} 的节点间的最短路径越多，节点 S_i' 或者边 e_{ij} 在要素网络模型 G' 中的作用就越重要。

节点介数排名前三的分别是 $b_{S_1'} > b_{S_8'} > b_{S_3'}$，分别是列车自重、行车密度和再生制动利用率，在能效网络要素之间的传播和相互影响中扮演着重要作用。行车密度直接关系到城市轨道交通系统运营的服务水平，因此应该重点从列车自重和再生制动利用率两个方面加强系统能效的提升，从而提高能效水平。

（3）聚类系数

聚类系数用来描述网络中节点的聚集情况，是指网络中一个节点与相邻的节点之间的连接情况。节点的聚类系数（C_i）定义为网络中该节点与其邻接节点间存在的边数与总的可能存在的边数的比。节点 S_i' 的聚类系数的计算公式如下：

$$C_i = \frac{2M_i}{K_{s_i}(K_{s_i}-1)} \quad (2-3)$$

式中：C_i——城市轨道交通系统能效影响要素网络模型中节点 S_i' 的聚类系数；

M_i——与节点 S_i' 相连的节点之间实际存在的边数。

城市轨道交通系统能效影响要素网络模型 G' 的网络聚类系数为

$$C_t = \frac{1}{N}\sum_{i=1}^{N} C_i \quad (2-4)$$

很明显，$0 \leqslant C_t \leqslant 1$，$C_t=0$ 表示城市轨道交通系统能效影响要素网络模型 G' 中所有节点均为孤立节点，即没有任何连接边；聚类系数越大，城市轨道交通系统能效影响要素网络模型 G' 的耦合强度越强；当聚类系数 $C_t=1$ 时，表示城市轨道交通系统能效影响要素网络模型 G' 是全局耦合的，即网络中任意两个节点都直接相连。

聚类系数排名前三的分别是 $C_{S'_{11}}=C_{S'_{17}}=C_{S'_{18}}>C_{S'_3}=C_{S'_9}=C_{S'_{14}}=C_{S'_{16}}=C_{S'_{19}}>C_{S'_{10}}$。通过计算，可以得到城市轨道交通系统能效影响要素网络模型 G' 的聚类系数约为 0.3，网络耦合度一般。

2.4.2 城市轨道交通系统能耗辨识方法

1. 基于 DEMATEL 和 ISM 的关键环节辨识方法

决策与试验评价实验室（decision on making trial and evaluation laboratory，DEMATEL），是一种基于图论和矩阵分析进行复杂系统要素分析的方法。该方法最初由美国学者 A.Gabus 和 E.Fontela 于 20 世纪 70 年代初期提出，主要是通过有向图示和打分数据确定系统中每个要素之间的关系及其大小，然后通过一系列的矩阵运算计算出每个要素的原因度与中心度，最后确定要素间的逻辑关系，展现每个要素在整个系统中的地位。通过要素的原因度数值的正负可以判别要素的类型。要素分为两种类型：一种是表原因的，称为原因要素；另一种是表结果的，称为结果要素。对要素按原因要素和结果要素进行分类可以得出哪些要素的可变性较大，哪些要素的可调性较小。DEMATEL 主要是用于研究相互关联的问题（如工程、环境保护、能源问题），以探索复杂系统的本质。

美国的 Warfield 教授为了分析复杂的社会经济问题，于 1973 年提出了一种技术分析方法：解释结构模型（interpretative structural modeling，ISM）。该模型是一个互动式的学习过程，由一组不同但具有直接或间接关系的元素组成。解释结构模型的特点是它根据人们的知识与经验，将一个复杂的整体系统问题分解成详细的个体系统要素，通过创新技术、计算机辅助，以图形的方式将这些个体要素重新组合，构建出层次清晰的结构图。但是当组织遇到复杂系统问题时，该模型中存在大量的具有直接或间接关系的要素，这些要素使得系统结构复杂化，无法明确地表达出结构关系。解释结构模型是一种能够识别系统结构，很好地解决包含大量要素的复杂系统问题，通过对变量的识别，建立要素之间的层次关系图的方法。目前，解释结构模型已经在建筑业、城市交通、通信、军事、供应链等领域被广泛应用。

DEMATEL 和 ISM 具有一定的共性，即都要根据专家经验确定影响要素及其相互作用关系。为了减少计算过程的复杂度，且能够综合实现系统影响要素结构关系及关键要素辨识，本书对二者进行了集成，以 DEMATEL 作为辅助模型，推导出要素间的综合影响矩阵，通过阈值设定将综合影响矩阵转换为 ISM 中的可达矩阵，以 ISM 作为中心模型，划分出系统影响要素的多级递阶层次结构图。基于 DEMATEL-ISM 的城市轨道交通系统能效影响要素辨识模型建模过程如图 2-6 所示。

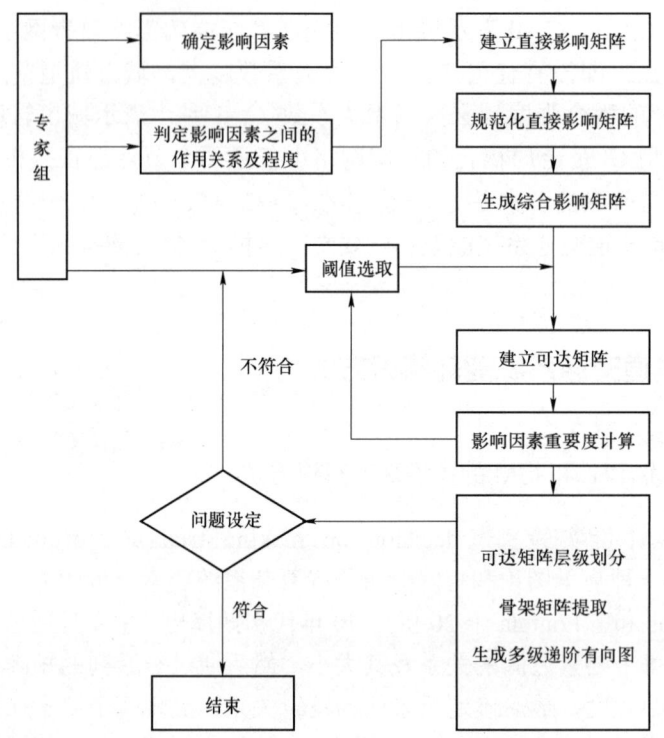

图 2-6 基于 DEMATEL-ISM 的城市轨道交通系统能效影响要素辨识模型建模过程

1）基于 DEMATEL 的影响要素重要度确定

（1）直接影响矩阵确定

根据专家经验得到城市轨道交通能效影响要素之间的直接影响矩阵 $\boldsymbol{B}=(b_{ij})_{n\times n}$。

$$\boldsymbol{B}=\begin{bmatrix} 0 & b_{12} & \cdots & b_{1n} \\ b_{21} & 0 & \cdots & b_{2n} \\ \vdots & \vdots & & \vdots \\ b_{n1} & b_{n2} & \cdots & 0 \end{bmatrix} \tag{2-5}$$

式中，b_{ij} 为影响要素 S'_i 对 S'_j 的直接影响程度（可分为强、较强、一般、弱、无 5 个等级，分别用 4，3，2，1，0 赋值表示），其中 $b_{ij} \neq b_{ji}$，当 $i=j$ 时，$b_{ij}=0$。

（2）综合影响矩阵计算

对直接影响矩阵元素进行规范化处理，得到规范化直接影响矩阵 $\mathbf{G} = (g_{ij})_{n \times n}$。

$$\mathbf{G} = \frac{1}{\max\limits_{1 \leqslant i \leqslant n} \sum\limits_{j=1}^{n} g_{ij}} \mathbf{B} \tag{2-6}$$

其中，$0 \leqslant g_{ij} \leqslant 1$，且 $\max\limits_{1 \leqslant i \leqslant n} \sum\limits_{j=1}^{n} g_{ij} = 1$。

直接影响矩阵 $\mathbf{G}$ 仅分析了影响要素间的直接影响关系，而实际分析过程中我们发现影响要素间的关系还包括间接影响关系，为此我们构建了综合影响矩阵 $\mathbf{C} = (c_{ij})_{n \times n}$，用于表征影响要素间的所有关系，包括直接影响关系和间接影响关系。

$$\mathbf{C} \underset{n \to \infty}{=} \mathbf{G} + \mathbf{G}^2 + \cdots + \mathbf{G}^n = \frac{\mathbf{G}(\mathbf{I} - \mathbf{G}^n)}{\mathbf{I} - \mathbf{G}} = \mathbf{G}(\mathbf{I} - \mathbf{G})^{-1} \tag{2-7}$$

（3）影响要素影响度和被影响度计算

对矩阵 $\mathbf{C}$ 中的元素按行相加得到该行对应要素对其他要素施加的综合影响，记为影响度 f_i；按列相加得到其他要素对该列对应要素施加的综合影响，记为被影响度 e_i，即

$$\begin{aligned} f_i &= \sum_{j=1}^{n} c_{ij}, \ i = 1, 2, \cdots, n \\ e_i &= \sum_{j=1}^{n} c_{ji}, \ i = 1, 2, \cdots, n \end{aligned} \tag{2-8}$$

（4）影响要素中心度和原因度计算

影响要素 S'_i 的中心度 m_i 为其影响度 f_i 和被影响度 e_i 之和。m_i 表征了影响要素 S'_i 与其他要素的综合关系，m_i 越大，表明与其他要素的关系越密切，在系统中重要度越大。原因度 n_i 为其影响度 f_i 和被影响度 e_i 之差。n_i 表征了影响要素 S'_i 对其他要素的净影响，若 $n_i > 0$，表明影响要素 S'_i 对其他要素的影响要大于其他要素施加于它的影响，优先度较高，为原因要素；若 $n_i < 0$，表明其他要素施加于影响要素 S'_i 的影响要大于它对其他要素的影响，优先度较低，为结果要素。m_i 和 n_i 的计算公式如下。

$$\begin{aligned} m_i &= f_i + e_i, \ i = 1, 2, \cdots, n \\ n_i &= f_i - e_i, \ i = 1, 2, \cdots, n \end{aligned} \tag{2-9}$$

2) 基于 ISM 的关键环节辨识

(1) 可达矩阵计算

选取合适阈值 λ,计算可达矩阵 $K=(k_{ij})_{n\times n}$,其中

$$k_{ij}=\{1|c_{ij}\geq \lambda\}, i,j=1,2,\cdots,n$$
$$k_{ij}=\{0|c_{ij}<\lambda\}, i,j=1,2,\cdots,n$$
(2-10)

(2) 影响要素聚类系数计算

影响要素的聚类系数可以用于分析影响要素的重要度并能够进一步辅助确定阈值的选取,使可达矩阵所表达的意义更合理。在可达矩阵中,影响要素 S'_i 的聚类系数是指 S'_i 与其邻接节点间存在的边数与总的可能存在边数的比。

(3) 可达矩阵层级划分

可达矩阵的层级划分可以用 $\pi(K)=\{L_1, L_2, \cdots, L_j, \cdots\}$ 来表示,其中 $L_1, L_2, \cdots, L_j, \cdots$ 表示划分的层级。

(4) 骨架矩阵提取及多级递阶模型构建

在可达矩阵基础上去除强连接要素、越级二元关系及单位阵(即自身对自身的影响)就能得到系统骨架矩阵,即系统影响要素关系最直接的表达方式。在此基础上,逐级排列系统影响要素,将缩减掉的要素随其代表要素同级补入,并标明其相互作用关系,用从下到上的有向弧来显示逐级要素间的关系,并补充必要的越级关系,建立多级递阶结构模型。

3) 结果分析

专家组根据经验例证了城市轨道交通能效影响因素构成,确定了直接影响因子,得到了直接影响矩阵,根据式(2-7)对直接影响矩阵(见表 2-4)进行规范化处理和关系补充,求得了综合影响矩阵(见表 2-5)。

表 2-4 直接影响矩阵

	S'_1	S'_2	S'_3	S'_4	S'_5	S'_6	S'_7	S'_8	S'_9	S'_{10}	S'_{11}	S'_{12}	S'_{13}	S'_{14}	S'_{15}	S'_{16}	S'_{17}	S'_{18}	S'_{19}
S'_1	0	4	0	3	0	0	0	0	0	2	0	0	0	0	2	0	0	0	0
S'_2	0	0	0	0	0	0	0	0	0	0	0	0	0	2	0	0	0	0	0
S'_3	2	0	0	0	0	0	0	0	0	0	0	0	0	0	2	0	0	0	0
S'_4	0	0	0	0	0	0	0	0	0	1	0	0	2	0	0	0	0	0	0
S'_5	0	0	0	0	0	0	0	0	0	0	0	0	0	0	1	0	0	0	0
S'_6	0	0	0	0	0	0	0	0	0	0	0	3	0	0	0	0	0	0	0
S'_7	0	2	0	0	2	0	0	4	0	3	0	0	0	0	0	0	0	0	0

续表

	S'_1	S'_2	S'_3	S'_4	S'_5	S'_6	S'_7	S'_8	S'_9	S'_{10}	S'_{11}	S'_{12}	S'_{13}	S'_{14}	S'_{15}	S'_{16}	S'_{17}	S'_{18}	S'_{19}
S'_8	0	0	4	0	0	0	0	0	3	3	0	0	0	4	4	0	0	0	0
S'_9	0	0	0	0	0	0	0	0	0	0	0	0	0	3	0	0	0	0	0
S'_{10}	0	0	0	0	0	0	0	0	0	0	0	0	0	0	4	0	0	0	0
S'_{11}	0	0	0	0	0	0	0	0	0	0	0	0	0	0	2	0	0	0	0
S'_{12}	0	0	0	0	0	3	4	4	3	3	2	0	0	0	2	1	2	2	0
S'_{13}	0	2	0	0	0	0	0	0	0	0	0	0	0	0	2	0	0	0	0
S'_{14}	0	0	0	0	0	0	0	0	0	0	0	0	0	0	3	0	0	0	0
S'_{15}	0	0	0	0	0	0	0	0	0	0	0	0	0	0	0	0	0	0	0
S'_{16}	0	0	0	0	0	0	0	0	0	0	0	0	0	0	1	0	0	0	0
S'_{17}	0	0	0	0	0	0	0	0	0	0	0	0	0	0	1	0	0	0	0
S'_{18}	0	0	0	0	0	0	0	0	0	0	0	0	0	0	1	0	0	0	0
S'_{19}	0	0	0	0	1	0	0	0	0	0	0	0	0	0	4	1	0	0	0

表 2-5 综合影响矩阵

	S'_1	S'_2	S'_3	S'_4	S'_5	S'_6	S'_7	S'_8	S'_9	S'_{10}	S'_{11}	S'_{12}	S'_{13}	S'_{14}	S'_{15}	S'_{16}	S'_{17}	S'_{18}	S'_{19}
S'_1	0.00	0.15	0.00	0.12	0.00	0.00	0.00	0.00	0.00	0.08	0.00	0.00	0.01	0.00	0.10	0.00	0.00	0.00	0.00
S'_2	0.00	0.00	0.00	0.00	0.00	0.00	0.00	0.00	0.00	0.00	0.00	0.00	0.00	0.00	0.08	0.00	0.00	0.00	0.00
S'_3	0.08	0.01	0.00	0.01	0.00	0.00	0.00	0.00	0.00	0.01	0.00	0.00	0.00	0.00	0.08	0.00	0.00	0.00	0.00
S'_4	0.00	0.01	0.00	0.00	0.00	0.00	0.00	0.00	0.00	0.04	0.00	0.00	0.08	0.00	0.01	0.00	0.00	0.00	0.00
S'_5	0.00	0.00	0.00	0.00	0.00	0.00	0.00	0.00	0.00	0.00	0.00	0.00	0.00	0.00	0.04	0.00	0.00	0.00	0.00
S'_6	0.00	0.01	0.00	0.00	0.00	0.00	0.00	0.00	0.00	0.00	0.00	0.00	0.00	0.12	0.00	0.01	0.00	0.00	0.00
S'_7	0.00	0.08	0.02	0.00	0.08	0.00	0.00	0.00	0.15	0.02	0.13	0.00	0.00	0.03	0.06	0.00	0.00	0.00	0.00
S'_8	0.01	0.00	0.15	0.00	0.00	0.00	0.00	0.00	0.12	0.12	0.00	0.00	0.00	0.17	0.20	0.00	0.00	0.00	0.00
S'_9	0.00	0.00	0.00	0.00	0.00	0.00	0.00	0.00	0.00	0.00	0.00	0.00	0.00	0.12	0.01	0.00	0.00	0.00	0.00
S'_{10}	0.00	0.00	0.00	0.00	0.00	0.00	0.00	0.00	0.00	0.00	0.00	0.00	0.00	0.00	0.15	0.00	0.00	0.00	0.00
S'_{11}	0.00	0.00	0.00	0.00	0.00	0.00	0.00	0.00	0.00	0.00	0.00	0.00	0.00	0.00	0.08	0.00	0.00	0.00	0.00
S'_{12}	0.00	0.01	0.03	0.00	0.01	0.12	0.15	0.18	0.14	0.15	0.08	0.00	0.01	0.04	0.15	0.04	0.08	0.08	0.00
S'_{13}	0.00	0.08	0.00	0.00	0.00	0.00	0.00	0.00	0.00	0.00	0.00	0.00	0.00	0.00	0.08	0.00	0.00	0.00	0.00
S'_{14}	0.00	0.00	0.00	0.00	0.00	0.00	0.00	0.00	0.00	0.00	0.00	0.00	0.00	0.00	0.12	0.00	0.00	0.00	0.00

续表

	S'_1	S'_2	S'_3	S'_4	S'_5	S'_6	S'_7	S'_8	S'_9	S'_{10}	S'_{11}	S'_{12}	S'_{13}	S'_{14}	S'_{15}	S'_{16}	S'_{17}	S'_{18}	S'_{19}
S'_{15}	0.00	0.00	0.00	0.00	0.00	0.00	0.00	0.00	0.00	0.00	0.00	0.00	0.00	0.00	0.00	0.00	0.00	0.00	0.00
S'_{16}	0.00	0.00	0.00	0.00	0.00	0.00	0.00	0.00	0.00	0.00	0.00	0.00	0.00	0.00	0.04	0.00	0.00	0.00	0.00
S'_{17}	0.00	0.00	0.00	0.00	0.00	0.00	0.00	0.00	0.00	0.00	0.00	0.00	0.00	0.00	0.04	0.00	0.00	0.00	0.00
S'_{18}	0.00	0.00	0.00	0.00	0.00	0.00	0.00	0.00	0.00	0.00	0.00	0.00	0.00	0.00	0.00	0.00	0.00	0.00	0.00
S'_{19}	0.00	0.00	0.00	0.04	0.00	0.00	0.00	0.00	0.00	0.00	0.00	0.00	0.00	0.00	0.16	0.04	0.00	0.00	0.00

为了初步明确影响因素的重要程度，首先根据影响因素原因度计算确定因素中的原因因素和结果因素，原因度大于 0 的为原因因素，原因度小于 0 的为结果因素。原因度越大，影响因素的优先级（重要度）越高；原因度越小，影响因素受其他因素影响越大，也是能效管控的重点对象。其中，原因因素中原因度最大的是车站客流量 S'_{12}，其次依次为行车密度 S'_8、满载率 S'_7、列车自重 S'_1，选取前四个因素作为最关键原因因素。结果因素中按受影响程度的大小排在前四位的分别是通风空调系统负荷 S'_{15}、编组方案 S'_{10}、列车牵引电机效率 S'_2、走行公里 S'_{14}，将其作为关键结果因素。根据中心度的大小也可以判断系统中影响因素与其他因素的密切程度（重要度），中心度最大的为通风空调系统负荷 S'_{15}，其次依次为车站客流量 S'_{12}、行车密度 S'_8、满载率 S'_7，选取前四项作为主要影响因素。综合中心度和原因度的计算结果，可以确定系统能效关键因素分别为通风空调系统负荷 S'_{15}、车站客流量 S'_{12}、行车密度 S'_8、满载率 S'_7、列车自重 S'_1 和列车牵引电机效率 S'_2。

根据专家经验确定阈值 λ 的可选集合为 {0.001 0, 0.011 0, 0.012 8}，在不同阈值条件下影响因素的聚类系数变化不同。阈值设置的根本目的是去除影响因子较小的关系，简化系统结构，便于后续的分析，但为了保证系统关系表达的准确性和合理性，将不同阈值下聚类系数较大的影响因素与已分析的关键因素度进行对比，发现当 $\lambda = 0.012\,8$ 时重合率较高，重合的关键因素分别为车站客流量 S'_{12}、行车密度 S'_8、满载率 S'_7、列车自重 S'_1 和列车牵引电机效率 S'_2，且此时系统关系表达能够最大限度地保留，为此取 $\lambda = 0.012\,8$ 时的可达矩阵作为 ISM 的输入。

位于第一级的因素——通风空调系统负荷 S'_{15} 是影响城市轨道系统能效最直接的因素，这个结果与人们的经验是一致的，而位于第九级的因素车站客流量 S'_{12} 是影响城市轨道交通系统能耗最根本的因素，即管控城市轨道交通系统能效的最有效方法是控制车站客流量，这与城市轨道交通的建设初衷相悖。为此向上层追溯，发现满载率 S'_7、行车密度 S'_8、再生制动利用率 S'_3、列车自重 S'_1 是除车站客流量 S'_{12} 外影响系统能效较为根本的因素。结合根据中心度和原因度分析得到的关键因素，建立影响城市轨道交通系统能效的关键因素集合为：{通风空调系统负荷 S'_{15}，车站客流量 S'_{12}，行车密度 S'_8，满载率 S'_7，列车自重 S'_1，列车牵引电机效率 S'_2，再生制动利用率 S'_3}。

2. 城市轨道交通系统能效链构建

1）能效影响要素之间的相互作用机制

在这里我们引入全局能效链的概念。全局能效链是由能效影响要素相互作用关系连接起来的造成城市轨道交通系统综合能效水平提升或降低的特定影响扩散序列。本书基于城市轨道交通系统的历史能耗数据及查阅的文献，分析其相互作用机制，从而构建全局能效链。

根据对能效影响要素之间的作用的分析，我们知道影响要素之间都存在一定的连接边，由此我们建立了网络模型。经过对北京地铁大量能耗历史数据和已查阅资料的分析，我们发现能效影响要素之间的相互作用关系可以总结为以下几类。

（1）促进关系（F_{ij}）

促进关系指的是能效影响要素节点 S_1' 属性值的增加，可能导致能效影响要素节点 S_2' 的属性值也增加。例如夏季温度的增加，会导致城市轨道交通系统车辆和车站内部的温度增加，从而导致车辆和车站的空调系统的冷机功率增加，最终造成城市轨道交通空调系统能耗的增加，根据所提出的能效测度，此时空调系统的能效水平将会降低，最终导致城市轨道交通系统综合能效水平降低。

（2）抑制关系（I_{ij}）

除了促进关系，我们也发现在城市轨道交通系统运营过程中能效影响要素之间也存在一定的抑制关系，即能效影响要素节点 S_1' 属性值的减少，可能导致能效影响要素节点 S_2' 的属性值也减少。例如，城市轨道交通系统更换采用了新材料和新结构的轻量化列车，导致列车的自重显著降低，从而导致列车的牵引系统能耗降低，根据所提出的能效测度，此时牵引系统的能效水平将会提高，最终导致城市轨道交通系统综合能效水平提高。

考虑以上两种作用关系，根据能效影响要素之间的相互作用机制，再分析能效影响要素扩散影响路径，就可以最终形成全局能效链。

2）能效影响要素扩散影响途径

能效影响要素扩散影响路径是指由能效影响要素节点经过扩散之后影响的一系列节点的集合与初始能效影响要素节点之间的通路。例如 $L=\{S_i', \cdots, S_x', \cdots, S_m'\}$ 表示由能效影响要素节点 S_i' 至能效影响要素节点 S_m' 的传播路径，集合中包含有序的能效影响要素节点和它们的连接边。能效影响要素节点对扩散路径的选择受连接边拓扑属性的影响，而网络中的节点作为路径的重要组成部分，其拓扑属性对能效影响的扩散作用也不能忽视。

（1）节点属性对能效影响扩散的影响

网络中节点（能效影响要素）的度反映了节点的波及范围，某个节点的度数越大，则可供选择的扩散路径就越多，扩散范围就越大。节点的度又分为入度和出度。由于耦合关系的存在，节点的出度能够反映被影响的节点数目，并对能效的扩散产生放大作用。

当能效影响扩散到多个节点时，入度越大的节点也更加容易受到干扰。因此在能效

影响扩散过程中将节点出度中心性作为节点的扩散属性，即

$$\text{Pr}_i = \sum_{j \in a_i} g_{ij} e^{OD_i} \quad (2\text{-}11)$$

式中：Pr_i——节点 S'_i 的扩散属性；

e^{OD_i}——节点的出度中心性 OD_i 对能效扩散影响的放大作用，$e^{OD_i} \in [1, e]$，值为 1，表明对能效扩散影响无放大作用，随着值的增大，放大作用加强。

（2）连接边属性对能效影响扩散的影响

连接边影响能效影响要素对扩散路径的选择，而连接边的介数中心性反映了信息传播中该边作为最短路径的一部分被选择的机会，因此连接边的介数也将影响能效影响要素对扩散路径的选择。定义连接边的传播强度为

$$I_{ij} = W_b B(e_{ij}) \quad (2\text{-}12)$$

式中：I_{ij}——连接边 e_{ij} 的扩散强度；

W_b——介数中心性的权值系数。

网络中的一个节点和多个节点相连，造成了多重能效影响扩散的可能。为了能够区分路径的大小，定义能效扩散路径的长度为

$$\gamma(L_{ij}) = \prod (\text{Pr}_i \times I_{ij}) \quad (2\text{-}13)$$

式中：$\gamma(L_{ij})$——路径 L_{ij} 的长度，且 $S'_i, S'_j \in L_{ij}$。

能效影响扩散具有传递性。传递性是指假设某一时刻能效影响要素节点 S'_i 状态发生改变，在这一瞬时有能效影响从 S'_i 扩散到 S'_j，导致 S_j 的属性发生变化，则发生 $S'_i \rightarrow S'_j$；若节点 S'_j 变化造成关联节点 S'_k 的属性改变，则有 $S'_j \rightarrow S'_k$，因此可以说 S'_i 将这种影响传递到 S'_k。上述是本书中节点能效影响扩散的逻辑基础。当复杂网络中某一节点发生变化时，可以迅速将这种影响扩散到与其相连的节点上，这种情况与实际情况相符。

我们将能效影响要素节点按照其传递路径连接起来，便获得了全局能效链，由此可以得到由初始能效影响要素节点到扩散 k 步后的传播路径集合 L_k，路径的长度和节点反映了系统中某个能效影响要素的影响范围和影响深度。能效扩散优先选择传播强度较大的连接边进行传播，若相连节点已经发生变化，则根据传播强度大小顺序依次选择相应的连接边。

第 3 章
城市轨道交通系统能耗过程解耦与分析评估方法

3.1 城市轨道交通系统能耗过程解耦理论

本章在分析了城市轨道交通系统综合能效表征参数的计算方法上,将基于系统综合能效表征参数计算的思路,采用自上而下的思维顺序,提出城市轨道交通系统能耗过程解耦方法,也就是辨识出城市轨道交通系统中关键能耗控制点,并提出基于系统和子系统阈值的城市轨道交通系统关键能耗控制点的控制策略。

城市轨道交通系统能耗关联网络模型中的关键能耗控制点指的是,当该节点能效表征参数发生变化时,城市轨道交通系统综合能效表征参数会随之产生较大的波动。研究城市轨道交通系统关键能耗控制点的辨识的目的有两个:一是通过辨识关键能耗控制点,可以按照节点对城市轨道交通系统综合能效的影响程度、对节点的能效重要度进行评估;二是关键节点的辨识,可以为城市轨道交通系统能耗过程的调控提供方法和策略。

城市轨道交通系统关键能耗控制点的辨识方法与城市轨道交通系统综合能效表征参数的计算是互逆的过程。图 3-1 展示了城市轨道交通系统能效表征参数的计算过程。

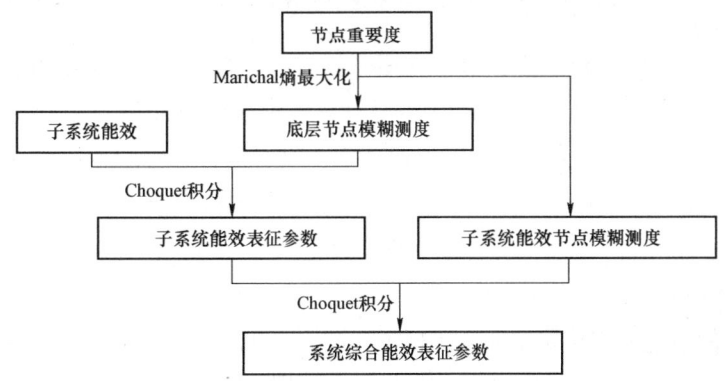

图 3-1 城市轨道交通系统能效表征参数的计算过程

城市轨道交通系统能效表征参数的计算有两个关键点：一是模糊测度未知，需要依据节点的 Shapley 值计算模糊测度；二是要依据 Choquet 积分计算能效表征参数。基于此，本章提出城市轨道交通系统能耗关联网络模型中关键能耗控制点的辨识思路。关键能耗控制点辨识是在模糊测度已经计算得出的情况下，根据 Choquet 积分是模糊测度的线性组合的这一特征，采用自上向下的思维顺序，得到系统能效表征参数与子系统能效表征参数之间的函数关系式，从而对城市轨道交通系统能耗关联网络模型中的关键能耗控制点进行辨识。即根据 Choquet 积分的公式，在 $g_\lambda(A_i)$ 已知的情况下，原式可转变为关于系统综合能效表征参数 $\int f \mathrm{d} g_\lambda$ 和子系统能效表征参数 $f(x_i)$ 之间的函数关系式。

$$\int f \mathrm{d} g_\lambda = \sum_{i=1}^{n} g_\lambda(A_i) f(x_i) + \sum_{i=1}^{n-1} g_\lambda(A_i) f(x_{i-1}) + \cdots + g_\lambda(A_i) f(x_1) \tag{3-1}$$

接下来以子系统 S_{11} 的能效表征参数 θ_{11} 的计算公式为例，对能效表征参数计算过程与关键能耗控制点的辨识方法之间的关系进行说明。通过因式分解，子系统 S_{11} 的能效表征参数 θ_{11} 可转化为式（3-2）所示的形式。

$$\begin{aligned}\theta_{11} =& [f(p_2)-0] \times g_\lambda(S_1 \cup S_2 \cup S_3 \cup S_4 \cup S_5) + [f(p_1)-f(p_2)] \times g_\lambda(S_2 \cup S_3 \cup S_4 \cup S_5) + \\ & [f(p_3)-f(p_2)] \times g_\lambda(S_3 \cup S_4 \cup S_5) + [f(p_4)-f(p_2)] \times g_\lambda(S_4 \cup S_5) + \\ & [f(p_5)-f(p_2)] \times g_\lambda(S_5) = [g_\lambda(S_1 \cup S_2) - g_\lambda(S_2)] \times f(p_1) + \\ & [g_\lambda(S_1 \cup S_2 \cup S_3) - g_\lambda(S_1 \cup S_2)] \times f(p_2) + [g_\lambda(S_2 \cup S_3 \cup S_4) - g_\lambda(S_2 \cup S_3)] \times f(p_3) + \\ & [g_\lambda(S_3 \cup S_4 \cup S_5)] - g_\lambda(S_2 \cup S_3 \cup S_4)] \times f(p_4) + g_\lambda(S_5) \times f(p_5) \end{aligned} \tag{3-2}$$

将模糊测度代入其中可得子系统 S_{11} 的能效表征参数 θ_{11} 与构成子系统 S_{11} 的子系统 S_1，S_2，S_3，S_4，S_5 之间的函数关系式。

$$\theta_{11} = 0.4 \times f(p_1) + 0.3 \times f(p_2) + 0.16 \times f(p_3) + 0.13 \times f(p_4) + 0.01 \times f(p_5) \tag{3-3}$$

由式（3-3）中的函数关系，可知在由子系统 S_1，S_2，S_3，S_4，S_5 的能效表征参数计算子系统 S_{11} 的能耗过程状态的过程中，子系统的能耗过程重要度排序为 $S_1 > S_2 > S_3 > S_4 > S_5$。如果我们要对子系统 S_{11} 的能耗过程状态进行调控，则应依据构成其子系统的能耗过程重要度优先选择对子系统 S_{11} 能耗过程状态影响程度更大、更关键的子系统进行调控。

依据上述城市轨道交通系统关键能耗控制点辨识方法，对城市轨道交通系统能耗关联网络模型中的节点（节点定义见 3.3.1 节）进行辨识，得到各层节点能耗过程重要度如表 3-1 所示。

表 3-1　城市轨道交通系统能效模型中各层节点能耗过程重要度

	节点	能耗过程重要度
L_2 层	V_{11}	0.413
	V_{12}	0.587
L_3 层	V_1	0.4
	V_2	0.3
	V_3	0.16
	V_4	0.13
	V_5	0.01
	V_6	0.284
	V_7	0.464
	V_8	0.206
	V_9	0.038
	V_{10}	0.008

结合表 3-1 与城市轨道交通系统能耗关联网络模型中节点的构成关系,可知节点 V_{13} 是由节点 V_{11} 和节点 V_{12} 所构成的。在表 3-1 中,节点 V_{11} 的能耗过程重要度为 0.413,节点 V_{12} 的能耗过程重要度为 0.587,相较之下节点 V_{12} 的能效表征参数变化对于节点 V_{13} 的能效表征参数所造成的影响更大。因此,如果要对节点 V_{13} 的能效表征参数进行调控,应优先对节点 V_{12} 的能效表征参数进行调控。表 3-1 中其他节点的分析思路与上述内容一致,此处不再赘述。

城市轨道交通系统是一个有机的整体,城市轨道交通系统能效表征参数的提高或降低是其众多子系统共同作用的结果。但是因为技术限制,各子系统的能效无法无限制地提升,即各子系统能效的提高或降低都有阈值。因此,基于城市轨道交通系统能耗关联网络模型中的关键能耗控制点的辨识结果,结合城市轨道交通系统中各子系统能效表征参数的阈值对城市轨道交通系统能效控制策略做出研究。

首先提出以下两个基本假设。

假设 1　当城市轨道交通系统能耗关联网络模型中节点的能效表征参数发生变化时,基于 Choquet 积分的城市轨道交通系统或子系统的能效表征参数的计算方法保持不变;

假设 2　能耗数据可获得的子系统的能效阈值由其能耗数据最高值和最低值决定。

假设 1 的提出是因为 Choquet 积分公式中存在对排序后的能效表征参数进行运算的部分。当城市轨道交通系统能耗关联网络模型中节点的能效表征参数发生变化时,各子系统的能效表征参数大小需要重新进行排序。通过城市轨道交通系统能效表征参数计算过程,已经找到了城市轨道交通系统能效表征参数的唯一线性表示方法。

假设 2 的提出则是为了简化子系统能效阈值的确定方法。本书认为历史能耗数据中的最低值和最高值代表了该子系统能耗所能达到的最低值和最高值。

根据能效计算公式，计算得到能耗数据可获得的子系统的能效阈值如表3-2所示。

表3-2 能耗数据可获得的子系统的能效阈值

节点	V_1	V_2	V_3	V_4	V_5
能效	0.85~0.88	0.74~0.77	0.52~0.69	0.59~0.74	0.85~0.90
节点	V_6	V_7	V_8	V_9	V_{10}
能效	0.58~0.83	0.81~0.85	0.79~0.81	0.83~0.84	0.75~0.76

根据城市轨道交通系统能效表征参数的计算方法，计算得到城市轨道交通系统中能耗数据不可获得的系统、子系统的能效阈值如表3-3所示。

表3-3 能耗数据不可获得的系统、子系统的能效阈值

节点	V_{11}	V_{12}	V_{13}
能效	0.70~0.79	0.60~0.74	0.77~0.82

根据城市轨道交通系统各层节点能耗过程重要度，得到城市轨道交通系统、子系统能效表征参数的计算公式如表3-4所示。

表3-4 城市轨道交通系统、子系统能效表征参数的计算公式

节点	能效表征参数的计算公式
V_{11}	$\theta_{11} = 0.4\theta_1 + 0.3\theta_2 + 0.16\theta_3 + 0.13\theta_4 + 0.01\theta_5$
V_{12}	$\theta_{12} = 0.284\theta_6 + 0.464\theta_7 + 0.206\theta_8 + 0.038\theta_9 + 0.008\theta_{10}$
V_{13}	$\theta_{13} = 0.413\theta_{11} + 0.587\theta_{12}$

能效代表的是能源的利用效率，能效越高，表示能源的利用效率越高。接下来我们在城市轨道交通系统能效表征参数计算公式已经得到的情况下，对如何有效地提高城市轨道交通系统能效，即提高城市轨道交通系统能效表征参数进行研究。

根据能耗过程重要度表及能效计算公式，我们研究构成V_{13}能效表征参数的节点能耗过程重要度。V_{12}的能耗过程重要度大于V_{11}的能耗过程重要度，因此在对城市轨道交通系统能效进行控制时，首先应对V_{12}的能效进行控制。当V_{12}的能效表征参数由当前值达到最大值时，城市轨道交通系统能效表征参数的变化值$\Delta\theta_{13}$为0.011；之后对V_{11}的能效进行控制，当V_{11}的能效表征参数由当前值达到最大值时，城市轨道交通系统能效表征参数的变化值$\Delta\theta_{13}$为0.030。

通过研究构成V_{11}能效表征参数的节点能耗过程重要度，得到节点能耗过程重要度由大至小是：V_1，V_2，V_3，V_4，V_5；通过研究构成V_{12}能效表征参数节点能耗过程重要度，得到节点能耗过程重要度由大至小是：V_7，V_6，V_8，V_9，V_{10}。

基于上述研究，可以得出提高城市轨道交通系统能效的控制策略如下（按照控制的

第 3 章 城市轨道交通系统能耗过程解耦与分析评估方法

先后顺序)：

$$V_{12}>V_7>V_{11}>V_1>V_2>V_6>V_8>V_3>V_4>V_9>V_5>V_{10}$$

其中，V_6，V_7，V_8，V_9，V_{10} 均是构成 V_{12} 的节点，是城市轨道交通系统能效控制中极为关键的节点。而 V_7 在城市轨道交通系统中代表动力系统中的通风空调系统，这一控制先后顺序也与城市轨道交通系统的实际运营情况相吻合。

在对城市轨道交通系统能效进行调整时，调整 V_{12} 能效表征参数优先于调整 V_{11} 能效表征参数；而调整 V_{11} 能效表征参数造成城市轨道交通系统能效表征参数的变化量较调整 V_{12} 能效表征参数更大。造成以上情形的原因是 V_{12} 的能耗过程重要度大于 V_{11}，而 V_{12} 的能效提升阈值小于 V_{11}。在实际城市轨道交通系统中，V_{12} 代表动力系统，V_{11} 代表牵引系统。上述结果表明在对城市轨道交通系统能效进行控制时，应优先控制动力系统能效。但是假设牵引系统能效和动力系统能效均能达到能效提升上限，控制牵引系统能效所带来的整体收益将大于控制动力系统能效所带来的整体收益。这也同样解释了出现后控制的子系统对系统能效表征参数造成的变化量高于先控制的子系统的现象。

因此，根据上述能耗过程控制策略，可求出动力系统和牵引系统所应提升的能效大小，这个值可以称为该子系统在此过程中的能效贡献率；之后，根据动力系统和牵引系统各自的能效贡献率，可以求出构成这两个系统的各子系统的能效贡献率。根据获得的结果，可以为后续能耗研究提供指导，具体结果如表 3-5 所示。

表 3-5 城市轨道交通系统中各子系统能效贡献率

	提升	子系统	贡献率	子系统	贡献率
城市轨道交通系统综合能效表征参数	10%	牵引系统	7.98%	列车牵引系统	2.91%
				列车制动系统	5.25%
				列车空调系统	0.72%
				列车通风系统	0.45%
				列车照明系统	0.33%
		动力系统	11.65%	电梯设备系统	0.67%
				通风空调系统	6.59%
				照明系统	1.01%
				自动闸机系统	0.58%
				其他系统	0.45%

本节基于能耗过程状态计算的思路，采用自上向下的思维顺序，提出了城市轨道交通系统能耗过程解耦方法，也就是辨识出城市轨道交通系统中关键能耗控制点，并在考虑城市轨道交通系统、子系统能耗过程表征参数阈值的情况下，提出了基于系统和子系统阈值的城市轨道交通系统关键能耗控制点的控制策略，为城市轨道交通系统能效综合

管理平台提供了理论支撑。

3.2 城市轨道交通系统能耗特征分析

基于城市轨道交通系统能耗构成与实地调研获得的能耗数据，我们对城市轨道交通系统能耗特征进行了分析，根据分析结果，可以得出城市轨道交通系统能耗具有层次性与关联性的特征，接下来我们对这两种特征进行详细介绍。

1. 层次性

根据城市轨道交通系统的构成，可以发现城市轨道交通系统是一个层级划分分明的系统。而能耗作为城市轨道交通系统中系统或子系统的一种属性，其不能独立于系统或子系统而存在。因此，作为城市轨道交通系统中的一部分，城市轨道交通系统能耗也具有层次性的特征。

城市轨道交通系统能耗的层次性特征还可以通过城市轨道交通系统或子系统所具有功能的种类和数量来进行说明。对于城市轨道交通系统来说，作为所有子系统的集合，其功能较单个子系统来说更为复杂、多样，所以需要的能量也较多；对于城市轨道交通系统的子系统来说，其功能相对城市轨道交通系统来说较为简单，所以其需要的能量也较少。

考虑城市轨道交通系统能耗层次性的特征，本书在对城市轨道交通系统能效进行研究时，对城市轨道交通系统能耗也采用分层进行研究。为实现计算的简便性与表达的准确性，基于对城市轨道交通系统能耗的研究和城市轨道交通系统能耗层次性的特征，我们将城市轨道交通系统能耗抽象为可以用符号语言和数字语言表达的形式。

2. 关联性

城市轨道交通系统是一个由多个子系统耦合而成的复杂系统，其正常运营是多个子系统共同作用的结果，因此子系统与子系统之间必然存在某些关联关系，这些关联关系将为能耗关联网络模型提供理论支持。

车站空调系统的作用是保持车站内有适宜的温度，由此可以得出空调系统的能耗会受到环境中温度的影响。当环境温度过低或过高时，空调系统的能耗会有明显的上升。车站照明系统是城市轨道交通系统中光亮的来源，在城市轨道交通系统中也是非常重要的一部分。需要注意的是，车站照明系统在提供照明的同时伴随着热量的产生，因此会对周围空气的温度造成影响。而空调系统为了保持环境温度的相对恒定，必然需要消耗更多的能量。综上所述，实际测得的能耗是系统和系统之间相互作用的结果，不能直接进行简单的加减运算。

采用 SPSS 软件，同时结合回归分析方法，我们对城市轨道交通系统能耗数据进行了研究，从而确定了子系统能耗之间的关联关系。结果证明城市轨道交通系统中各子系统

第 3 章 城市轨道交通系统能耗过程解耦与分析评估方法

能耗之间存在两类关联关系，分别是正相关关系和负相关关系。下面以动力系统中的通风空调系统能耗和照明系统能耗为例对分析处理程过进行介绍。

将月平均通风空调系统能耗数据和照明系统能耗数据进行拟合，设通风空调系统能耗数据为自变量，照明系统能耗数据为因变量，可以得到二者的函数关系表达式为

$$Y = -27.31 + 4.45X, \quad R = 0.6（皮尔森系数） \tag{3-4}$$

可以用皮尔森系数反映能耗数据之间相关性的类别与相关性的强弱。通风空调系统能耗数据和照明系统能耗数据之间的皮尔森系数 $R = 0.6$，说明通风空调系统能耗和照明系统能耗呈正相关关系，二者相关性强弱的度量值为 0.6。

应用这种方法，对调研得到的 10 个子系统能耗数据之间的关联关系进行分析，得到 10 个子系统能耗数据之间的皮尔森系数，作为衡量各子系统之间能耗数据强弱的指标。表 3-6 展示了部分子系统能耗数据之间的相关性分析结果（能耗数据之间的皮尔森系数）。

表 3-6 城市轨道交通系统部分子系统能耗数据之间的相关性分析结果

编号	V_1	V_2	V_3	V_4	V_5	V_6	V_7	V_8
V_1	1.00	0.42	0.35	−0.07	−0.68	−0.43	−0.28	−0.69
V_2	0.42	1.00	0.17	−0.35	0.22	−0.31	−0.60	−0.24
V_3	0.35	0.17	1.00	0.67	−0.14	−0.53	0.17	−0.26
V_4	−0.07	−0.35	0.67	1.00	−0.48	0.31	0.21	0.08
V_5	−0.68	0.22	−0.14	−0.48	1.00	0.60	−0.51	−0.45
V_6	−0.43	−0.31	−0.53	0.31	0.60	1.00	0.55	−0.55
V_7	−0.28	−0.60	0.17	0.21	−0.51	0.55	1.00	−0.55
V_8	−0.68	−0.24	−0.26	0.08	−0.45	−0.45	−0.55	1.00

3.3 城市轨道交通系统能耗过程建模与评估方法

3.3.1 城市轨道交通系统能耗关联网络模型

基于能耗的关联性，我们构建了城市轨道交通系统能耗关联网络模型。下面首先对城市轨道交通系统能耗关联网络模型构建过程中的基本假设进行说明。

构建城市轨道交通系统能耗关联网络模型的具体步骤如下。

1. 明确划分内容和边界

在城市轨道交通系统能耗结构分析的基础上，按照子系统的主要功能目标，确定城市轨道交通系统能耗建模的内涵（包含的子系统）和外延（与其他子系统的界限）。

2. 节点分析与选取

网络中的节点定义为由城市轨道交通系统能耗中实际存在的子系统构成的节点。这一类节点的集合用符号 V 表示，按照城市轨道交通系统能耗的构成，在城市轨道交通系统能耗关联网络模型 $V=\{V_1, V_2, V_3, \cdots, V_i, \cdots\}$ 中，V_i 代表第 i 个节点。

根据城市轨道交通系统的能耗分布构成，定义：V_1 代表列车牵引系统；V_2 代表列车制动系统；V_3 代表列车空调系统；V_4 代表列车通风系统；V_5 代表列车照明系统；V_6 代表电梯设备系统；V_7 代表通风空调系统；V_8 代表照明系统；V_9 代表自动闸机系统；V_{10} 代表其他系统（包括给排水系统、屏蔽门系统、通信信号系统和 FAS 等）；V_{11} 代表牵引系统；V_{12} 代表动力系统；V_{13} 代表城市轨道交通系统。

3. 建立作用关系

根据对城市轨道交通系统能耗数据之间相互作用关系的分析，建立节点之间的相互作用关系。在网络模型中，一般通过分析节点之间边的情况去研究节点与节点之间的相互作用关系，具体包括节点间边的有无、方向及权重，对连接关系进行描述。因此，从节点之间边的种类出发，对城市轨道交通系统能耗关联网络模型中存在的连接关系进行划分。城市轨道交通系统能耗关联网络模型是一个多层网络模型，与单层网络模型的区别是：它不仅包含同层节点之间的连接关系，还包含层与层之间节点的连接关系。根据对能耗数据的分析及与现场技术人员的交流，将城市轨道交通系统能耗关联网络模型节点之间的关系分为两大类：一类是层内节点之间的连接关系；另一类是层间节点的连接关系。

1）层内节点之间的连接关系

（1）相互促进关系

相互促进关系是指对于属于同一层的节点，一个节点的能耗对另一个节点的能耗有促进作用。具体表现为将二者的能耗数据进行分析，发现二者的数据之间呈正相关关系。

（2）相互抑制关系

相互抑制关系是指对于属于同一层的节点，一个节点的能耗层内节点之间的连接关系是相互的，即表现在能耗关联网络模型中层内节点之间的边是双向的。对另一个节点的能耗有抑制作用，具体表现为将二者的能耗数据进行分析，发现二者的数据之间呈负相关关系。

表 3-7 展示了城市轨道交通系统能耗关联网络模型中的连接关系和网络化表达。其中，W_{jk} 表示节点 V_j 与节点 V_k 之间边的权重。从表 3-7 中可以看出，在网络化表达中相互促进关系与相互抑制关系的不同体现在边的权重的符号上。

表 3-7　层内节点之间的连接关系和网络化表达

连接关系	网络化表达
相互促进关系	V_j ●——$\|W_{jk}\|$——● V_k
相互抑制关系	V_j ●——$-\|W_{jk}\|$——● V_k

2）层间节点间的连接关系

城市轨道交通系统能耗关联网络模型中的层指的是具有同一结构等级或功能等级的系统和子系统及子系统之间相互作用关系的集合。合理的层划分规则对城市轨道交通系统能耗关联网络模型的构建有着极其重要的意义。下面对城市轨道交通系统能耗中层的具体划分方法和划分原则进行介绍。采用由上至下的划分思路对城市轨道交通系统能耗进行划分，具体划分原则如下。

（1）功能等级相似原则

功能等级相似原则是指位于同一层中的子系统应具有相似的功能等级，即该层子系统的功能在城市轨道交通系统中等级应相似。

（2）构成性原则

构成性原则是指位于 L_i 层的子系统必然可以找到其构成的 L_{i-1} 层的子系统或系统。因此，从城市轨道交通系统能耗关联网络模型层的划分方式可知，在城市轨道交通系统能耗关联网络模型中，高层节点的能耗或能效会受到低层节点的能耗或能效的影响，这种关系可以称为构成关系。

接下来以城市轨道交通系统能效为例对构成关系进行简单的说明。城市轨道交通系统的能效受到其下层——牵引系统的能效和动力系统的能效影响，因此城市轨道交通系统的能效与牵引系统的能效和动力的能效之间存在构成关系。需要说明的是，构成关系的方向是单向的，其方向是由构成节点指向被构成节点。

4. 绘制网络图

下面依据上文中对节点、连接关系的网络化表达，构建城市轨道交通系统能耗关联网络模型 $G=(V, W)$。

节点的拓扑属性是从网络性质的角度对节点重要度的描述。常用的评价网络模型拓扑属性的指标有度、介数、聚类系数、效率等。本书从节点的度、介数、聚类系数三个角度对能耗关联网络模型中的节点的拓扑属性进行研究。

度是复杂网络中的一个基本概念，它与度分布一样，都是用来标示复杂网络中节点的统计量。节点的度 k_i 定义为网络中与该节点直接连接的边的数量。

对节点的度进行分析可以发现城市轨道交通系统能耗关联网络模型中节点的度具有聚集性特征。大多数节点的度在 4~7 之间，节点的度最大的为 10。造成这样的结果有两方面的原因：一是因为能耗的不可加性；二是因为城市轨道交通系统能耗监测方式的特点，即对于能耗最大、地位重要的系统的监测精度更为详细。

根据描述对象的不同，介数可分为节点介数和边介数。节点介数表示任意两个相连的节点对之间，通过该节点的最短路径的数量。介数的大小反映经过该节点或边的最短路径的多少。因为本节的研究对象是节点，所以接下来给出节点(V_i)的介数(b_i)的计算公式，即

$$b_i = \frac{\sum_{s,t \in S, s \neq t} \sigma_{st}(V_i)}{\sum_{s,t \in S, s \neq t} \sigma_{st}} \quad (3-5)$$

式中：b_i——节点 V_i 的结构介数；

S——节点的数量集；

σ_{st}——节点 V_s 到 V_t 的最短路径个数；

$\sigma_{st}(V_i)$——节点 V_s 到 V_t 经过节点 V_i 的最短路径的个数。

计算城市轨道交通系统能耗关联网络模型中各节点的介数，可以得到各节点介数的散点图。

对节点介数进行分析可以发现城市轨道交通系统能耗关联网络模型中节点的介数大多数处于 0.2~1.2 之间，而节点 V_3、V_4、V_9、V_{11}、V_{12} 和 V_{13} 高于整体水平，其中节点 V_{11}、V_{12} 和 V_{13} 是由数据可测能耗子系统构成的能耗系统，它们在结构上具有更重要的地位；而节点 V_3、V_4、V_9 为数据可测的能耗子系统，是在节能中应该优先考虑的调控点。

$$b_i = \frac{\text{edge}_i}{\text{EDGE}_i} \quad (3-6)$$

式中：edge_i——节点 V_i 与其邻居节点间存在的边数；

EDGE_i——节点 V_i 与其邻居节点间总的可能存在的边数。

计算城市轨道交通系统能耗关联网络模型中各节点的聚类系数，可以得到各节点聚类系数的散点图。

对节点聚类系数进行分析可以发现城市轨道交通系统能耗关联网络模型中节点的聚类系数的极差很大。聚类系数的最大值可达 0.733，大部分节点的聚类系数处于 0.3~0.733 之间。这样的结果是由节点本身的属性造成的，证明了网络的耦合度较强。

3.3.2 城市轨道交通系统能耗过程评估方法

本节在对城市轨道交通系统能耗构成、特征和规律进行分析的基础上，结合能耗历史运营数据，构建了城市轨道交通系统能耗关联网络模型，并对网络模型中节点和连接关系的划分等基础内容进行了定义；从节点的度、介数和聚类系数等网络拓扑属性的角度对能耗关联网络模型进行了统计分析；在此基础上，基于信息熵理论形成了城市轨道交通系统能耗过程评估方法。

熵作为研究复杂系统的一个重要工具，不仅可以反映复杂系统宏观状态变量、微观

状态变量两个层次之间的联系，还可以用熵值的变化来反映系统的演化：熵值减少，系统由无序状态向有序状态演化；反之，熵值增大，系统由有序状态向无序状态演化。

我们把熵的概念引用到信息论中，提出了"信息熵"的概念，并给出了数学表达式。设一个完整的事件 x 由多个子事件 $(x_1, x_2, \cdots, x_n)$ 构成，它们发生的概率分别是 $(p(x_1), p(x_2), \cdots, p(x_n))$，由此可得信息熵函数为

$$H(X) = -\sum_{i=1}^{n} p(x_i)\ln p(x_i) \tag{3-7}$$

$$p(x_i) = \Pr(X = x_i) \tag{3-8}$$

由式（3-6）和式（3-7）可知，系统拥有的微观状态越多，系统的不确定性也就越大，系统越无序，熵值越大；相反，系统拥有的微观状态越少，系统越单一、越有序，熵值越小。对于城市轨道交通系统能耗关联网络模型而言，当 N 个节点分布完全不均匀时，即节点被分为 N 类，H 达到最大值，异质性最大值为 $H_{\max}=2.565$；当 N 个节点完全相同，节点被分为 1 类时，H 达到最小值，$H_{\min}=0$。

从本质上讲，网络的异质性是网络涌现出来的一种"序"。熵作为热力学最重要的物理量，可以作为系统有序或无序、是否稳定的判据。热力学主要研究包含有大量子系统的宏观系统，探讨温度、能量和熵等宏观物理量之间的基本规律。19 世纪 70 年代，玻尔兹曼（Boltzmann）提出了玻尔兹曼公式，为熵做出了微观的解释。

$$S = k\ln \Omega \tag{3-9}$$

式中：S——宏观系统的熵值，是对微观状态混乱程度的度量；

k——玻尔兹曼常数；

Ω——与某一宏观状态所对应的微观状态数。

玻尔兹曼公式在微观、宏观变量之间架起了一座桥梁，不仅说明了微观状态数 Ω 的物理意义，同时也给出了熵函数的统计解释。

为了能够度量网络的拓扑复杂性，Rashevsky 和 Trucco 提出了图熵的概念，图中一些基本的不变量，如节点的个数、节点度序列、延伸度序列等均可采用图熵进行衡量。

$$V_{\bar{J}(G)} = \sum_{i=1}^{k} \frac{|N_i|}{|V|} \ln \frac{|N_i|}{|V|} \tag{3-10}$$

式中：$|N_i|$——图 G 中第 i 类节点的个数；

$|V|$——图 G 中节点的总数。

目前已经有了关于各种基于熵的网络异质性研究，包括生物学、社会学、化学、经济贸易网、万维网等。

因此，采用熵来分析城市轨道交通系统能耗关联网络属性分布的异质性，包括：度分布的异质性、介数分布的异质性和聚类系数分布的异质性等。

以节点的度分布的异质性为例，关联网络连接越复杂，节点的度分布越不均匀，关联网络异质性程度也就越大。城市轨道交通系统能耗关联网络中节点的度分布的异质性的计算公式为

$$H(\text{sd}) = -\sum p(\text{sd}) \ln p(\text{sd}) \quad (3-11)$$

式中：$H(\text{sd})$——能耗关联网络中节点的度分布的异质性，反映了宏观统计特征；

$p(\text{sd})$——一个随机选定的节点的度恰好为 sd 的概率，即能耗关联网络中度为 sd 的节点个数占网络节点总数的比例。

$$p(\text{sd}) = \frac{n(\text{sd})}{N} \quad (3-12)$$

式中：$n(\text{sd})$——能耗关联网络中节点的度为 sd 的节点数目。

由式（3-12）可知，当 N 个节点分布完全不均匀时，即节点被分为 N 类，$H(\text{sd})$ 达到最大值；当 N 个节点完全相同，节点被分为 1 类时，$H(\text{sd})$ 达到最小值，$H(\text{sd})=0$。

根据计算的结果，城市轨道交通系统能耗关联网络中节点的度分布的异质性为 1.631，这说明该网络中节点的度分布较不均匀，复杂性较大。

对于介数分布的异质性，计算过程与度分布的异质性相似。城市轨道交通系统能耗关联网络中介数分布的异质性为 2.458，说明该网络中介数分布不均匀，复杂性大。

同理，对于聚类系数分布的异质性，城市轨道交通系统能耗关联网络中聚类系介数分布的异质性为 2.235，说明该网络中聚类系数分布不均匀，复杂性大。

国内外学者针对能源效率的测度指标做了大量研究，这些指标大体可分为两类：一类是仅考虑能源投入的单要素能源效率指标；另一类是将能源、资本、劳动力等作为多元投入的全要素能源效率指标。能源效率可分为技术能源效率和经济能源效率。其中，经济能源效率是指以更少的能源获得更多的产出或更好的生活质量；技术能源效率是指由于技术进步、生活方式的改变、管理的改善等导致特定能源使用的减少。

王庆一将能源效率分为经济能源效率和物理能源效率两类。其中，经济能源效率指标又分为单位产值能耗和能源成本效率（效益）；物理能源效率（热效率）由三部分组成：开采效率、中间环节效率、终端利用效率。一个国家或地区单位产值能耗，通常以单位国内生产总值（GDP）的能源消耗量来表示（也称"能源强度"）；部门能源效率指标分为经济指标和物理指标，经济指标为单位产值能耗，而物理指标在工业部门为单位产品能耗，在建筑业和服务业分别为单位面积能耗和人均能耗。

在对目前较常见的能源效率测度指标总结和剖析的基础上，魏一鸣提出了能源效率测度的七类指标，包括：能源宏观效率、能源实物效率、能源价值效率、能源物理效率、能源要素利用效率、能源要素配置效率、能源经济效率，并讨论了这些指标的理论基础或假设条件、相互关系、优缺点、使用范围等，如表 3-8 所示。

表 3-8 能源效率的测度指标

指标类别	适用范围	具体指标
能源宏观效率	国家、地区、行业总体能效水平测度	单位 GDP 能耗的倒数
能源实物效率	具有相同生产结构的企业间比较	吨钢综合能效、发电煤耗
能源价值效率	能源不同环节效率	有用部分/总能耗
能源物理效率	能源效率的纵向比较	单位能耗
能源要素利用效率	能源生产要素	全要素利用效率
能源要素配置效率	能源效率的横向比较	全生命周期内产出/能源成本
能源经济效率	计算能源成本	配置效率

在城市轨道交通系统中能效包含定量和定质双重的含义：定量是指能耗的数值；定质是指完成某项任务的能耗利用率。城市轨道交通系统能效的提升应贯穿整个全生命周期，包括系统设计、设备选型和运营各个阶段，需要各个子系统、各个专业之间的相互协调配合，因此首先给出城市轨道交通子系统能效测度的计算方法。

城市轨道交通子系统 i 的能效计算公式为

$$\mu_i = \frac{E_{\max} - e_i}{E_{\max}} \quad (3-13)$$

式中：μ_i——城市轨道交通子系统 i 的能效；

$E_{\max}$——子系统 i 的能耗基准值，即在现定的技术水平、技术设备和组织管理条件下，为完成任务而允许的最大能源消耗；

e_i——子系统 i 的实际能源消耗值。

根据对城市轨道交通系统综合能效计算方法的研究，发现城市轨道交通系统综合能效计算问题从本质上讲与包含关联关系的多属性决策分析（multiple criteria decision making，MCDM）问题类似，区别在于前者只需要得出 MCDM 中最终的评价值，不需要对不同方案之间的评价值进行比较。因此，借鉴在多属性决策分析问题中经常使用的模糊积分的方法，提出一种基于 Choquet 积分的城市轨道交通系统综合能效计算方法。

下面给出使用 Choquet 积分计算城市轨道交通系统综合能效计算需要用到的一些基本概念与定义。

1. 模糊测度

在求解城市轨道交通系统综合能效时，设影响城市轨道交通系统综合能效的子系统能效状态的集合为 $X=\{x_1, x_2, \cdots, x_n\}$，$P(X)$ 为 X 的幂集。

设给定 $\lambda \in (-1, \infty)$，$g_\lambda: P(X) \rightarrow [0, 1]$ 满足条件

① $g_\lambda(X)=1$；

② $\forall A, B \in P(X)$ 并且 $A \cap B = \varnothing$，则 $g_\lambda(A \cup B) = g_\lambda(A) + g_\lambda(B) + \lambda g_\lambda(A) g_\lambda(B)$；
③ g_λ 连续。

则称 g_λ 为定义在 $P(X)$ 上的 λ 模糊测度。

模糊测度以基于集合包含关系的单调性约束代替了传统测度的可加性约束，是对加权平均算子中权重向量的扩展。

对于任意的 M，$g_\lambda(M)$ 即为 M 的权重或者重要程度。下面对 λ 的取值进行分析：当 $\lambda=0$ 时，说明节点与节点之间是相互独立的，模糊测度的计算和普通的概率测度计算相同，即 $g_\lambda(A \cup B) = g_\lambda(A) + g_\lambda(B)$；当 $-1 < \lambda < 0$ 时，说明节点与节点之间存在冗余关联关系。

对于城市轨道交通系统综合能效状态的计算问题，某子系统的能效状态为 x_i，对系统能效状态的作用不能仅用 $g_\lambda(x_i)$ 来描述，还应该考虑该子系统在层中的重要程度。

若用模糊测度对城市轨道交通系统能效进行建模，对于关联性复杂系统，常用的模糊积分有 Sugeno 积分和 Choquet 积分。Sugeno 积分是一种选择性合成算子，与加权平均相比，它强化了主要因素的作用，但完全忽略了次要因素的影响；而 Choquet 积分则综合考虑了各种因素，从而弥补了 Sugeno 积分的一些缺陷。下面给出 Choquet 积分的定义。

2. Choquet 积分

设 g_λ 为定义在 $P(X)$ 上的 λ 模糊测度，f 是定义在 X 上的非负实值可测函数，则 f 关于 g_λ 的离散 Choquet 积分为

$$\int f \mathrm{d}g_\lambda = \sum_{i=1}^{n} [f(x_i) - f(x_{i-1})] g_\lambda(x_i) \tag{3-14}$$

Choquet 积分是模糊积分中的一种，它是一种非线性积分。从 Choquet 积分的积分形式可以看出，它是模糊测度的线性组合，因此 Choquet 积分有一个非常重要的性质，即运用 Choquet 积分可以把一个加权平均序列扩张成 $\mathbf{R}^n$ 到 $\mathbf{R}$ 的一个函数。基于 Choquet 积分的这一性质，自下而上求解可以实现城市轨道交通系统综合能效的计算，自上向下求解可以实现对能耗过程的解耦。因此，本书选择 Choquet 积分对城市轨道交通系统综合能效进行求解。

3. Marichal 熵

Marichal 熵最大化算法是一种常用的计算模糊测度的方法，在决策者无法提供决策属性等相关信息的情况下，它可以通过数据学习得到相应的模糊测度。其主要思路是通过建立以 Marichal 熵为目标函数的最优化模型，最大化 Marichal 熵来得到各属性和属性集的重要程度。

参考 Choquet 积分解决多属性决策分析问题的一般步骤，给出基于 Choquet 积分计算城市轨道交通系统综合能效的一般步骤如下。

① 确定城市轨道交通系统能耗关联网络中的层次结构。
② 计算能耗数据可获得的子系统能效值。
③ 计算子系统能效状态的 Shapley 值。
④ 以 Marichal 熵最大化为目标,计算各属性集的模糊测度。
⑤ 利用 Choquet 积分自下而上计算系统或各子系统的能效状态,作为其能效表征参数。
⑥ 将获得的各子系统的能效状态表征参数取代②,重复②~⑤,直至可以求出城市轨道交通系统综合能效,即城市轨道交通系统综合能效表征参数。

现将基于 Choquet 积分和 Marichal 熵最大化的系统能效分析评估方法,应用到城市轨道交通系统综合能效表征参数的计算中。

城市轨道交通系统拥有复杂的系统构成与层次,而复杂的结构与层次意味着在求解属性集的模糊测度时,以 Marichal 熵最大化为目标的优化方程的约束条件将呈几何级数增长,这无疑会增大方程的求解难度。因此在计算城市轨道交通系统能效表征参数之前,先对计算所需的信息与数据进行预处理。

(1) 城市轨道交通系统能耗关联网络模型抽象图

城市轨道交通系统能耗关联网络模型可抽象为如图 3-2 所示。

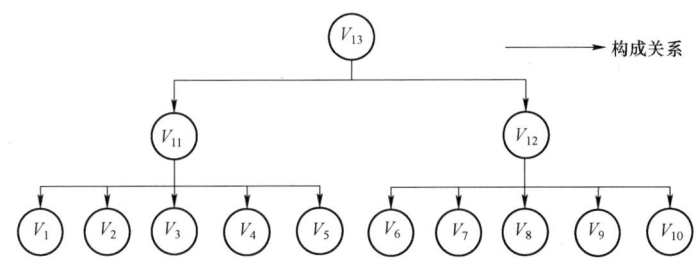

图 3-2 城市轨道交通系统能耗关联网络模型抽象图

(2) 节点能效状态值计算

由能效的测度,结合调研得到的子系统节点的额定能耗数据和实际能耗数据,可以计算得到子系统节点能效如表 3-9 所示。

表 3-9 子系统节点能效

节点	V_1	V_2	V_3	V_4	V_5	V_6	V_7	V_8	V_9	V_{10}
能效	0.87	0.78	0.76	0.63	0.69	0.89	0.82	0.87	0.84	0.77

(3) 节点的 Shapley 值计算

节点的 Shapley 值表示该节点在整个节点属性集中的贡献,一般情况下由专家法、层次分析法等主观方法获得。但是这类获取方法均具有主观性,即评价者的喜好会对评价的结果造成较大影响。为了降低这类主观性因素的影响,我们综合考虑了节点的拓扑属性和节点的数据属性,对节点权重进行了研究,将节点的权重作为衡量节点对整个网络贡献的依据。因此，节点的 Shapley 值将通过节点的权重进行计算。

根据 Shapley 值的定义可以发现它的取值区间为[0，1]。为了符合这一条件，我们将节点权重进行归一化处理，将节点权重归一化后的结果作为节点的 Shapley 值。节点的 Shapley 值如表 3–10 所示。

表 3–10　节点的 Shapley 值

节点	V_1	V_2	V_3	V_4	V_5	V_6	V_7	V_8	V_9	V_{10}
Shapley 值	0.4	0.38	0.6	0.12	0.04	0.12	0.04	0.68	0.08	0.06

（4）节点能效状态计算

以上是所有用于计算系统或子系统能效表征参数的已知信息。通过计算以 Marichal 熵最大化为目标构建的优化模型，可以得到用于后续计算的属性或属性集的模糊测度如表 3–11 所示。

表 3–11　属性或属性集的模糊测度

属性或属性集	模糊测度	属性或属性集	模糊测度
V_{11}	0.387	V_1，V_2，V_3，V_4，V_5	0.615
V_{12}	0.587	V_6	0.506
V_{11}，V_{12}	1.000	V_7	0.486
V_1	0.567	V_8	1.000
V_2	0.407	V_9	0.010
V_3	1.000	V_{10}	0.001
V_4	0.225	V_6	0.010
V_5	0.206	V_6，V_7	0.021
V_1，V_2	0.098	V_6，V_7，V_8	0.776
V_1，V_2，V_3	0.185	V_6，V_7，V_8，V_9	0.013
V_1，V_2，V_3，V_4	0.440	V_6，V_7，V_8，V_9，V_{10}	0.021

运用 Choquet 积分自下而上对各节点的能效状态进行积分，可得到城市轨道交通系统、子系统的能效状态如表 3–12 所示。

表 3–12　城市轨道交通系统、子系统的能效状态

节点	V_{13}	V_{12}	V_{11}	V_9	V_8	V_7	V_6	V_1
能效状态	0.757	0.695	0.801	0.695	0.820	0.840	0.806	0.683

通过对城市轨道交通系统能效状态计算结果的分析，可以得到城市轨道交通系统与各子系统能效表征参数的高低情况，从而对城市轨道交通系统能效有一定的认识。

城市轨道交通系统能效的提升应该建立在对城市轨道交通系统综合能效状态的深刻认识上。因此，本书首先给出了城市轨道交通系统中各子系统的能效测度计算方法，并进一步结合城市轨道交通系统能耗关联网络模型，提出了基于 Choquet 积分的城市轨道系统综合能效表征参数的计算方法，为更深入地理解城市轨道交通系统综合能效状态及能耗过程解耦理论的形成提供了理论支撑。

第4章

城市轨道交通列车能量综合利用技术及节能策略

4.1 城市轨道交通牵引能耗特征分析

4.1.1 城市轨道交通牵引能耗影响要素

列车牵引系统是城市轨道交通系统的重要组成部分，一旦其运行过程中出现问题，将危及整个列车的正常及安全运行。目前，地铁车辆牵引传动系统一般都采用分级控制，主要分以下两级控制：列车及车辆级和牵引传动控制级。列车及车辆级主要完成的工作有：列车牵引运行及制动、控制指令及运行状态检测、故障诊断报警及车载网络通信等，牵引传动控制级主要是在接收前者发出的指令或状态信号后对牵引变流器、牵引电机转矩、轮轨黏着及制动进行控制等，其中牵引控制级是列车安全运行的保障，直接影响车辆的运行性能。根据城市轨道交通运营线路的能耗统计可知，列车运行的牵引用电为总用电量的50%~60%，辅助系统的能耗约占牵引能耗的50%。随着城市轨道交通网络规模的不断扩大，城市轨道交通系统运营能耗量呈快速增长的趋势，能耗问题越来越突出。因此，如何挖潜降耗、突破关键技术，对降低城市轨道交通运营成本、提高经济效益有着越来越重要的现实意义。

结合国内外研究人员对各专业能耗现状及能耗贡献的普遍研究结果来看，主要影响能耗的因素为列车特性、运营环境及列车操纵控制技术。列车特性和运营环境主要包括列车本身的牵引制动特性、线路条件、运输组织等。轨道交通列车牵引能耗和车站能耗是线路及路网能耗的关键组成部分，从现有的研究及应用结果来看，国内外研究人员对牵引能耗的研究较多，主要采用的研究方法有两种：一是通过列车的运行仿真模拟进行数值分析，这种方法多是实验手段，不能用于实践；二是基于实际运行数据的影响因素分析，这种方法需要大量的实际统计数据，实际运行数据的获取、统计及数据的准确性是面临的主要问题，也是制约理论方法、软硬件系统研究直接指导实际设计、开发和运用的主要瓶颈问题。

为了从顶层分析、评估新型车辆、新型列车运行组织与控制模式对轨道交通系统节能的影响,首先要开展的工作是厘清城市轨道交通牵引能耗的产生与分配特征,在此基础上结合数值计算实现有效的前期评估,为实际线路中运用新技术、新方法提供指导建议。

列车牵引能耗是指列车运行过程中消耗的电能,主要有列车加速与制动能耗等,其相关影响要素包括站间距、线路里程、线路坡度、轨道线路曲线半径、线路敷设方式、车辆制式及类型、客运量和客运周转量、平均运距、走行公里、总开行列数、满载率、车辆编组、列车运行速度、停站方案、气候条件与环境温度等。结合调研,总结牵引系统能耗相关要素包括以下4个方面,如图4-1所示。

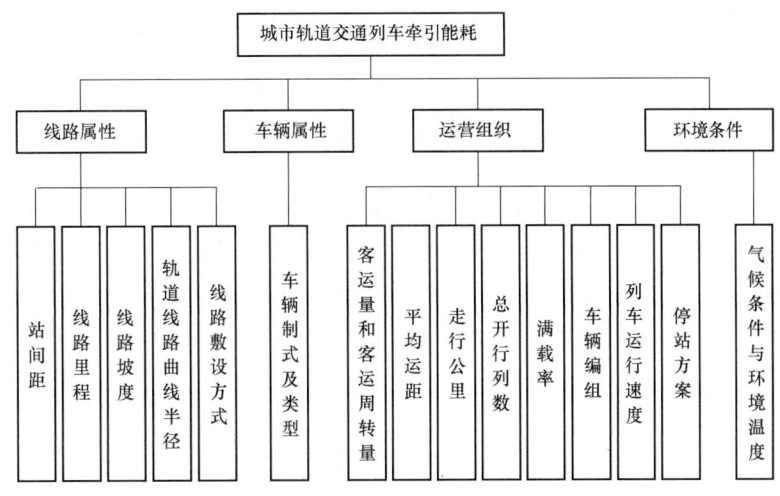

图4-1 城市轨道交通列车牵引能耗影响要素

1. 线路属性

（1）站间距

城市轨道交通线路的站间距应根据具体情况确定。根据国内外城市轨道交通设计及运营经验,城市中心地区的地铁线路站间距均在1.0~1.2 km之间,市郊会有所增加。站间距小,能够缩短乘客步行距离,方便乘客出行,但会降低列车速度,增加乘客出行时间和列车开行数量,同时,车站数量的增加,也加大了运营单位的工程项目投资和运营成本;站间距大,虽能降低列车能耗,但乘客出行距离也会增加。在同样的运输距离下,停车次数的多少是站间距影响列车牵引能耗的主要表现形式,站间距越小列车靠站停车的次数也就越多,所需消耗的电能也就越多。对城市轨道交通来说,列车重量变化较小,因此站间距的长短将直接影响列车的运行方式。而在相同停站次数下,列车惰行时间的长短是站间距对列车牵引能耗影响的主要表现方式,在相同的速度条件下,站间距长的线路的惰行时间较长。一般可认为牵引能耗与站间距之间的基本关系是:随着站间距的增加,牵引能耗减小,站间距的长短对能耗有一定的影响。该结论也说明在城市轨道交通线网规划中应合理设置站间距,以降低能耗。

(2) 线路里程

线路里程,从单条线路研究角度来看,是指某条线路的里程公里量,从路网角度来看,则是指企业管理运营的总里程数。通常来说,里程公里量越大,列车的走行公里量及平均运距也就越大,所耗能耗也就越大。

(3) 线路坡度

重力势能的不同是坡度对牵引能耗影响的主要表现形式。地铁设计规范规定:城市轨道交通线路正线的最大坡度不宜大于 30‰,困难地段可采用 35‰。一般来说,上坡时列车牵引系统需克服重力做功,牵引能耗会增加;下坡时重力势能可以转化为动能,其提供的正向作用会使所需消耗的牵引能耗较小。总体来看,列车牵引能耗与线路坡度基本上呈线性关系,并随着坡度的增加牵引能耗逐渐增加。

(4) 轨道线路曲线半径

曲线半径是构成轨道线路特征的一个重要部分,它受到线路地域地形、列车技术速度、列车特性等的制约。在曲线上行驶的列车为了安全,需要设置外轨超高产生的向心力来平衡列车在曲线上运行产生的离心力。一般来说,当曲线半径确定时,列车开行速度越高,要求设置的外轨超高也就越大。因此,根据力学分析,外轨超高的设置在保障列车行车安全、乘客舒适度的情况下,会加大列车的运行阻力,进而带来列车牵引能耗的增加。该结论也说明在城市轨道交通线网规划中应该合理分析并平衡牵引能耗、行车安全、乘客舒适度等各个因素之间的关系,正确设置线路曲线半径。

(5) 线路敷设方式

城市轨道交通线路敷设方式有地上线和地下线之分,列车受到的空气阻力和车载耗能设备的不同是线路敷设方式对牵引能耗影响的主要表现形式。一般来说,列车在地下线路运行中受到的空气阻力要大于地上线路,相应地,地上线路和地下线路中列车牵引运行所需克服空气阻力的做功大小也不一样,相同条件下,地下线路的能耗要高于地上线路。

此外,综合考虑牵引能耗和辅助能耗之间的关联关系,列车在地上线路和地下线路所受到的温度和车厢照明等的不同,同样会影响车载辅助设备的能耗的大小。因此,在城市轨道交通线网规划、牵引能耗估算分析等过程中应将该因素考虑在内。

2. 车辆属性

车辆属性主要指的是车辆制式及类型,而在车辆制式及类型中影响列车牵引能耗的因素主要指的是列车自身的重量。车辆制式及类型不同,牵引电机也会同步存在很大差别,一般来说,在相同的客运量条件下,中低速磁浮制式的列车耗能量最大,直线电机次之,普通轮轨列车最小。

如果车辆制式相同但是车型不同,那么车辆的客容量和尺寸也就不同,A 型车的额定人数一般为 310 人,B 型车定员则为 230~250 人,这些因素通过影响列车的自重,进而影响列车能耗。因此,可以得出以下结论:列车自重越大,车辆在启动和制动时的力矩也就越大,牵引机车电机的耗电量也就越大。

3. 运营组织

（1）客运量和客运周转量

客运量和客运周转量是轨道交通系统运营组织管理的两个重要指标。

客运量指的是列车运送旅客的数量，牵引能耗的高低受客运量多少的影响较大。一方面，客流量越大，列车开行列次越多，列车所消耗的总能耗也就越大；另一方面，客流量发生变化，列车满载率也将变化，满载甚至超员的列车牵引能耗明显要高于乘客较少的列车。列车在满员时，乘客的重量将会占到列车总重的 25%～30%，在引起列车牵引力增加的同时也增加了车载照明及空调设备的负荷。相关运营统计数据分析结果表明，当客运量增加量达到30%时，列车牵引能耗增加约 5.7%；牵引能耗与客运量基本呈正比例关系，随着客运量的增加，牵引能耗也不断增加。

客运周转量作为客运量和乘客行程的反映，从数学表达式上看，是客运量与乘客平均运距的乘积，在一定程度上同样影响着列车的牵引能耗。通过实际测算分析可知，轨道交通列车牵引能耗与客运周转量呈正比例关系，随着客运周转量的增加，牵引能耗也不断增加。

（2）平均运距

平均运距指的是乘客出行被运送的平均公里数。在客运量一定的条件下，客运周转量的大小会受到平均运距的影响，从而影响列车的能耗。当列车牵引力一定时，列车牵引能耗与乘客走行距离呈正相关关系。随着平均运距的增加，牵引能耗也不断增加。

（3）走行公里

走行公里是反映车辆运行工作量的一个变量。在轨道交通列车开行列数一定的情况下，列车行驶公里越长，轨道交通能耗也就越大。走行公里这个因素在一定程度上影响着列车的牵引能耗。当列车的走行公里增加时，列车的牵引能耗呈现增加的趋势。

（4）总开行列数

一条线路一定时间内开行列车数量的多少，一方面是其运行图及其服务水平的体现，另一方面也是其耗能多少的体现。开行列数越多，运送乘客也就越多，列车牵引做功耗能也就越大。另外，正如车辆属性的响应分析，列车自重是影响列车牵引能耗的一个重要因素，作为列车牵引总重的重要组成部分，其通过影响列车基本运行阻力，进而影响克服阻力做功的牵引能耗。一般来看，在其他因素基本确定的情况下，列车牵引能耗与总开行列数基本呈正比例关系，随着总开行列数的增加，牵引能耗也呈现增加的趋势。

（5）满载率

满载率反映了列车车厢内的拥挤程度，其对牵引能耗的影响主要表现为对列车重量的影响。由于牵引能耗随着列车重量的增加而增大，所以列车满载率越高，牵引电机耗电量也就越多。牵引能耗随着满载率增加呈现出逐渐增加的趋势，因此在实际应用中，应当考虑满载率对牵引能耗的影响，在实施列车运行组织策略调整、列车运行图编制更新等过程中，必须结合实际客运量及列车运能，在考虑满载率水平分布的基础上实施定制化调整。

（6）车辆编组

车辆编组指的是构成列车的车辆数。与满载率相似，列车编组对运行能耗的影响主要表现在列车的牵引总重上。当列车在一定的条件下运行时，列车的编组越多，满足其正常运营所需的牵引能耗越大。研究表明，在客运量一致的情况下，大编组的列车牵引能耗要普遍高于小编组的列车牵引能耗。因此，在城市轨道交通运营管理中，需要在保证一定的服务水平的条件下，合理地组织车辆编组方案。

（7）列车运行速度

列车运行速度是反映轨道交通系统运行动态特征的一个关键特征量，列车在运行中受到的单位阻力可用列车运行速度的一元二次方程来表示。通常，列车运行速度在运行控制方案制订、运行能耗分析过程中，可以根据列车受力计算进行推定；在实际动态运行过程中，该值由列车车载列控设备中所含的轮轴速度传感器、多普勒雷达等装置检测。

实际运行中，列车运行速度越大，列车运行产生的阻力也就越大，牵引电机维持既有速度或加速时就需要牵引电机的牵引力克服阻力做功，从而引起能耗的增加。

（8）停站方案

停站间距和停站次数是停站方案对列车牵引能耗影响的主要表现形式。在线路确定的条件下，列车停站次数越多，平均的停站间距相对也就越小，列车反复的启停，会增大列车的牵引能耗。因此，在实际的运营管理中，应当在保障服务水平不变的情况下，根据实际情况制订合理的停站方案，合理地加大列车停站间距、减少停车次数，进而降低牵引系统能源消耗。

4. 环境条件

气候条件与环境温度是影响牵引能耗的另一个因素。

不同季节条件下，乘客的出行习惯会有所不同，且不同季节天气温度差异较大，会直接或间接影响客流的分布与动态特征，进而反映到列车运行过程及相应的运行组织管理工作中，导致列车牵引能耗变化。

4.1.2 城市轨道交通牵引能耗模型

列车运行工况有五种：启动工况、牵引工况、惰行工况、巡航工况和制动工况。其中牵引工况、惰行工况和制动工况是传统意义上的三种列车运行工况。

启动工况是因为城市轨道交通线路上车站较多，站间距较短，需要频繁的启动，而启动时的受力分析较为复杂，需要进行单独计算（一般在该工况下列车运行速度低于 2.5 km/h）。在启动工况中，列车运行阻力视为不变。巡航工况是让牵引力和列车运行阻力相当，此时合力 $C=0$，列车保持匀速运动。

根据广泛采用的列车受力分析可得每种工况下的合力分解。

启动工况：作用于列车上的力有牵引力和启动阻力 e，其合力如式（4-1）所示。

$$C = F - e \tag{4-1}$$

第 4 章　城市轨道交通列车能量综合利用技术及节能策略

牵引工况：作用于列车上的力包括牵引力和运行阻力，其合力如式（4-2）所示。

$$C = F - W \tag{4-2}$$

惰行工况：作用于列车上的力只有运行阻力，其合力如式（4-3）所示。

$$C = -W \tag{4-3}$$

巡航工况：作用于列车上的牵引力等于运行阻力，列车所受到的合力在理想情况下保持为 0，即

$$C = F - W = 0 \tag{4-4}$$

制动工况：此工况下牵引力不起作用，作用在列车上的力有制动力和运行阻力，其合力如式（4-5）所示。

$$C = -(B + W) \tag{4-5}$$

当合力 $C>0$ 时，即合力方向与列车牵引运行方向一致，列车将加速运行；当合力 $C<0$ 时，即合力方向与列车牵引运行方向相反，列车将减速运行；当合力 $C=0$ 时，列车将在理想情况下保持匀速运行。

需要注意的是，在结合受力分析进行列车牵引能耗建模的过程中，相对于线路条件、车辆特性等参数，这里存在一个典型的变量，会对列车的运行特征及相应的受力、能耗水平产生直接影响，这个典型的变量就是列车的载客量，即列车的满载率水平。由于列车牵引重量包括列车自重和乘客重量，在考虑动态客流分布条件下，不同的载客量会对列车总重产生显著影响。按成年人平均体重 60 kg/人计算，可得列车单位合力

$$c = \frac{C \times 1000}{(\sum P + 0.06N)g} \tag{4-6}$$

其中，$\sum P$ 为列车自重，单位为 t，N 为时变客流，表示载客人数。

根据受力分析和牛顿定律，可以计算列车在牵引运行中每个时刻的各类运动学指标，其中列车加速度为

$$a = \frac{C}{M_h} = \frac{cMg}{M(1+\gamma)} = \frac{cg}{1+\gamma} \tag{4-7}$$

其中，c 为列车的单位合力，单位为 N/kN，M 为列车总重，M_h 为列车换算质量，两者的单位均为 t，γ 为回转质量系数，一般取值为 0.08。

基于所得加速度，即可推导列车的运动方程，从而得到牵引计算的速度-距离递推公式，即

$$\begin{cases} v_{t+1} = v_t + a\Delta t \\ S_{t+1} = S_t + v_t \Delta t + \frac{1}{2} a \Delta t^2 \end{cases} \quad (4\text{-}8)$$

其中，v_t、v_{t+1} 为 t 时刻、$t+1$ 时刻的列车运行速度，Δt 为计算时间步长，S_t、S_{t+1} 分别为 t 时刻、$t+1$ 时刻的列车运行里程位置。

基于上述列车运行过程的计算结果，可以根据列车在每一时刻的牵引力情况及列车运行速度信息，计算列车牵引系统的功率，即

$$P_t = F_t v_t \quad (4\text{-}9)$$

其中，P_t 为第 t 个时刻的列车牵引功率。

从本质上来看，在轨道交通列车牵引能耗计算的过程中，广泛采用上述基于列车受力分解与运行过程功率的方式进行计算，其核心是对列车按给定的调度指令及相应运行计划在沿轨道线路运行中的牵引力与实际运行速度进行动态建模计算，通过在离散时刻或离散位置实施功率估计，进行时间维度上的积分，即可求得列车在一定区段线路上运行的总能耗。

4.1.3 城市轨道交通牵引能耗估算方法

4.1.2 节在整体框架层面对列车牵引系统能耗模型及其计算思路进行了说明，具体来看，对于基于牵引力做功的能耗实际估算过程，其主要思想是对列车牵引的动力学特性的变化关系进行准确描述，一般采用单质点模型将列车抽象为一个质点。列车运动过程的数学表述为

$$M \cdot \frac{v \mathrm{d} v}{\mathrm{d} x} = \frac{p(x)}{v(x)} - r(v) - B + \int_0^s \theta(d) g(x-d) \mathrm{d} s \quad (4\text{-}10)$$

$$\mathrm{d} t = \frac{1}{v} \mathrm{d} x \quad (4\text{-}11)$$

$$v(0) = v(S) = 0,\ t(0) = 0,\ t(S) = T \quad (4\text{-}12)$$

式中：S——列车运动全长；

p——列车的牵引功率；

v——列车速度；

x——列车当前所处位置，$x \in [0, S]$；

t——运行时刻，$t \in [0, T]$；

$r(v)$——列车在速度 v 时所受阻力，为单位阻力乘以列车质量，即

$$r(v) = M(w_0 + w_j) \tag{4-13}$$

式中：M——列车牵引质量；

B——列车制动力，可表示为关于列车所受阻力、速度和最大限速的函数 $B(r, v, v_0)$；

$\theta(d)$——距离车头 d 处列车的质量密度函数；

$g(x-d)$——距离车头 d 处列车所受的线路附加阻力。

上式的具体含义为：列车处于运行时刻 t 下，满足牛顿第二定律，根据牛顿第二定律可以得到运行时刻 t 的速度 v；列车在区间起点时速度为 0，时刻为 0；在区间终点时速度为 0，时刻为 T。

基于式（4-10）～式（4-12），列车运行过程的能量消耗可以按式（4-14）计算。

$$E = \frac{1}{\mu} Fs = \frac{1}{\mu}\left[\int_0^s r(v)\mathrm{d}s + \frac{1}{2}M(v_t^2 - v_i^2) + Mg\Delta h + \varepsilon(T)\right] \tag{4-14}$$

式中：E——列车能耗，$E > 0$；

μ——电机传动效率；

F——机车牵引力；

s——列车走行距离；

v_t——列车制动末速度；

v_i——列车惰行结束时的速度；

g——重力加速度；

Δh——列车在区间内起终点高差；

$\varepsilon(T)$——机车运行自耗。

在实际估算中，在给定列车运行时间、列车起终点高差固定的情况下，列车自耗、重力势能均为定值，故由式（4-14）可以得出，影响列车能耗的主要因素是阻力做功和动能损失。

上述牵引系统能耗估算方法的前提在于能够准确运用实际车辆、线路数据实施受力计算，其有效实施的一个关键条件是计算过程中输入的速度曲线和坡度曲线等与实际曲线的差别保持在一定范围内，这样才能确保估算结果可信且可用。对于规划阶段而言，在无法确知或准确测量线路相关信息的条件下，国内外对城市轨道交通运行能耗的分析首先是就地铁系统进行车载能耗测试，由示波记录仪结合测量电路板测量出相关的电气量，然后根据处理软件计算车载牵引能耗和辅助能耗，根据测得的数据计算并对所得结果进行对比分析，在此基础上对地铁系统车载能耗进行仿真建模，通过与测试结果对比对仿真建模进行校核验证。

在此过程中，实施列车牵引系统能耗估算主要采用经验公式进行，这是与前述受力分析有一定区别的估算方案。列车牵引区段的耗电量主要包括以下 3 个部分。

① 牵引运行耗电量 (Q_y)，其计算公式为

$$Q_y = \frac{U_w \sum[(I_p + I_{p0})t]}{60 \times 10^3} \tag{4-15}$$

或可由下式进行估算

$$Q_y = \sum(q_y t) \tag{4-16}$$

式中：U_w——受电弓处网压；

I_p——时间间隔内的平均有功电流；

I_{p0}——自用有功电流，对于牵引运行取 6 A；

t——相应工况时间；

q_y——在一定工况（极位与速度）时的单位时间耗电量。

② 惰行、制动及停站自用电量（Q_0），其计算公式为

$$Q_0 = \frac{U_w I_{p0} \sum t}{60 \times 10^3} \tag{4-17}$$

或可由下式进行估算

$$Q_0 = \sum(q_0 t) \tag{4-18}$$

式中：I_{p0}——自用有功电流，对于惰行、空气制动取 2 A，电阻制动取 10 A；

q_0——惰行、空气制动及停站单位时间自用电量。

③ 出入段及途中调车作业耗电量（Q_t）。一般可将 Q_t 按下列规定计算：出入段为 100 kW·h；途中调车作业为 250 kW·h。

4.2　城市轨道交通列车综合节能优化技术

4.2.1　列车节能操纵驾驶控制方法

针对某特定城市轨道交通线路，其列车的制式类型（基本参数），包括牵引特性、基本阻力参数、制动特性、辅助设备能耗等为已知，线路上各个区间的长度、平纵断面特性、限速等均固定，在运营阶段，各个区间内的运行时分也已确定。为了对列车节能操纵驾驶控制方法进行求解，并在此基础上进一步考虑能耗水平的优化，实现更为节能的驾驶操纵控制，考虑简化运算，对问题中的列车模型假设如下。

① 列车视为单质点模型。

② 列车的牵引力和制动力均为连续，且不同时存在。
③ 列车的阻力考虑为基本阻力与附加阻力。
④ 不考虑列车的再生制动，仅考虑当列列车。
⑤ 列车的质量取单位质量。
⑥ 不考虑列车的机电效率带来的损耗。

那么，针对单个列车的牵引能耗节能优化问题，可看作一个含有极值约束的规划问题，即牵引能耗最小，可考虑利用极大值原理对问题进行求解，其目标函数可表示为

$$\min Z = \int_0^S u_q q(v) \mathrm{d}x \tag{4-19}$$

其中，S 为区间距离；$u_q \in [0,1]$，为牵引的伴随变量，表示牵引力的存在及大小；$q(v)$ 为最大牵引力。

考虑到假设中牵引力与制动力不可能同时存在，建立以下约束：

$$\begin{cases} 0 \leqslant u_q \leqslant 1 \\ 0 \leqslant u_z \leqslant 1 \\ u_q u_z = 0 \end{cases} \tag{4-20}$$

由于列车的工况是列车的速度（或时间）随行驶距离变化的曲线，故将速度与时间表示成以距离为自变量的函数，则根据牛顿第二定律与前述过程所得的列车动力学模型，有

$$\begin{cases} \dfrac{\mathrm{d}v}{\mathrm{d}x} = \dfrac{u_q q(v) - u_z z(v) - w_0(v) - g(x)}{v} \\ \dfrac{\mathrm{d}t}{\mathrm{d}x} = \dfrac{1}{v} \end{cases} \tag{4-21}$$

其中，$u_z \in [0,1]$ 为制动的伴随变量，$z(v)$ 为最大制动力，$w_0(v)$ 为列车受到的基本阻力，$g(x)$ 为列车受到的加算坡度阻力，x 为运行距离，t 为运行时间。

除以上约束外，还要考虑以下边界条件：

$$\begin{cases} t(S) - t(0) = T \\ v(0) = 0 \\ v(S) = 0 \\ v(x) \leqslant V(x) \end{cases} \tag{4-22}$$

其中，$V(x)$ 为最大限速。

基于上述分析，考虑牵引能耗的单车节能驾驶问题，可以描述为如下最优控制问题：确定在区间距离 S 范围内的最优控制函数 u_q、u_z 和速度函数 $v(x)$，在上述约束条件之下，

达到牵引能耗最小的目标。

利用极大值原理对这一问题进行求解，构造哈密顿函数：

$$H = -u_q q(v) + \lambda_1 \cdot \frac{1}{v} + \lambda_2 \cdot \frac{u_q q(v) - u_z z(v) - w_0(v) - g(x)}{v} + \frac{dM}{dx} \quad (4-23)$$

其中 λ_1、$\lambda_2 \neq 0$，$M = M(x)$ 为单调非递减的松弛变量，满足

$$\begin{cases} [v(x) - V(x)] \dfrac{dM}{dx} = 0 \\ \dfrac{dM}{dx} \geq 0 \end{cases} \quad (4-24)$$

整理上式后可得

$$H = \left(\frac{\lambda_2}{v} - 1\right) u_q q(v) - \frac{\lambda_2}{v} u_z z(v) - \frac{\lambda_2}{v}[w_0(v) + g(x)] + \frac{\lambda_1}{v} + \frac{dM}{dx} \quad (4-25)$$

该函数的协态方程

$$\begin{cases} \dfrac{d\lambda_1}{dx} = -\dfrac{\partial H}{\partial t} + \dfrac{dM}{dx} \\ \dfrac{d\lambda_2}{dx} = -\dfrac{\partial H}{\partial v} + \dfrac{dM}{dx} \end{cases} \quad (4-26)$$

计算 $\dfrac{\partial H}{\partial v}$，可得协态方程

$$\frac{d\lambda_1}{dx} = -\frac{\partial H}{\partial t} + \frac{dM}{dx} \quad (4-27)$$

$$\frac{d\lambda_2}{dx} = u_q q'(v) + \frac{\lambda_1}{v^2} - \frac{\lambda_2}{v}[u_q q'(v) - u_z z'(v) - w_0'(v)] + \frac{\lambda_2}{v} \cdot \frac{dv}{dx} + \frac{dM}{dx} \quad (4-28)$$

由于哈密顿方程内并未含有 t 的方程，因此 $\dfrac{d\lambda_1}{dx} = 0$，即 λ_1 在该问题中为常数。根据极大值原理，该哈密顿函数存在最优轨线，且当列车处于牵引工况时，$u_z = 0$，若要使哈密顿函数 [式 (4-25)] 取极大值，则有

① 当 $\dfrac{\lambda_2}{v} > 1$ 时，$u_q = 1$，此时列车处于最大牵引加速状态；

② 当 $\frac{\lambda_2}{v}=1$ 时，u_q 在取值范围内可以任意取值；

③ 当 $\frac{\lambda_2}{v}<1$ 时，$u_q=0$，此时列车处于惰行状态。

当列车处于制动工况时，即有 $u_q=0$，若要使得哈密顿函数 [式（4-25）] 取极大值，有

① 当 $\frac{\lambda_2}{v}>0$ 时，$u_z=0$，此时列车处于惰行状态；

② 当 $\frac{\lambda_2}{v}=0$ 时，u_z 在取值范围内可以任意取值；

③ 当 $\frac{\lambda_2}{v}<0$ 时，$u_z=1$，此时列车处于最大制动状态。

在此基础上，进一步处理部分制动、部分牵引状态时的工况，为简化计算，令 $\lambda=\frac{\lambda_2}{v}$ 为新的伴随变量，则有 $\mathrm{d}\lambda_2 = v\mathrm{d}\lambda + \lambda\mathrm{d}v$，代入式（4-28），整理得

$$\mathrm{d}\lambda = \frac{1}{v}\left\{[(1-\lambda)u_q q'(v) + \frac{\lambda_1}{v^2} + \lambda[u_z z'(v) + w_0'(v)]]\mathrm{d}x + \mathrm{d}M(x)\right\} \quad (4-29)$$

对于式（4-29），当 $\lambda=1$，$u_z=0$ 时，代入得

$$\mathrm{d}\lambda = \frac{1}{v}\left[\frac{\lambda_1}{v^2}\mathrm{d}x + w_0'(v)\mathrm{d}x + \mathrm{d}M(x)\right] = 0 \quad (4-30)$$

当 $v(x)-V(x)\neq 0$，即 $\mathrm{d}M(x)=0$，式（4-30）变为 $\left[\frac{\lambda_1}{v^3}+\frac{w_0'(v)}{v}\right]\mathrm{d}x=0$，将 v 看作变量求解。由于 $\frac{\lambda_1}{v^2}$、$w_0'(v)$ 和 $\frac{1}{v}$ 均为单调递增的奇函数，该方程必有唯一正数解 $v_{m1}\in[0,V(x)]$，此时列车速度未达到最大限速。

当 $v(x)-V(x)=0$，此时列车处于最大限速，式（4-30）变为

$$\left[\frac{\lambda_1}{v^3}+\frac{w_0'(v)}{v}\right]\mathrm{d}x + \frac{\mathrm{d}M(x)}{v}=0$$

类似地，由于 $\frac{\lambda_1}{v^2}$、$w_0'(v)$ 和 $\frac{1}{v}$ 均为单调递增的奇函数，且 $M(x)\geqslant 0$，那么该方程有唯一正数解 $v_{m2}\in[v_{m1},V(x)]$。

综合以上分析，在列车处于部分牵引状态下，列车需以一定速度巡航行驶。

当 $\lambda=0$，$u_q=0$ 时，代入得

$$d\lambda = \frac{1}{v}\left[\frac{\lambda_1}{v^2}dx + dM(x)\right] = 0 \quad (4-31)$$

当 $v(x) - V(x) \neq 0$，即 $dM(x)=0$，式（4-31）变为 $\frac{\lambda_1}{v^2}dx = 0$，即 $\lambda_1 = 0$，与构建哈密顿函数时的条件 $\lambda_1 \neq 0$ 矛盾。这也说明，当 $\lambda=0$ 且 $u_q=0$ 时，必有 $v(x)=V(x)$，列车在此时以最大限速运行，根据此时列车可能处于部分制动状态，综合以上分析，可知列车应处于限速条件约束的巡航运行状态。

需要注意的是，若要使式（4-25）有正数解，须有 $\lambda_1 < 0$，然而，此时列车处于匀速状态，有

$$\frac{dv}{dt} = -u_z z(v) - w_0(v) - g(x) = 0 \quad (4-32)$$

那么可以得到坡度与基本阻力的数值关系为

$$|g(x)| = |u_z z(v) + w_0(v)| > w_0(v) \quad (4-33)$$

这表明此时列车单位合力的组成中，坡度造成的合力比基本阻力的合力大，此时即使列车已处于惰行运行工况，速度依然会增加。

综上所述，考虑牵引能耗的单车节能驾驶问题的解包含以下几种工况。

① 启动及牵引工况。列车以最大牵引力启动及牵引。

② 巡航工况。当列车处于上坡段时，在达到最大限速后采用部分牵引的巡航工况，牵引电机耗能；当列车处于陡坡时，列车采用部分制动的巡航工况，电机不耗能。

③ 惰行工况。列车仅仅依靠阻力减速运行，电机不耗能。

④ 制动工况。列车采用最大制动力减速至停车。

4.2.2 列车节能驾驶能耗节约量评估

考虑牵引能耗的单车节能驾驶策略包含启动及牵引、巡航、惰行和制动四种工况，由前面的分析可知，惰行工况下电机不耗能，因此可以考虑适当增加惰行工况的时间，如图 4-2 所示。

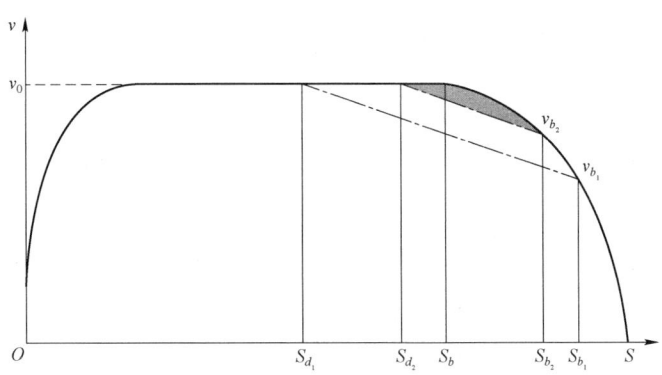

图 4-2 列车增加惰行工况的速度曲线

图 4-2 中,曲线为列车的"最大牵引—最大限速巡航—最大制动"速度曲线,其中 S_b 为列车开始制动时的位置,包含点画线的 $Ov_0S_{b_1}S$、$Ov_0S_{b_2}S$ 为采取了一定时长的惰行工况的速度曲线,其惰行起点、惰行终点(制动起点)分别为 S_{d_1}、S_{d_2};S_{b_1}、S_{b_2}。

可以看出,点画线与原曲线围成部分近似表达了采用惰行工况后的节能情况,如图中阴影部分近似表达了列车在 S_{d_2} 处采用惰行工况、至 S_{b_2} 处结束惰行改为最大制动工况进站的行驶策略,较原"最大牵引—最大限速巡航—最大制动"的行驶策略能够节约一定牵引能耗。从图 4-2 中所示情况可以得出以下结论:在一定时间范围内,采用惰行工况的时间越早(也就是说惰行工况在列车整体运行过程中所占的比例越高),牵引能耗的减少量越大。以图 4-2 中阴影部分的情况为例,假设采用惰行工况后列车在区间内的运行时间较不采用惰行工况的运行时间增加Δt,即

$$\Delta t = t_2 - t_1 \tag{4-34}$$

其中,t_1 表示不采用惰行工况情况下列车从 S_{d_2} 到 S_{b_2} 的行驶时间,t_2 表示采用惰行工况情况下列车从 S_{d_2} 到 S_{b_2} 的行驶时间。

以 c 表示列车在惰行阶段受到的阻力(包括基本阻力和附加阻力),并假设能量转换率为 1,由于列车在惰行阶段不耗能,在Δt内节约的能耗ΔE 可表示为

$$\Delta E = c(S_b - S_{d_2}) \tag{4-35}$$

根据是否采用惰行工况的两种情况,基于列车动力学规律,有

$$S_{b_2} - S_{d_2} = v_0 t_2 + \frac{1}{2} a_2 t_2^2 \tag{4-36}$$

$$2a_2(S_{b_2} - S_{d_2}) = v_{b_2}^2 - v_0^2 \tag{4-37}$$

$$2a_1(S_{b_2} - S_b) = v_{b_2}^2 - v_0^2 \quad (4-38)$$

其中，a_1 表示列车制动的平均加速度，为负值；a_2 表示列车惰行的平均加速度，为负值；t_1 由两部分组成，即巡航部分 t_{1x} 和制动部分 t_{1z}，有

$$t_1 = t_{1x} + t_{1z} \quad (4-39)$$

$$t_{1x} = \frac{S_b - S_{d_2}}{v_0} \quad (4-40)$$

$$S_{b_2} - S_b = v_0 t_{1z} + \frac{1}{2} a_1 t_{1z}^2 \quad (4-41)$$

联立式（4-34）至式（4-41），可以得出

$$\Delta E = -v_0 c \Delta t + v_0 v_{b_2} c \left(\frac{1}{a_2} - \frac{1}{a_1} \right) \quad (4-42)$$

式（4-42）即为 ΔE 与 Δt 的关系——当列车采用惰行工况时，每增加 Δt，能耗节约 ΔE；但随着 Δt 的增加，由于式（4-42）的 Δt 系数为负，且随着 Δt 的增加 v_{b_2} 也会随之降低，ΔE 的增加将下降，且实际上 a_1 会随着速度变化而变化，因而 ΔE 的下降趋势并非线性，如图 4-3 所示。因此，合理控制惰行时间至关重要。

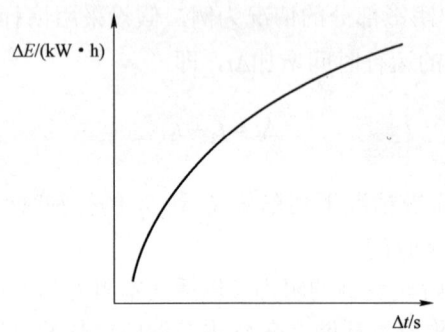

图 4-3　ΔE 与 Δt 的关系示意图

为推导简化后的 ΔE 与 Δt 的函数关系，建立以下假设：列车受到的基本阻力与制动力均为定值，即 a_1 与 a_2 均为定值，且列车取单位质量。

在此情况下，列车的速度曲线变为如图 4-4 所示，惰行及制动工况均为直线。设列车开始惰行时与起点的距离为 S_{d_1}，惰行结束时的距离为 S_{b_1}，此时列车速度为 v_c，列车不采取惰行方式情况下制动时与起点的距离为 S_b，将表示列车制动的平均加速度的 a_1 与表示列车惰行的平均加速度的 a_2 取绝对值。

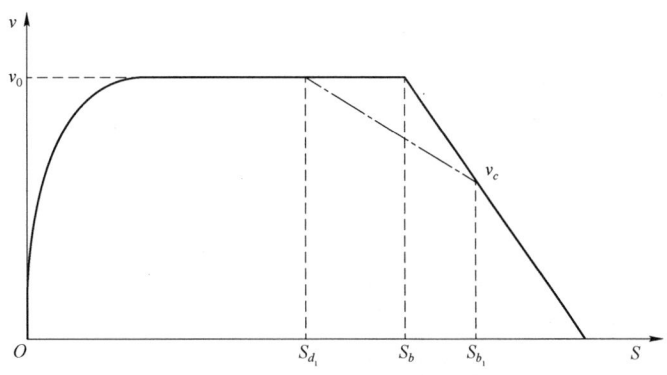

图 4-4　简化后的列车速度曲线

假设列车在 S_{d_1} 处进入惰行的时刻比不采取惰行方式的情况下制动的时刻早的时间为 Δt_d，那么有

$$S_b - S_{d_1} = v_0 \Delta t_d \tag{4-43}$$

列车惰行至 S_{b_1} 所需时间为

$$\Delta t_c = \frac{v_0 - v_c}{a_2} \tag{4-44}$$

期间行走的路程有

$$S_{b_1} - S_{d_1} = \frac{v_0^2 - v_c^2}{2a_1} \tag{4-45}$$

不采取惰行方式的情况下，从 S_b 到 S_{d_1} 的时间为

$$\Delta t_b = \frac{v_0 - v_c}{a_1} \tag{4-46}$$

那么，列车因采取惰行方式增加的时间为

$$\Delta t = \Delta t_c - (\Delta t_b + \Delta t_d) \tag{4-47}$$

由于列车在惰行阶段不耗能，在 Δt 内节约的能耗可表示为

$$\Delta E = w(S_b - S_{d_1}) \tag{4-48}$$

易得

$$S_{b_1} - S_{d_1} = (S_b - S_{d_1}) + (S_{b_1} - S_b) \quad (4-49)$$

并且根据运动学规律,有

$$(S_{b_1} - S_b) = \frac{(v_0^2 - v_c^2)}{2a_2} \quad (4-50)$$

联立以上各式消去无关变量可得到 ΔE 与 Δt 的关系为

$$\Delta E = wv_0 \left[(v_0 - v_c)\left(\frac{1}{a_2} - \frac{1}{a_1}\right) - \Delta t \right] \quad (4-51)$$

该关系内除已知量外,尚有一未知量 v_c,用已知量代替 v_c,可得

$$\Delta E = wv_0(\sqrt{2\lambda v_0} \cdot \sqrt{\Delta t} - \Delta t) \quad (4-52)$$

由此可以确定列车采用部分惰行的情况下较不采取惰行的情况下,运行时间增量与能耗节约量的函数关系如图 4-5 所示。

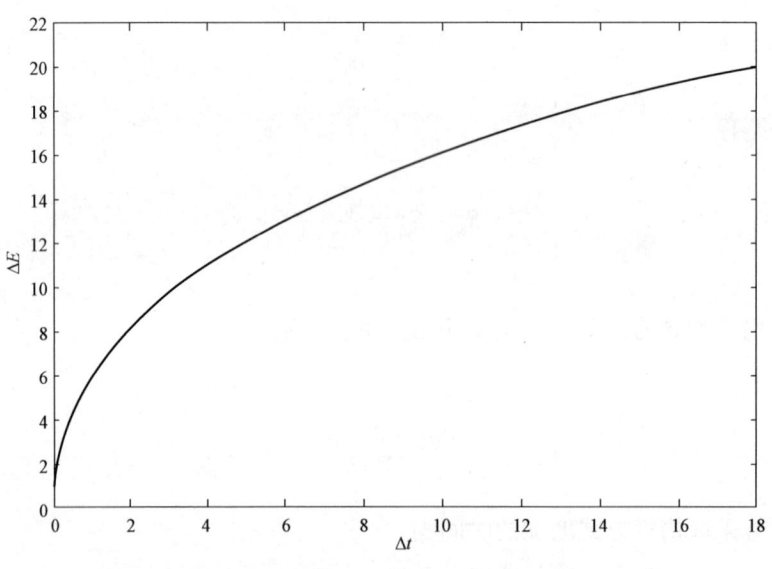

图 4-5 简化后的 ΔE 与 Δt 的量化关系

下面针对式(4-52),计算能耗节约量的极值关系。

首先,考虑能耗节约量为 0 的边界条件——令 $\Delta E=0$,有 $\Delta t=2\lambda v_0$,即当 $0<\Delta t<2\lambda v_0$ 时,ΔE 为正值;当 $\Delta t>2\lambda v_0$ 时,ΔE 为负值。

其次,考虑能耗节约量的极大值条件——针对式(4-52),等号左右求一阶导数,令

$(\Delta E)' = wv_0\left(\sqrt{\dfrac{\lambda v_0}{2\Delta t}}-1\right)=0$,有 $\Delta t = \dfrac{1}{2}\lambda v_0$,即当 $0<\Delta t \leqslant \dfrac{1}{2}\lambda v_0$ 时,ΔE 为递增的;当 $\Delta t > \dfrac{1}{2}\lambda v_0$ 时,ΔE 为递减的,故 ΔE 在 $\Delta t = \dfrac{1}{2}\lambda v_0$ 时取得极大值为 $\dfrac{1}{2}w\lambda v_0^2$。

4.3 城市轨道交通列车综合节能策略

4.3.1 城市轨道交通系统牵引系统节能策略

一般情况下,列车在行驶区间内的工况可分为以下四个阶段:牵引、巡航、惰行、制动,每个阶段的牵引力、阻力、制动力与能耗都不尽相同。列车的工况可以用速度-距离曲线表示,一个标准的工况图如图 4-6 所示。

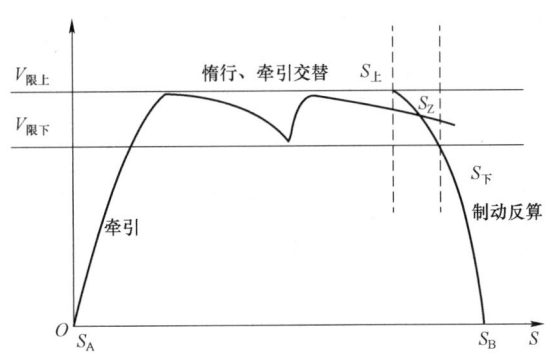

图 4-6 列车在行驶区间内的标准工况图

牵引阶段:列车加速运行,牵引力大于阻力,牵引用电耗能。

巡航阶段:此时列车以一个固定的速度(通常是最大限速)匀速运行,由于最大因素是速度,因此列车是否需要牵引取决于保持匀速时的牵引力与阻力的关系。

惰行阶段:列车减速运行,此时列车既不牵引也不制动,列车依靠总阻力减速运行。

制动阶段:列车减速运行,可分为机械制动和电阻制动。若是机械制动则电机不耗能;若是再生制动,则不仅不耗能,而且还将动能转化为电能反馈于牵引网,作用于后车。

此外,还可进一步考虑设置"启动阶段",用于对处于启动阶段的列车运行过程进行单独分析。下文对列车节能的分析中,主要以普遍采用的四个工况为计算依据。结合上述列车各个工况可能面临的受力情况,能够较为直接地运用牛顿力学推算出列车运行过程的"速度-距离"关系、"速度-时间"关系,并绘制出列车运行曲线,用于展示列车在途运行过程的动力学变化情况,并进一步与列车牵引能耗特征等关联,从而达到辅助列车运行相关系统的设计、评估、优化等目的。

在实际运用上述计算思路实施列车速度控制并进一步达到节能优化目标的过程中,根据《城市轨道交通列车运行节能控制导则》,对实施列车运行节能控制的措施进行以下约定。

1. 列车运行等级自动调整

① 当列车偏离了既定运行计划时,ATS 应根据运营高峰、平峰时段相应的允许偏差值,判断列车早点、晚点运行状况及偏离时差,计算合理的区间运行时间,并下达给 ATO 系统执行。

② 列车运行等级设置不少于 4 级,等级间允许的速度差值为列车最高运行速度的 10%,等级 4 的允许速度宜与列车的最高运行速度一致。不同列车的最高运行速度所对应的列车等级允许速度设置如表 4-1 所示。

表 4-1 列车运行等级允许速度设置参照表

运行等级	列车允许速度/(km/h)	列车最高运行速度/(km/h)
列车运行等级 4	80	100
列车运行等级 3	72	90
列车运行等级 2	64	80
列车运行等级 1	56	70

③ 高峰时段宜以等级 4 控制列车运行,平峰时段宜以等级 3 控制列车运行。以列车允许速度 80 km/h 为例,按照等级 4、等级 3 控制列车的速度-距离曲线分别如图 4-7、图 4-8 所示。

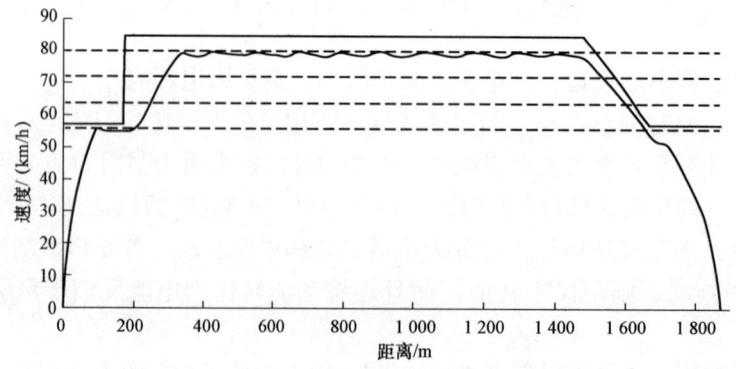

图 4-7 按等级 4 控制列车的速度-距离曲线

第 4 章 城市轨道交通列车能量综合利用技术及节能策略

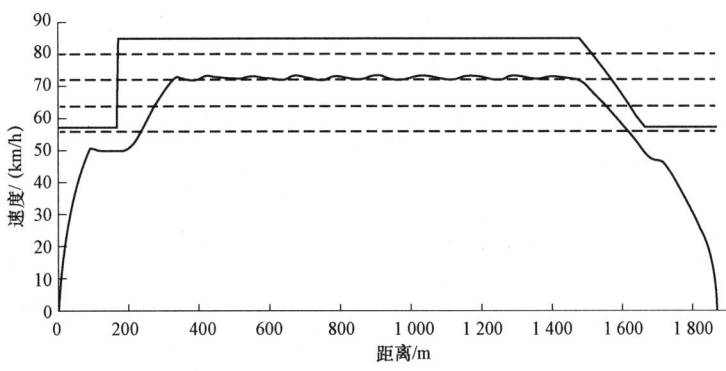

图 4-8 按等级 3 控制列车的速度-距离曲线

④ 当行车调度人员人工关闭列车运行等级自动调整功能时,ATO 系统应按照默认的等级 3 控制列车运行,直到人工恢复自动调整功能。

2. 列车运行节能控制实现方式

① 列车出站时,ATO 系统应在保证乘客舒适度的前提下,以不低于 0.6 m/s² 的加速度控制列车加速至列车运行等级规定的运行速度。

② 在列车出站加速过程中,当列车速度接近站台或区间允许速度时,应及时减小请求的牵引力。

③ 遇区间下坡道牵引加速时,ATO 系统应综合考虑坡度、坡道长度等因素,减小请求的牵引力。区间下坡道加速度控制示意图如图 4-9 所示。

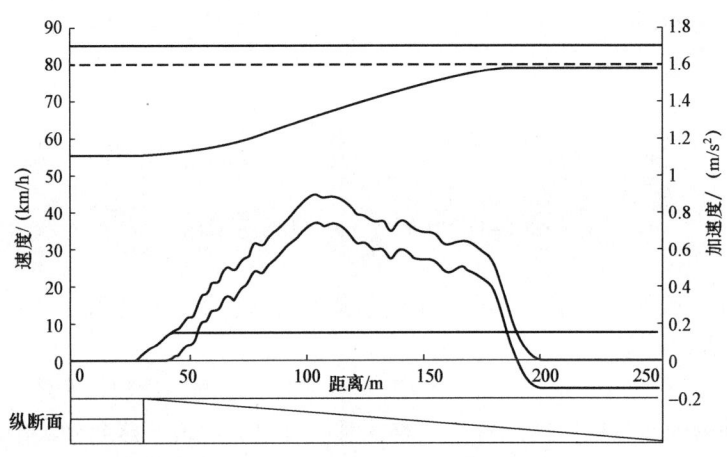

图 4-9 区间下坡道加速度控制示意图

④ 遇区间上坡道牵引加速时,ATO 系统应综合考虑坡度、坡道长度等因素,减小请求的制动力,避免速度减小得过快,偏离目标速度曲线引起不必要的再次牵引。区间上

坡道减速度控制示意图如图 4-10 所示。

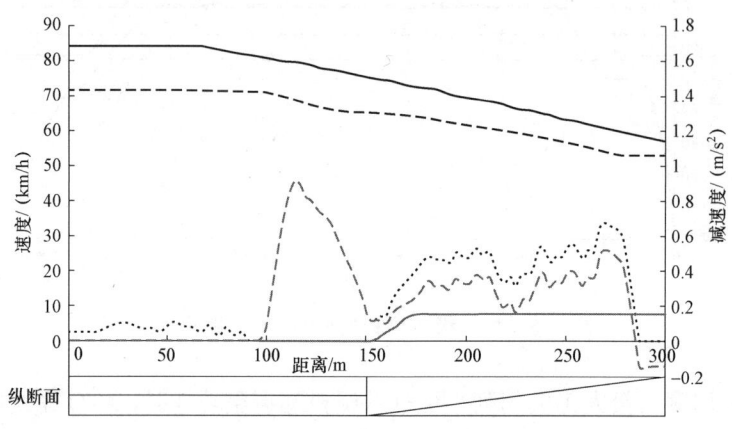

图 4-10　区间上坡道减速度控制示意图

⑤ ATO 系统控制列车在区间以惰行工况运行时，再次牵引的实际速度不宜低于列车运行等级规定的允许速度的 85%。区间惰行运行速度控制以列车运行速度 80 km/h、运行等级为 3 为例，其示意图如图 4-11 所示。

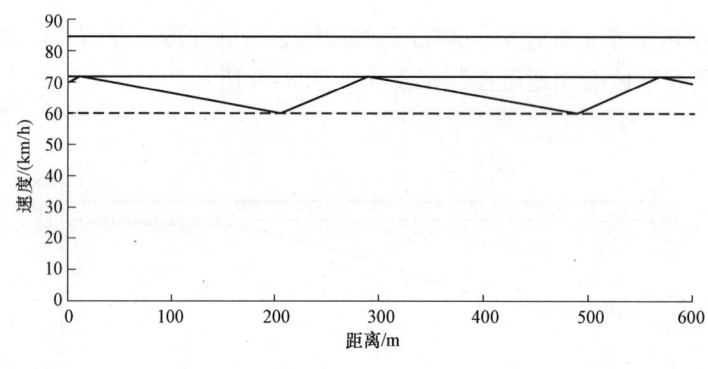

图 4-11　区间惰行速度控制示意图

⑥ ATO 系统应在保证乘客舒适度和停车精度的前提下，以不高于 0.8 m/s² 的减速度控制列车减速进站停车。

⑦ 列车进站时，ATO 系统应避免因停车不对位引起的再次启动和停车。

⑧ 列车在限速较低的区间运行时，ATO 系统宜以该区段线路允许的最高运行速度运行，以提升线路瓶颈区域的通过效率。ATO 系统控制列车通过限速区间示意图如图 4-12 所示。

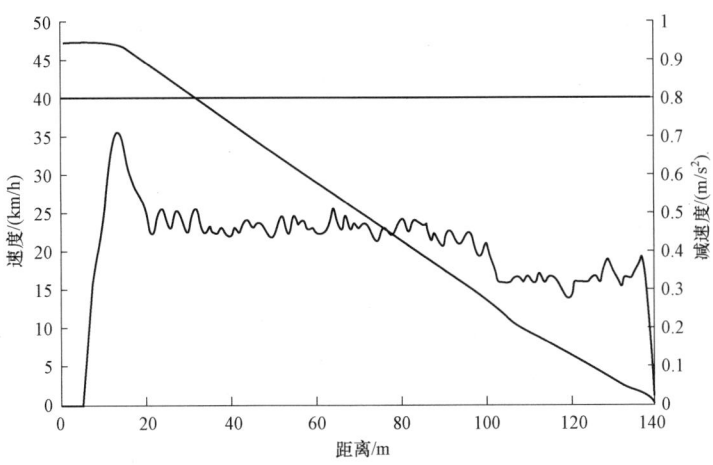

图 4-12 ATO 系统控制列车通过限速区间示意图

4.3.2 城市轨道交通系统节能运营策略

在此基础上,为了充分发掘上述列车牵引系统节能控制策略的节能能力,需进一步配合轨道交通系统节能运营策略,在运行组织与各个列车的微观节能驾驶控制过程之间形成叠加效应。典型运营节能策略主要包括以下 4 个方面。

(1)多目标模式下的节能运行模式策略

列车区间运行模式按照不同目标可以分为节时模式和节能模式。节时模式指的是列车在区间内以最接近限速的速度运行,对应的区间运行时间最小;节能模式指的是列车在区间充分利用惰行调速,从而使列车牵引能耗获得较大幅度的减少。在实际运营中,以上两种单一目标的列车运行模式并不适用,需要在满足运行图给定的区间运行时间及合理的乘客舒适度基础上考虑节能,采用多目标的区间运行模式。

随着列车运行速度的提高,列车启动后的加速距离和到站前的制动距离变长,在区间的运行距离缩短。根据列车运行速度、运行时间与牵引能耗的关系,当运行速度提高到一定程度后,继续提高运行速度带来的区间运行时间节省效果并不明显,而能耗的增加幅度较大。因此,多目标下的节能运行模式应选择低于限制速度的某一速度作为运行速度。

相较于节时模式,节能模式下列车牵引能耗有大幅减少,但区间运行时间增加较多。但是,由于列车在牵引、惰行和制动工况间转换频繁,乘客舒适度较差。在多目标下的节能模式中,列车在牵引工况中较多地保持匀速行驶,适时地转为惰行工况,再转为制动工况。结果表明,多目标下的节能模式区间运行时间和列车牵引能耗均适中,同时乘客舒适度较好,是实际运营中较为理想的列车节能运行模式。

(2)非高峰时段压缩停站时间

在全程运营时间一定的条件下,列车停站时间与区间牵引能耗成正比。在非高峰时段，由于车站客流量减少，所需要的乘客上下车时间相应减少，停站时间相对于高峰时段有压缩的空间。因此，在运营的平峰时段和低峰时段，可以适当压缩列车停站时间，进而减少区间牵引能耗。

（3）列车编组和交路方案优化

列车编组和交路方案对列车满载率的影响显著，应综合考虑线路长度、客流断面、换乘节点、折返能力、运营管理等因素来确定。

对于各个线路应具体分析沿线客流特点，在必要时考虑采用长短嵌套交路、换乘交路、交叉交路等特殊交路方式，根据客流分布规律制定合理的编组车辆数和列车开行对数，在保证合理服务水平的同时尽量提高列车满载率，减少单一交路下的运能浪费。

（4）运能分配的动态配置

全日行车计划是指全日分时段开行的列车对数计划，是运营服务水平和运营费用支出的体现，对于全日平均满载率影响显著。合理的全日行车计划编制应根据运营时间内各时段的客流量和希望达到的服务水平综合考虑。

第 5 章

城市轨道交通车站能量综合利用技术及节能策略

5.1 城市轨道交通车站通风空调系统节能优化技术及节能策略

5.1.1 城市轨道交通通风空调系统能耗模型

1. 城市轨道交通通风空调系统用电能耗分析

在城市轨道交通系统中，车站的通风空调系统能耗约占车站系统能耗的 25%，是城市轨道交通系统车站能耗的主要组成部分。城市轨道交通车站的通风空调系统能耗受车站乘客流量、车站设备运行情况、季节变化等因素影响。目前国内尚未规定统一的空调用电的能耗测算方法，现有方法主要以模型拟合为主。

城市轨道交通车站通风空调系统的作用如下。

① 在正常运行时为乘客和工作人员提供舒适的旅行环境和工作环境。

② 遇列车阻塞区间隧道时向隧道提供一定通风量，保证短时间内为列车内乘客提供能接受的环境条件。

③ 遇紧急事件须疏散乘客时，通风空调系统为乘客和工作人员、救援人员提供足量空气，保证疏散过程快速稳定。

④ 通风空调系统作为环控的核心组成部分，为车站和隧道提供恒定舒适的环境湿度和洁净度，既能保证乘客和工作人员的舒适，又能使相关设备高效运作。

城市轨道交通车站的通风空调系统可分为开式系统、闭式系统和屏蔽门系统，其主要分类及典型工程案例如表 5-1 所示。

表 5-1 城市轨道交通车站通风空调系统的主要分类及典型工程案例

系统形式	系统原理	系统特点	工程案例	备注
开式系统	利用压缩机或膨胀机等将外界的冷空气注入地铁内部，进行冷热交换	无需空调设备，运行费用低，但炎热天气时无法使用，因仅靠外界空气调控，故能力不大	北京地铁 1 号线	目前很少独立使用开式系统，多为节省电力辅助闭式系统
闭式系统	制冷系统的空气循环使用，通过换热器进行空气冷却，地铁内外空气基本隔断	可以适应各类气候状况和室温，但电耗较大，运行费用高，且需要占用较大的地上空间	广州地铁 1 号线、上海地铁 2 号线	
屏蔽门系统	月台与隧道间安装屏蔽门，隧道设置通风系统，车站设置空调系统，若通风系统不能正常工作，则辅以空调系统	月台不受隧道来风影响，但屏蔽门开启时可能存在门内外温差较大而产生来风的现象	成都地铁 1 号线、深圳地铁	目前国内大部分地铁采用屏蔽门系统

城市轨道交通车站的通风空调系统的设置与运用受季节及环境影响较明显，对于以冬冷夏热为典型气候特点的城市而言，其通风空调系统一般考虑在空调季运行闭式系统，在非空调季运行开式系统，整体而言采用屏蔽门系统。

在地铁系统设计初期，通风空调系统在设计时一般是按照系统远期最大负荷计算的。然而，在实际运行过程中，系统的实时环境与设计时的理想环境存在差异，通风空调系统在运行过程中往往达不到设计时的最大负荷，这便造成了很大的能量浪费。因此，根据地铁系统的实时环境，灵活采用合适的通风空调系统，对降低地铁通风空调系统能耗有显著作用。

2. 城市轨道交通通风空调系统能耗指标分析

总体而言，通风空调系统能耗可分解为耗冷量(Q)（即需求量）和系统效率（EER，也称能效比），计算公式分别如式（5-1）、式（5-2）所示，对应于供冷季和通风季。本节分别从需求、效率两方面入手，得到供冷季空调（包括冷源与风机）、通风季风机的能耗指标。

$$E_{空调} = \frac{Q_{空调}}{\text{EER}_{空调}} \quad (5-1)$$

$$E_{通风} = \frac{Q_{通风}}{\text{EER}_{通风}} \quad (5-2)$$

结合典型城市地铁公司通常设定的运行时间，规定各地供冷季、通风季时间如表 5-2 所示。

表 5-2 典型城市地铁供冷季、通风季时间

城市	供冷季	通风季
A	6月1日—10月10日	其他时段
B	6月1日—10月15日	其他时段
D	4月15日—11月15日	其他时段

1) 供冷季空调能耗指标

对于供冷季的空调耗冷量（即空调负荷），现有的针对各环节分项负荷的常规计算方法中，一些利用经验公式、经验数据进行测算，一些通过现场调研的实际数据进行测算，以用于设计选型或给定车站的节能诊断。本书以计算合理的能耗需求量为目标，给出各分项的计算思路及与传统计算方法的不同之处。

供冷季各分项负荷的计算思路如下。

（1）设备产热

① 照明产热。

此项是指车站自营的照明设备产热，不包括外接的商业广告照明设备产热。考虑照明能耗指标、功率密度，照明设备功率与车站面积基本上成正比例关系。根据相关规范取车站照明功率密度为 $9~W/m^2$，从而可结合车站面积计算出照明用电量，即照明产热量。对于车站全年运营期间，可认为此项产热基本稳定。

② 公区设备产热。

此项是指公共区域内除公共照明外的机电设备产热，包括广告照明、电梯、安全门、售检票系统等。

根据 A 市地铁 10 号线车站的分项能耗数据及公区面积，得到各站公区设备功率密度均值约为 $15~W/m^2$，由此可计算出公区设备用电量，即公区设备产热量。对于车站全年运营期间，可认为此项产热基本稳定。

③ 办公设备区设备产热。

此项是指办公设备区内除照明、风机外的设备产热，包括通信、信号、综合监控系统等设备直接产热，以及变电所内的变压器线损产热。

根据地铁线路车站的分项能耗数据，可得到各站办公设备区相关设备的直接产热量。另外，可在车站低压用电总量的基础上，取 5% 作为变压器线损，得到线损发热量，再结合该线路各站办公设备区的面积计算得到该线路各站办公设备区设备产热密度约为 $33~W/m^2$，由此可计算出此项产热量。对于车站全年运营期间，可认为此项产热基本稳定。

④ 送风机产热负荷。

通风系统运行中，送风机的一部分输入功因风机效率有限而直接成为散热量，另一部分输入功则首先转化为空气动能，然后在输配过程中因摩擦而成为散热量。总体来看，送风机的用电量最终都基本转化为散热量，构成空调负荷。

由于不同车站的送风机选型因负荷需求不同而存在较大差异，且运行中若采用风机

变频则功率是实时变化的,为了计算此项负荷,应首先根据除此项以外的空调总负荷来确定送风量,进而结合风机压头、效率、运行频率等参数得到送风机功率,即为其产热量。与之不同的是,排风机因其能量被携带至室外,因此并不影响空调负荷。

（2）人员产热

地铁站工作人员数量相对较少,此项负荷主要是指站内乘客的产热量。根据"通风空调设计手册",在站厅温度为 29 ℃ 的条件下,一名乘客进行轻体力劳动的显热发热量为 40 W、潜热发热量为 142 W；在站台温度为 27 ℃ 的条件下,一名乘客进行轻体力劳动的显热发热量为 51 W、潜热发热量为 130 W。综合而言,总计可取乘客全热发热量为 181 W/人。

取进站乘客在站内有效停留时间为 5 min,出站乘客在站内有效停留时间为 2 min,则可根据各车站统计的进、出站客流量,近似估算出人员产热量。

（3）机械新风负荷

由于供冷季室外新风焓值通常高于站内空气焓值,故新风系统机械引入的新风会造成机械新风负荷。在空调系统设计选型阶段,往往采用远期高峰时段客流量来计算机械新风负荷；在对具体车站实测分析时,往往直接测量实际的机械新风量来计算此项负荷。

为了计算出各站合理的机械新风负荷指标,考虑实际运行中恰能满足人员需求的新风量。具体而言,应根据各站实际的逐时客流量,计算逐时新风需求量（作为机械新风需求量）,然后结合室内外空气逐时焓差,得到逐时机械新风负荷。其中,室外空气状态数据采用《建筑节能气象参数标准》（JGJ/T 346—2014）给出的各地区典型年逐时气象参数,室内空气状态取站厅、站台设计值的平均水平（温度 28 ℃、湿度 60%）。

（4）渗风负荷

对于采用屏蔽门系统的车站,经出入口的渗入新风、经屏蔽门的渗入隧道风均会带来相应负荷；对于采用非屏蔽门系统的车站,需考虑渗入新风负荷、列车产热负荷,而渗入隧道风负荷已包含于列车产热负荷中,不应重复计算。

由于每座车站的实际渗风情况千差万别,且同一站的渗风量也会随着实际条件发生不断变化,因此要准确计算每座车站的真实渗风负荷存在较大困难。结合现场调研及测试结果来看,典型车站中,某车站在内循环模式下典型日逐时渗风量大小居中（渗入新风量平均为 $1.9×10^4$ m³/h,渗入隧道风量平均为 $1.7×10^4$ m³/h）,车站结构、通道尺寸等也较为典型,故以该站在内循环模式下的逐时渗风量作为"典型逐时渗风量",代入各地区各屏蔽门车站以计算逐时渗风负荷。指标计算时,因机械新风仅按需供给,风量很小,对渗风量的影响可忽略。

在非屏蔽门车站中,某站在内循环模式下典型日实测的逐时渗风量（渗入新风量平均为 $5.1×10^4$ m³/h,渗入隧道风量平均为 $7.0×10^4$ m³/h）较为典型,故以此作为统一基准代入各非屏蔽门车站以计算逐时渗入新风负荷。

计算渗风负荷时,室外逐时空气状态参数、站内空气状态参数的取值与机械新风负荷计算中取值相同；渗入隧道风的逐时空气状态参数由各城市典型站隧道温湿度实测得到。

（5）列车产热

对于非屏蔽门车站,列车发热量可根据相关手册及设计单位提供的经验计算方法得到，如式（5-3）所示，包括列车运行过程产热和列车空调散热两部分。

$$Q_{列车}=Nn_1n_2(G_k+n_3G_n)L+1.3n_1n_2n_3qT \qquad (5-3)$$

式中：N——列车吨公里耗电量，可取为 0.065 kW·h/（t·km）；

n_1——每小时行车列数（列/h），此处以典型线路逐时行车列数为基准（见表 5-3），代入各线路车站进行统一计算；

n_2——每列车的车厢编组数（节/列）；

G_k——每节车厢的重量，根据调研所得典型非屏蔽门线路均采用 B 型车，该值可取为 34 t/节；

n_3——每节车厢的计算人数，可根据 B 型车额定载客量 245 人/节、逐时客流密度系数估算得到；

G_n——车厢内乘客的平均重量，可取 60 kg/人；

L——所计算区段的长度，包括站前区段、站后区段，可统一取 1 km；

q——车厢内乘客的平均发热量，可取 181 W/人；

T——列车在计算区段内的行驶、停留时间，可统一取 120 s。

此外，列车产生的热量中有一部分会被隧道周围的岩土吸收，并非完全转化为车站空调负荷。土壤蓄热是非稳态传热问题，严格的计算较为复杂。岩土的蓄热能力为列车总发热量的 5%～20%，因此统一取 10% 的列车发热量被岩土吸收，其余热量则计入空调负荷。

表 5-3 典型线路逐时行车列数

时间	行车列数/列	时间	行车列数/列
5:00—6:00	7	15:00—16:00	22
6:00—7:00	23	16:00—17:00	33
7:00—8:00	34	17:00—18:00	44
8:00—9:00	39	18:00—19:00	42
9:00—10:00	37	19:00—20:00	30
10:00—11:00	26	20:00—21:00	23
11:00—12:00	19	21:00—22:00	20
12:00—13:00	20	22:00—23:00	18
13:00—14:00	20	23:00—24:00	11
14:00—15:00	21		

（6）围护结构传热

围护结构传热包括屏蔽门两侧（轨行区与站台）的传热及站厅侧壁等的土壤传热。鉴于此项负荷相对较小，一般以典型站实测结果（利用热流密度计在屏蔽门、站厅侧墙等位置测量得到）作为同类车站围护结构传热量的统一取值。由于其对总负荷的影响很小，不苛求其测量精度。此外，非屏蔽门车站因已考虑列车产热负荷，而不再重复考虑站台门两侧传热。

根据上述方法，计算得到各地区、各类型样本车站在供冷季的逐时分项负荷。对某市多个车站的供冷季平均负荷进行了分项计算与对比，结果如图 5-1 所示，其中 A 市非屏蔽门车站按照列车编组数分为 8 节编组和 6 节编组两组，其他类车站均为 6 节编组。从图中可以看出以下几点：

① 非屏蔽门车站因列车产热量较大，总负荷明显高于同气候区的屏蔽门车站，甚至也高于 B 市、D 市（南方城市）的屏蔽门车站。

② 非屏蔽门车站中，8 节编组线路的车站的空调负荷更高，首先是因为其列车发热量较高，其次源于公区面积较大导致照明等设备产热量较大。

③ 对于屏蔽门车站，平均渗风负荷因气候而异，南方地区因气候炎热而负荷较大，这也是造成总负荷差异的主要原因。

④ 照明等设备产热是屏蔽门车站的主要热源，且与车站面积直接相关。

⑤ 人员产热在总负荷中所占比例很小，故在同一地区、同一类型的车站中，各站之间客流量的差异不会成为负荷差异的主要原因。

⑥ 机械新风负荷极低，可忽略，一方面是因为机械新风量是按人员实际需求取值，另一方面由于供冷季室外焓值有时会低于室内焓值（尤其是 A 市），新风带入冷量而非热量，故机械新风负荷在整个供冷季的平均值进一步降低，甚至 A 市的机械新风负荷为负值。

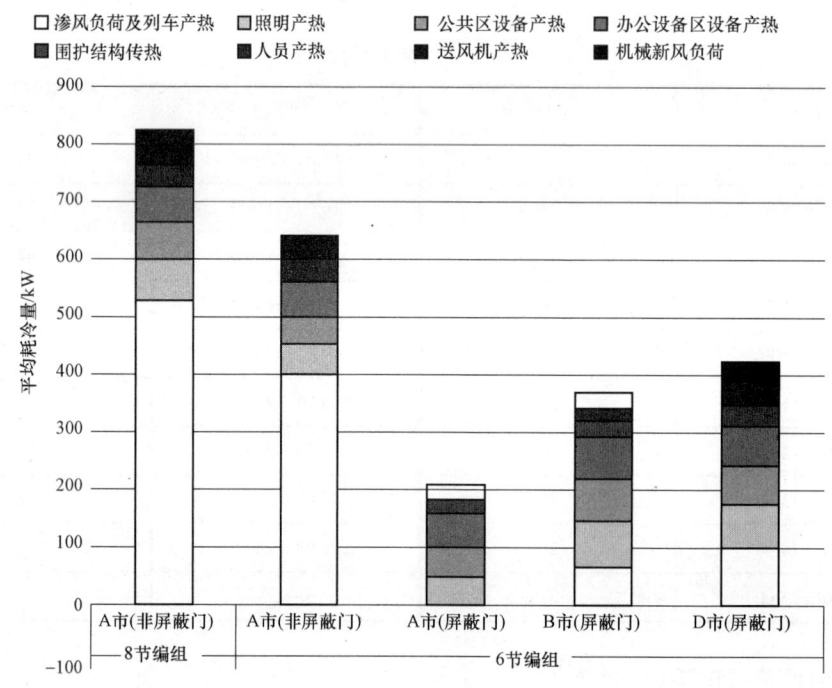

图 5-1 各类地铁站供冷季分项负荷典型值分布

供冷季空调系统能效比受到设计、运行中众多因素的影响,各站的系统效率(EER)也存在较大差异。根据部分车站对空调冷量、空调能耗的计量数据,以及对典型车站空调系统效率的分析结果,多数车站空调系统能效比为 1.5~3,对比系统能效标尺,明显处于较差水平。作为约束指标,取空调系统能效比 $EER_{空调} = 2.7$ 作为统一的效率指标,用以约束各站空调系统运行效率。由此可以根据各站空调平均耗冷量、统一的系统能效比,结合供冷季空调系统运行时间,计算出各站供冷季空调能耗。一般来说,车站空调能耗计算值也与车站面积呈较强的线性正相关,空调能耗指标可表示为 $E_{空调} = aS + b$ 的形式。

2)通风季风机能耗指标

通风季的排热需求量计算方法总体上类似供冷季空调负荷计算方法,但也有一定差异,具体如下。

① 照明产热、公区设备产热、办公设备区设备产热、人员产热、非屏蔽门车站的列车产热量的计算方法同上,室内外环境温度的确定方法亦同上。

② 因通风季可采用只排不送模式,故不考虑送风机产热。

③ 通风季轨行区空气温度较低,屏蔽门传热量很小,围护结构总传热量可忽略。

④ 通风季的室外新风用于带走站内多余热量而非增加负荷,故无须考虑"机械新风负荷"。

⑤ 屏蔽门车站中,只排不送模式下渗风量远小于机械风量,故不再考虑屏蔽门车站的渗风负荷。

⑥ 非屏蔽门车站中,尽管渗入新风量较大、不可忽略,但由于通风季的渗入新风有利于排热,故不应计入"渗入新风负荷"。

⑦ 由于通风季隧道温度较低、岩土蓄热量较小,故在非屏蔽门系统中列车产热量全部计入排热负荷,不考虑岩土蓄热。

⑧ 因通风季车站内无湿度控制要求,故各环节计算中均不考虑潜热负荷,只考虑显热负荷。

由此可以计算得到各车站在通风季的逐时排热需求量,进而可得整个通风季的平均排热负荷。一般地,车站在通风季的平均排热量略低于供冷季平均耗冷量,且与车站面积呈较明显的线性正相关。通风季排热需求量可按 $Q = aS + b$ 计算(暂不考虑列车编组数、发车密度对非屏蔽门站的影响)。

由于业内对空调系统效率的研究主要集中在供冷季,目前尚缺少对通风季风机排热效率的经验参考值,并且整个通风季中室内外温差不断变化导致风机排热效率不断变化,根据统一给定的系统能效比来计算系统能耗的方法难以直接应用于通风季风机能耗指标计算。对此,考虑采用以下方法进行分析。

当采用通风模式时,若给定室内外温差,可计算通风系统的排热效率 $ATF_{通风}$。其中,ρ 为空气密度,c_p 为空气比热容,G 为通风量,Δt 为室内外温差,η 为风机效率,ΔP 为风机压头。通风排热效率与风量无关;对于给定的风机(即压头、效率给定时),通风排热效率仅与室内外温差有关。

$$\mathrm{ATF}_{通风} = \frac{Q}{N} = \frac{\rho c_p G \Delta t}{G \Delta P / \eta} = \frac{\rho c_p \Delta t \eta}{\Delta P} \qquad (5-4)$$

为了计算通风季风机能耗的合理值,首先应确定供冷季与通风季的界限,即什么情况下从通风模式(空调模式)切换为空调模式(通风模式),这就需要比较在给定室内外温差的工况下通风排热效率、空调制冷效率的相对大小。若取空调系统效率 $\mathrm{EER}_{空调}$=2.7,风机效率 η=40%,风机压头 ΔP=800 Pa,当室内外温差 $\Delta t \geqslant 4.5$ ℃时,采用通风模式的排热效率高于空调模式,即

$$\frac{\rho c_p \Delta t \eta}{\Delta P} \geqslant \mathrm{EER}_{空调} \qquad (5-5)$$

根据上述理论计算的临界温差,再结合各城市气象参数,即可基本确定供冷季、通风季各自的起止时间。由于实际上可能出现室内外温差有时在临界温差附近频繁波动的现象,而实际操作中难以频繁切换通风空调系统运行模式,故一般结合理论计算确定模式切换的大致日期。在此基础上,根据通风季排热需求量、室内外临界温差,可以计算得到临界温差下的通风需求量,此即排风机的额定风量合理值。随着室外温度逐渐下降,室内外温差逐渐增大,通风排热效率增大,通风需求量减小,则可降低风机频率以调节风量使之恰好满足需求。变频运行时,根据风机功率与风机频率的三次方成正比的基本规律,可计算得到不同温差下的风机功率,即可得到通风季逐时风机能耗。

对于非屏蔽门车站,其渗入新风量较大,能够承担较大的排热量,故在计算机械通风需求量时,应首先判断渗入新风量能否满足通风需求量——若能满足则无须开启风机进行机械通风,若不能满足则开启机械排风、变频调节以使总新风量满足需求,由此则可计算出非屏蔽门车站通风季逐时风机能耗。上述方法只是用于计算合理的风机能耗,而非实际操作指南。实际运行中,由于出入口渗风量、机械风量均难以准确持续监测,故应根据室内外环境状态监测值来实时调控风机频率。

一般来说,风机能耗与车站面积呈线性正相关关系,就可表示为 $E=aS+b$ 的形式。当车站具备风量、温度等相关监测数据时,就可计算出实际的排热量、排热效率,并对综合排热效率合理值进行评估,找出通风季风机高能耗的问题所在。

根据上述分析与计算结果,对于给定列车编组数、发车密度的线路车站,供冷季空调需求、通风季排热需求均可表示为 $Q=aS+b$ 的形式;供冷季空调系统效率统一取值,车站在通风季的综合排热效率可使用参考值;供冷季空调能耗、通风季风机能耗也都可表示为 $E=aS+b$ 的形式,具体车站拟合系数 a、b 可根据实测结合数学模型拟合算得。由此可以对通风空调系统进行多层次评价分析,即利用能耗指标对分项能耗进行评价、考核,利用需求、效率指标帮助高能耗车站进行深入的节能诊断。

本节的计算中存在一些简化假设,例如暂不考虑列车编组数、发车密度对非屏蔽门车站耗冷量、排热量的影响,采用统一的数据进行计算。当上述条件改变时,本节提出

的需求指标计算方法仍然适用，$Q = aS + b$ 的形式也仍适用于对同一条线路中（气候、列车参数等条件相同）各个车站的评价考核，只是计算公式中的系数需相应调整。

5.1.2 城市轨道交通通风空调系统能耗预测模型

在现代轨道交通系统的运行过程中，各列车一般都配有通风空调系统，主要负责内部空间的温度、湿度、空气质量的调节和控制工作。在现代轨道交通的运营能耗排行榜上，通风空调系统的能耗仅次于列车牵引系统能耗，因此从节能的角度考虑其具有巨大的提升空间和潜力。对于通风系统的节能，可以通过从设备安装和性能上进行优化，说明其对轨道交通节能工作的贡献。

传统的通风空调系统采用定频风机，新型节能风机采用的是变频型风机，不同运行模式下的运行功率不同，因此风机的工作状态也有很大的差别。系统最大负荷按线路远期客流和最大行车对数设计，有较大的富裕量，所以线路运行初期和近期的系统负荷较低，同样在非高峰时段和高峰时段负荷也有较大的差距，存在设备容量富裕的情况。此外，轨道交通列车的通风空调系统还需要根据乘客人员的实际流动情况（实际客流条件的动态分布）及季节温度的变化趋势进行调整，不断优化设计方案，调整现有地铁通风空调系统布局，挖掘更加节能、环保的空调设备，进而大大降低空调系统的运行成本，并且为新轨道交通路线设计和优化提供良好的基础。

以典型的四季分明型气候城市为例，一般室外冬冷夏热，车站总负荷中新风及各种渗风负荷占车站总负荷的 38%～50%，因此冬季、通风季应尽可能利用室外冷源——空气排除站内余热，夏季应尽量减少新风的影响。当前的通风空调系统已经采取了适当的措施根据季节变化调整运行模式，以达到节约能耗的目的。

（1）夏季

① 小新风期。当室外新风的焓值高于室内空气焓值时，应尽量减少系统中新风的摄入，系统转入空调小新风运行季节。

② 全新风期。当室外新风的焓值小于或等于室内空气焓值并高于通风温度时，应采用全新风空调运行模式，即直流式空调形式，这不仅有利于节约能源，还可使车站内空气品质得到提升。

（2）通风季

如每年的 2 月中下旬至 5 月中旬、10 月中旬至 12 月间，白天气温多数在 10～20 ℃，此时地铁通风空调系统转入通风运行状态，冷源系统停止运作。通风季采用较大的恒定送风量以保持室内外相对合适、稳定的温差，进而满足地铁舒适度要求。

（3）冬季

冬季室外气温较低，尤其是我国北方地区主要城市普遍比较寒冷，按照车站配置的通风量、站内排除余热计算，站内气温较室外温度高 6～7 ℃，若室外气温为 5～10 ℃，则站内为 11～17 ℃，地铁站厅站台保持在此温度水平时比较舒适。

5.1.3 城市轨道交通通风空调系统能耗优化策略

轨道交通系统车站一般设置在浅层地表中，由于与地面的大气环境有一定的隔离，以及车站人流高度集中的特点，对其内部的通风与空调措施进行优化显得尤为重要。目前，在我国各大城市的地铁系统中，通风空调系统的能耗占整个地铁系统总能耗的比重较大，因此设备本身的节能特性意义重大。

一般来说，通风空调系统的耗电量是指流体输送设备运行时所消耗的电能，包括风机和水泵为克服流动阻力而消耗的电能等，称为动力电能。计算方法是在建立车站晚高峰小时热负荷和公共区面积的一元线性方程后，根据解决热负荷需要的风机和空调设备的功率系数，乘以热负荷和设备运行时间来得出耗电量。

地铁车站负荷主要包括车站设备负荷、人员负荷、维护结构负荷及新风负荷，我国地铁通风空调系统普遍按远期高峰负荷进行设计。

近年来，越来越多的城市轨道交通系统在站台设置屏蔽门，当列车停站时才打开供乘客上下车，将车站空调区域与隧道隔开，使两个系统相对独立，相互之间的影响变小。车站通风空调系统的冷负荷与传统的闭式系统相比，发生了很大的变化。鉴于南北方城市气候的差异和是否安装屏蔽门对于轨道交通车站负荷的影响，本书分三部分来研究车站公共区面积和车站热负荷的关系：南方城市轨道交通屏蔽门系统车站晚高峰小时总热负荷分析；南方城市轨道交通闭式系统车站晚高峰小时总热负荷分析；北方城市轨道交通闭式系统车站晚高峰小时总热负荷分析。

以南方城市某地铁线一期工程通风空调系统初步设计地下热环境模拟计算结果、北京某地铁车站晚高峰小时总热负荷作为分析南方和北方地铁车站晚高峰小时总热负荷与车站公共区总面积的关系的基础，然后根据通风空调的功率系数和运行时间计算得出其耗电量。

1. 南方城市轨道交通屏蔽门系统车站晚高峰小时总热负荷分析

设车站公共区总面积为自变量，车站晚高峰小时总热负荷为因变量。根据表 5-4 列出的基础数据，可以画出散点图，如图 5-2 所示，以表示屏蔽门系统车站晚高峰小时总热负荷与车站公共区总面积之间的数值关系。

表 5-4 屏蔽门系统车站晚高峰小时总热负荷数据

车站序号	车站公共区总面积 (X_i) /m²	车站晚高峰小时总热负荷 (Y_i) /kW	车站序号	车站公共区总面积 (X_i) /m²	车站晚高峰小时总热负荷 (Y_i) /kW
1	5 705	850	8	6 527	2 252
2	4 252	649	9	3 612	904
3	4 190	890	10	5 410	370
4	4 200	950	11	3 190	441
5	3 207	556	12	2 855	353
6	3 435	638	13	3 147	340
7	3 956	759			

第 5 章　城市轨道交通车站能量综合利用技术及节能策略

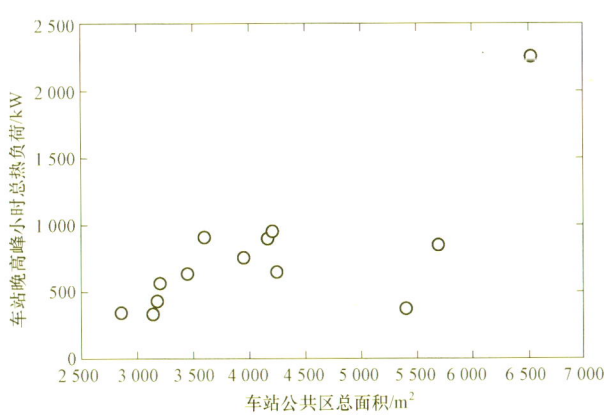

图 5-2　屏蔽门系统车站晚高峰小时总热负荷散点图

利用该散点分布关系，可以运用不同的曲线拟合模型对其进行建模，主要可以得到以下几类模型，如图 5-3 所示。

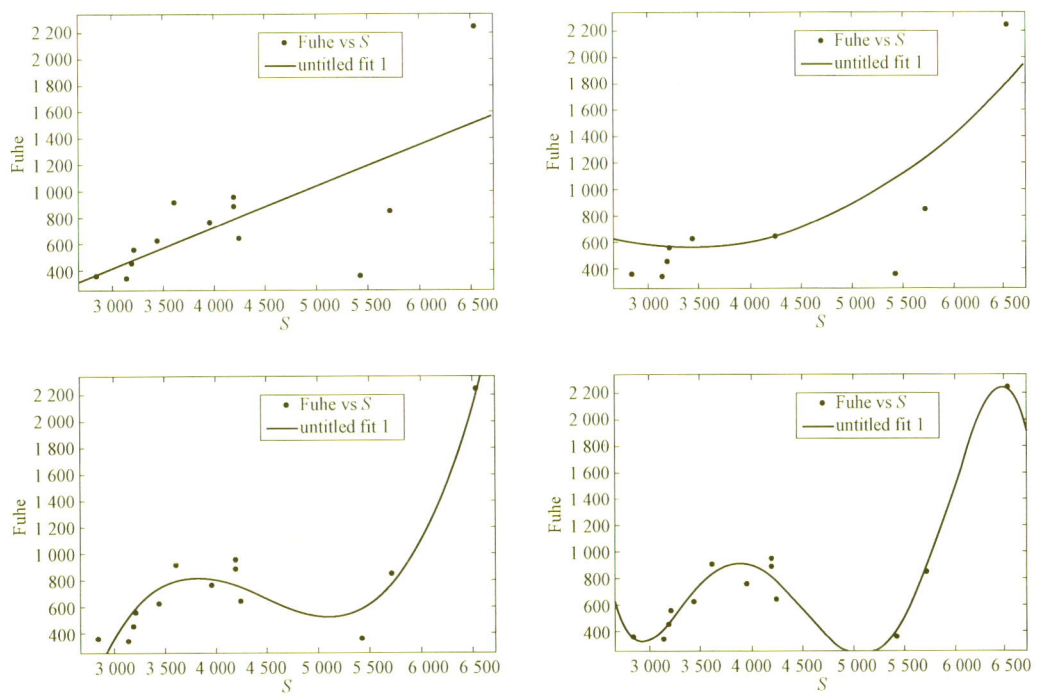

图 5-3　几种典型的屏蔽门系统车站晚高峰小时总热负荷拟合模型

从上述图中可以看出，由于几个离群点的存在，导致屏蔽门系统车站晚高峰小时总热负荷和车站公共区总面积之间的线性关系不太明显，而采用非线性拟合建模所得结果，虽然可以从数据上、拟合精度上满足拟合需要，但是从变量间的实际关联来看，其非线性关系难以给出非常严密的解释,特别是在一些取值范围内,可能导致模型预测结果与实际情况存在不可接受的偏差。因此,充分考虑综合建模计算量、简便性、合理性等因素,这里采用一元线性回归预测模型作为建模手段。为此,首先需要对原始数据集进行约简与精化。

确定预测模型的形式为

$$Y_i = b_0 + b_1 X_i \tag{5-6}$$

采用表 5-4 中所列数据计算相关系数。

$$r = \frac{13 \times \sum X_i Y_i - \sum X_i \sum Y_i}{\sqrt{13 \times \sum X_i^2 - (\sum X_i)^2} \sqrt{13 \times \sum Y_i^2 - (\sum Y_i)^2}} = 0.697 \tag{5-7}$$

相关系数再次说明,屏蔽门车站的公共区总面积与其晚高峰小时总热负荷之间的线性相关性不明显。考虑样本数据存在一定的误差,对表 5-4 中数据进行筛选,选取部分数据重新进行分析。筛选后的屏蔽门车站晚高峰小时总热负荷数据如表 5-5 所示,共包括 8 个车站的数据。

表 5-5 筛选后屏蔽门系统车站晚高峰小时总热负荷数据

车站序号	1	2	3	4	5	6	7	8
车站公共区总面积 (X_i) /m²	4 190	4 200	3 207	3 435	3 956	6 527	3 190	2 855
车站晚高峰小时总热负荷 (Y_i) /kW	890	950	556	638	759	2 252	441	353

利用表 5-5 中数据绘制散点图,如图 5-4 所示。

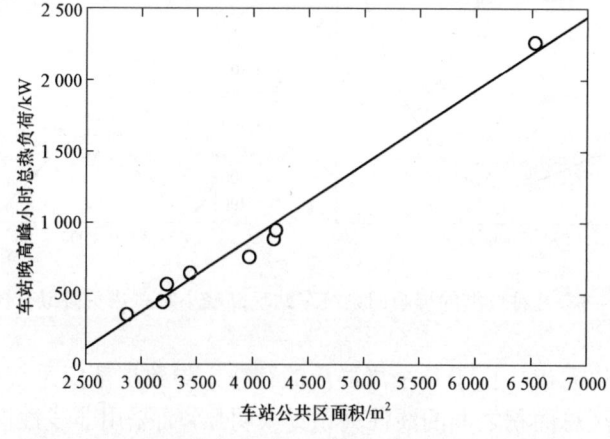

图 5-4 筛选后屏蔽门系统车站晚高峰小时总热负荷散点图

第5章 城市轨道交通车站能量综合利用技术及节能策略

从图5-4可以看出,屏蔽门系统车站的公共区总面积与其晚高峰小时总热负荷之间存在线性关系,故用一元线性回归预测模型进行计算。根据筛选后的数据计算相关系数为

$$r = \frac{8 \times \sum X_i Y_i - \sum X_i \sum Y_i}{\sqrt{8 \times \sum X_i^2 - (\sum X_i)^2} \sqrt{8 \times \sum Y_i^2 - (\sum Y_i)^2}} = 0.993 \quad (5-8)$$

由相关系数可知,屏蔽门系统车站的公共区总面积与其晚高峰小时总热负荷有明显的线性相关性。代入上述数据,计算模型的参数,根据计算结果可以得到回归模型的具体形式为

$$Y = -1181.935 + 0.5163X \quad (5-9)$$

其中,Y 表示屏蔽门车站晚高峰小时总热负荷(kW),X 表示车站公共区总面积。

通过统计检验,可以认定上述模型可以进行预测分析,在后续得出车站公共区总面积统计值后,即可根据该模型对车站晚高峰小时总热负荷进行相应预测,进而用于能耗分析。

2. 南方城市轨道交通闭式系统车站晚高峰小时总热负荷分析

采用与上文类似思路,首先以车站公共区总面积为自变量,以车站晚高峰小时总热负荷为因变量。表5-6给出了原始的统计数据。

表5-6 闭式系统车站公共区总面积和晚高峰小时总热负荷数据

车站序号	车站公共区总面积 (X_i)/m²	车站晚高峰小时总热负荷 (Y_i)/kW	车站序号	车站公共区总面积 (X_i)/m²	车站晚高峰小时总热负荷 (Y_i)/kW
1	5 705	1 203	8	6 527	4 033
2	4 252	1 624	9	3 612	2 343
3	4 190	1 934	10	5 410	1 966
4	4 200	2 310	11	3 190	1 938
5	3 207	1 800	12	2 855	1 843
6	3 435	2 140	13	3 147	1 660
7	3 956	2 117			

利用表5-6列出的基础数据,画出散点图,如图5-5所示,以表示屏蔽门系统车站晚高峰小时总热负荷与车站公共区总面积之间的关系。

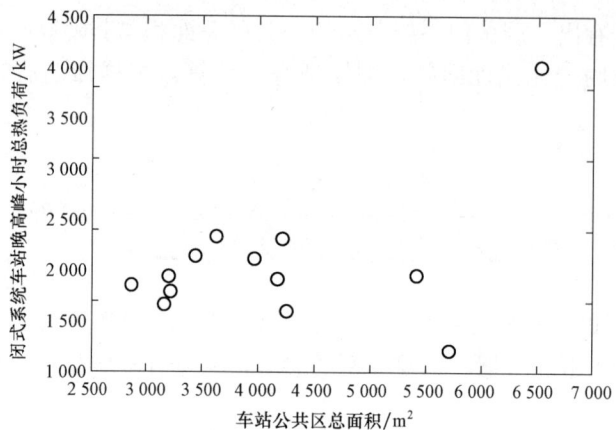

图 5-5　闭式系统车站晚高峰小时总热负荷散点图

利用该散点分布关系,运用不同的曲线拟合模型对其进行建模分析,可以得到以下几类模型,如图 5-6 所示。

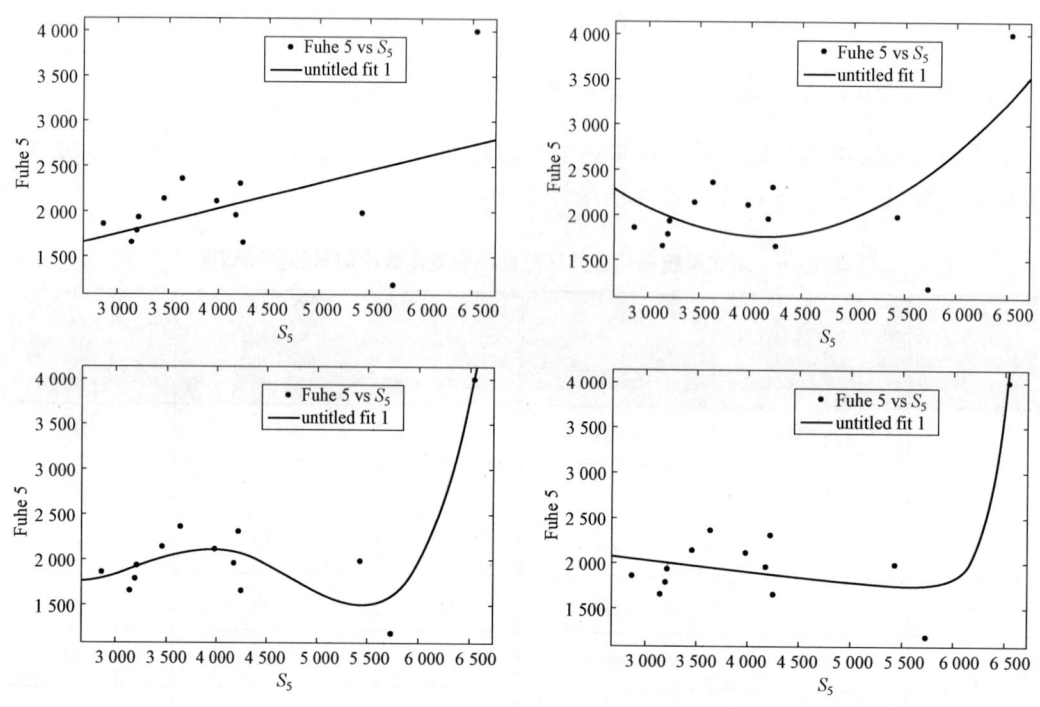

图 5-6　几种典型的闭式系统车站晚高峰小时总热负荷拟合模型

从上述图示结果可以看出,闭式系统车站晚高峰小时总热负荷和车站公共区总面积之间没有明显的线性关系。采用与上文类似的策略,从原始数据表中选取部分约简数据继续进行计算与建模,筛选后的闭式系统车站晚高峰小时总热负荷数据如表 5-7 所示,共包括 7 个车站的数据。

表 5-7　筛选后闭式系统车站晚高峰小时总热负荷数据

车站序号	1	2	3	4	5	6	7
车站公共区总面积 (X_i) /m²	4 200	3 207	3 435	6 527	3 612	3 190	2 855
车站晚高峰小时总热负荷 (Y_i) /kW	2 310	1 800	2 140	4 033	2 343	1 983	1 843

利用表 5-7 中数据绘制散点图，如图 5-7 所示。

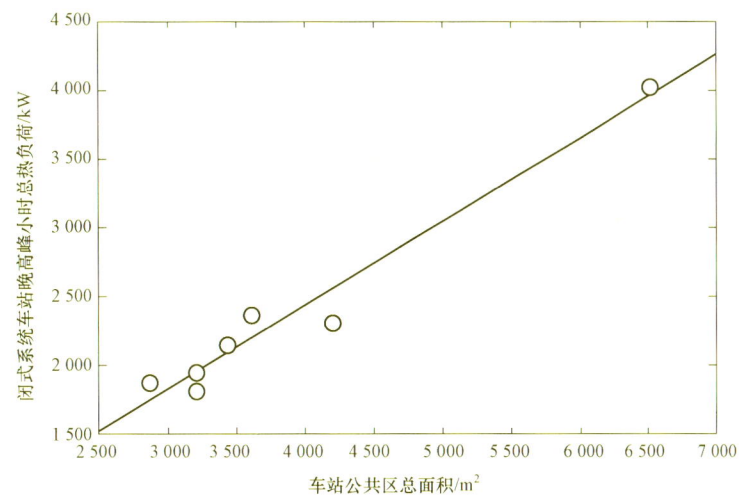

图 5-7　筛选后闭式系统车站晚高峰小时总热负荷散点图

对筛选后的闭式系统车站公共区总面积与其晚高峰小时总热负荷数据进行相关性计算分析，可知

$$r = \frac{7 \times \sum X_i Y_i - \sum X_i \sum Y_i}{\sqrt{7 \times \sum X_i^2 - (\sum X_i)^2} \sqrt{7 \times \sum Y_i^2 - (\sum Y_i)^2}} = 0.984\,4 \qquad (5-10)$$

由相关系数可知，闭式系统车站的公共区总面积与其晚高峰小时总热负荷有明显的线性相关性，因此可建立一元线性回归预测模型，根据计算结果可以得到回归模型的具体形式为

$$Y = 5.414\,3 + 0.607\,3X \qquad (5-11)$$

通过统计检验，可以认定上述模型可以进行预测分析，在后续得出车站公共区总面积统计值后，即可根据该模型对闭式系统车站晚高峰小时总热负荷进行相应预测，进而用于能耗分析。

3. 北方城市轨道交通闭式系统车站晚高峰小时总热负荷分析

以车站公共区总面积为自变量、车站晚高峰小时总热负荷为因变量，首先汇总实际闭式系统车站相应基础数据，如表 5-8 所示。

表 5-8 北方城市闭式系统车站晚高峰小时总热负荷数据

车站序号	车站公共区总面积(X_i)/m²	车站晚高峰小时总热负荷(Y_i)/kW
1	4 140	1 271.9
2	4 475	1 336.9
3	3 520	1 129.4
4	5 250	1 431.9
5	4 050	1 325.8
6	7 550	1 751.7
7	3 670	1 318.2

利用上述数据画散点图，如图 5-8 所示。

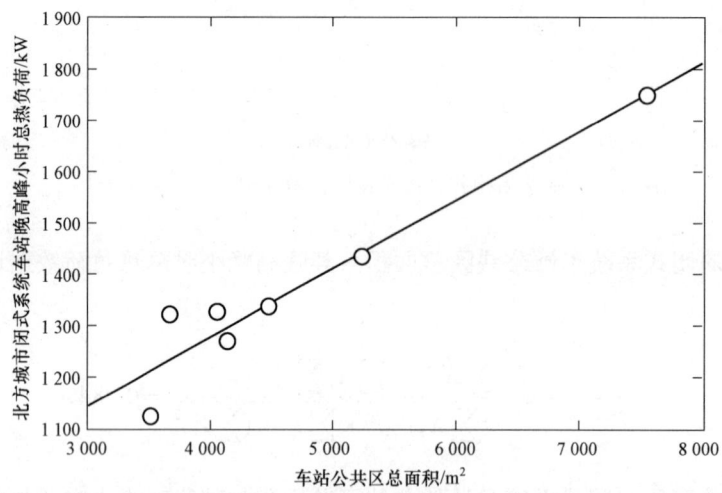

图 5-8 北方城市闭式系统车站晚高峰小时总热负荷散点图

从图中可以看出，与前两种情况相比，北方城市闭式系统车站公共区总面积与其晚高峰小时总热负荷之间存在明显的线性关系，相关系数为

$$r = \frac{7 \times \sum X_i Y_i - \sum X_i \sum Y_i}{\sqrt{7 \times \sum X_i^2 - (\sum X_i)^2} \sqrt{7 \times \sum Y_i^2 - (\sum Y_i)^2}} = 0.9617 \quad (5-12)$$

因此，不再对原始数据进行筛选，直接进行线性模型构建。根据计算结果得到回归模型的具体形式为

$$Y = 746.453\,8 + 0.132\,9X \qquad (5-13)$$

在以上述三类典型城市轨道交通线路车站基础数据进行统计、构建线性预测模型的基础上，可进一步将系统空调负荷与能耗之间进行关联，从而可以在得到负荷预测的基础上，对车站空调系统的能耗量进行量化计算与分析。

① 根据前面给出的负荷模型实例，南方城市轨道交通屏蔽门车站晚高峰小时总热负荷为 $Y = -1181.935 + 0.516\,3X$，假定通风空调系统每天工作 20 h，那么其耗电量计算如下。

$$每日耗电量 \approx Y \times \frac{1+0.7}{4} \times 20 (\text{kW} \cdot \text{h})$$

$$年耗电量 \approx Y \times \frac{1+0.7}{4} \times 20 \times 365 (\text{kW} \cdot \text{h})$$

其中，Y 为基于所得线性回归模型代入车站公共区总面积计算所得晚高峰小时总热负荷，代表了晚高峰时段内高负荷工作状态下的通风空调系统耗电量，为了利用该模型对每日（只考虑系统在整日内的实际工作时段）、全年的耗电量进行整体估算，这里需要进一步考虑风机及空调设备功率系数的变化，以便更真实地反映所得估算结果对各个时段的覆盖性。为此，在对每日、全年耗电量实施估计过程中引入等效系数 $(1+\alpha_{\text{AC}})/4$，用其乘以利用模型估算所得热负荷 Y、运行时间（小时数）则可得到最终估算结果。本书中取 $\alpha_{\text{AC}} = 0.7$ 进行上述每日、全年耗电量估算，后续估算分析也采用相同思路及参数进行。

② 根据前面给出的负荷模型实例，南方城市轨道交通闭式系统车站晚高峰小时总热负荷为 $Y = 5.414\,3 + 0.607\,3X$，假定通风空调系统每天工作 20 h，那么其耗电量计算如下。

$$每日耗电量 \approx Y \times \frac{1+0.7}{4} \times 20 (\text{kW} \cdot \text{h})$$

$$年耗电量 \approx Y \times \frac{1+0.7}{4} \times 20 \times 365 (\text{kW} \cdot \text{h})$$

③ 根据前面给出的负荷模型实例，北方城市轨道交通闭式系统车站晚高峰小时总热负荷为 $Y = 746.453\,8 + 0.132\,9X$，假定通风空调系统每天工作 20 h，那么其耗电量计算如下。

$$每日耗电量 \approx Y \times \frac{1+0.7}{4} \times 20 (\text{kW} \cdot \text{h})$$

$$年耗电量 \approx Y \times \frac{1+0.7}{4} \times 20 \times 365 (kW \cdot h)$$

以上各能耗模型中，Y 表示闭式系统车站晚高峰小时总热负荷（kW），X 表示车站公共区总面积（m²）。

5.2 城市轨道交通车站动力照明系统节能优化技术及节能策略

5.2.1 城市轨道交通车站动力照明系统能耗模型

根据资料统计，在城市轨道交通系统中，各类照明设施能耗约占车站系统能耗的15%。依据《城市轨道交通照明》（GB/T 16275—2008），地铁照明负荷分为三级，且照明照度标准值应按照表5-9所示分级。另外，该标准对眩光、光源光色、显色指数等，以及灯具、布灯方式、照明控制等均作了要求。

表5-9 轨道交通地铁车站照度标准

类　别	照度基准参考平面	照度标准值/lx	统一眩光限值（UGRL）	显色指数
出入口门厅、楼梯、自动扶梯	地面	150	—	80
通道	地面	150	—	80
站内楼梯、自动扶梯	地面	150	—	80
售票室、自动售票机	台面	300	19	80
检票处、自动检票口	台面	300	—	80
地下站厅	站厅面	200	22	80
地下站台	站台面	150	22	80
地面站厅	站厅面	150	22	80
地面站台	站台面	100	22	80
办公室	桌面	300	19	80
会议室	桌面	300	19	80
休息室	高 0.75 m 水平面	100	19	80
盥洗室、卫生间	地面	100	—	60
行车、电力、机电、配电等控制室	工作台面	300	19	80
变电、机电、通号等设备用房	高 1.5 m 竖直面	150	22	60
泵房、风机房	地面	100	22	60
冷冻站	地面	150	22	60
风道	地面	10	—	60

城市轨道交通系统照明电耗可分为三个部分：照明算量、照明消耗和其他损耗，测算方法分别如下。

1. 照明算量

照明算量以照明功率密度（LPD）这一参数进行表征，根据《城市轨道交通照明》（GB/T 16275—2008），表 5-9 中的各项要素对照明功率密度均有现行要求和目标要求，如要求地下站台现行照明功率密度值为 10 W/m²，目标值为 9 W/m²，其具体计算公式为

$$\text{LDP} = \frac{p + p_\text{b}}{S\mu} \quad (5-14)$$

其中，p 表示单光源功率，p_b 表示整流器功率，S 为场所面积，μ 为场所照明总效率。

2. 照明消耗

照明消耗以照明灯具的年电耗（W）表征，其计算公式为

$$p_y = \text{LPD} \cdot S \cdot \mu \cdot t \quad (5-15)$$

其中，t 表示照明时长。

3. 其他损耗

这里主要统计除上述两部分之外的其他部分，如总电压内损耗、变压器内损耗、线路电压损耗等。

城市轨道交通系统车站照明设施能耗的影响因素主要如下。

① 照明控制方式。分为现场总线控制和计算机集散控制。

② 照明灯具的选择。目前城市轨道交通系统车站的常用照明灯具有白炽灯、荧光灯、高压钠灯、低压钠灯、LED 灯等，其中 LED 灯由于具有较好的节能效果，正逐步成为照明系统的主要部分，另外还需根据表 5-10 的相关规定，合理控制灯具数量。

③ 光源布置。可分为均匀布置、选择性布置等，必须结合实际选择。

④ 自然光的选取。一些优秀的照明设计案例体现在合理利用自然光及光反射性材料的选取等方面，在车站照明系统设计时，可以考虑适当引入自然光，在白天可起到节能效果。

在上述照明能耗指标的计算与量化分析中，需要采用以下基本指标。

① 照明功率密度。指单位面积的照明安装功率（含镇流器），其计算公式为

$$\text{LPD} = \frac{\sum P}{A} \quad (5-16)$$

② 建筑物室内平均照度的计算公式为

$$E_{\mathrm{av}} = \frac{\sum \phi U K}{A} \tag{5-17}$$

③ 房间内光源（含镇流器）的平均光效（单位为：lm/W）可表示为

$$\eta_{\mathrm{s}} = \frac{\sum \phi}{\sum P} \tag{5-18}$$

式中：A——房间面积（m^2）；

$\sum P$——房间内装设光源（含镇流器）的功率总和（W）；

E_{av}——房间平均照度（lx）；

$\sum \phi$——房间内装设光源发出的光通量之和（lm）；

U——利用系数（与灯具效率和环境配光有关，一般取 0.4～0.6）；

K——维护系数（与使用时间有关，一般取 0.6～0.8）。

综合上述公式可得

$$\mathrm{LPD} = \frac{E_{\mathrm{av}}}{\eta_{\mathrm{s}} U K} \tag{5-19}$$

由此可知，照明功率密度取决于两个方面：照明需求，即提供的照度；照明效率，即光效、利用系数、维护系数。

下面利用上述公式对两座典型车站进行分析。

站 1 采用 LED 灯照明，站 2 采用日光灯照明，两站典型日实测的站厅、站台平均照度列于表 5-10 中。取 LED 灯光效为 80 lm/W，日光灯光效为 55 lm/W，统一取利用系数为 0.5，维护系数为 0.7，按上式计算得两站站厅、站台 LPD 如表 5-10 所示。同时，根据车站实际记录的照明分项能耗数据，结合车站实际面积、照明灯具开启时间，可得站厅、站台综合平均 LPD。

可以看出，利用式（5-19）计算的 LPD 与实际值非常接近，这也基本验证了所运用的计算公式与实际情况的符合程度，在关于照明系统的能耗分析中，均基于上述计算公式进行分析，计算照明功率密度指标。

表 5-10 典型站照度与照明功率密度

车站	实测照度/lx		计算 LPD/（W/m^2）		实际 LPD/（W/m^2）
	站厅平均值	站台平均值	站厅平均值	站台平均值	车站平均值
站 1	300	253	10.7	9.0	10.7
站 2	413	364	21.5	18.9	19.6

根据《城市轨道交通照明》(GB/T 16275—2008)的规定,地下站各区域照度(参考平面为地面)、照明功率密度标准如表 5–11 所示。

表 5–11 地下站各区域照度、照明功率密度标准

	照度/lx	照明功率密度(现行值)/(W/m²)	照明功率密度(目标值)/(W/m²)
站厅	200	12	10
站台	150	10	9
变电/机电/通号等设备用房	150	8	7

根据表 5–11 中的照度标准,假设地铁站均采用 LED 灯照明,且考虑最高效的情况,即取光效为 80 lm/W,利用系数为 0.6,维护系数为 0.8,可由式(5–19)计算得站厅、站台、设备用房的 LPD 分别为 8.2W/m²、7.1 W/m²、5.4 W/m²,计算结果低于国标中规定的 LPD 目标值。因此,考虑取国标中的 LPD 目标值作为 LPD 指标。具体而言,取车站平均 LPD 指标为 9 W/m²,每日平均照明时间为 18 h,则全年照明能耗强度为 59.1 kW·h/m²,进而全年照明能耗指标可根据车站有效面积(S)由下式计算(能耗单位:万度/年)得到:

$$E_{照明}=0.005\,9 \cdot S \tag{5-20}$$

作为指标的应用,可根据车站逐月记录的照明分项能耗数据,将各站全年照明能耗与车站有效面积进行关联分析,进而得出基本的照明指标统计分析,并得出以下结论:照明能耗与车站面积呈较为明显的正比例关系,且多数车站的实际能耗均高于各自的指标,采用日光灯的 LPD 高于采用 LED 灯的 LPD,LED 灯照明具有一定的节能优势。

5.2.2 城市轨道交通车站动力照明系统能耗预测模型

根据车站公共区一般照度要求和城市轨道交通站点照明标准计算车站照明功率可采取以下两种方式。

1. 根据照明功率密度来计算

根据照明功率密度,照明安装总功率可以按以下方式计算。

$$P = \text{LPD} \cdot X \tag{5-21}$$

其中,X 表示车站面积。

照明耗电量为照明安装功率乘以照明持续时间,约为每天 20 h。以实际线路情况为例:地下车站站台照明耗电量为 $200X$(W·h);高架车站站台照明耗电量为 $300X$(W·h);地下、高架车站站厅照明耗电量为 $200X \sim 240X$(W·h)。

2. 根据照度来计算

根据照度，照明安装总功率可以按下式计算。

$$P = \frac{E \cdot X}{光效} \qquad (5-22)$$

其中，X 表示车站面积。

以实际线路情况为例，按照均采用普通荧光灯计算，则总的照明耗电量为 $33.3X \sim 42.86X$。

以上两个示例中选用的照明照度等标准如表 5-12 和表 5-13 所示。

表 5-12　车站公共区一般照明照度要求

类别	测量位置	照度标准/lx
站台	地面	100~200
站厅	地面	100~200
站内楼梯、自动扶梯	地面	75~150
通道	地面	75~150

表 5-13　轨道交通站点照明标准示例

位置	照度/lx	照明功率密度/(W/m²)
地下车站站台	100~150	10
高架车站站台	100~150	15
地下、高架车站站厅	100~150	10~12

一般基于上述计算方式得出的仅是设计时的耗电量，在运营中根据照明功率密度和照度计算出的耗电量与设计时的耗电量相差较大，原因是许多车站的光源是在完全不能点亮的情况下进行更换的。而根据光源的光效曲线，光源即将熄灭时的光效只有正常值 40%~50%。对于光源而言，在使用 3 000 h 后光通就下降到初始光通的 70%（这一过程的时间称为荧光灯的有效寿命）。为了保证车站公共区照度的标准要求，应在光源光衰较严重的情况下及时维护或更换光源，而不是待其完全无法点亮后再予以更换。

为了达到照明节能的效果，照明系统的设计应采取照度与照明功率密度相结合的设计理念，在设计过程中需对车站的照度和 LPD 值进行详细的计算分析，同时应选用高光效、寿命长、显色性好的绿色光源。

5.2.3 城市轨道交通车站动力照明系统能耗优化策略

城市轨道交通系统在日常运营过程中，除了电动客车的动力系统需要消耗大量的牵引电能外，一些辅助设备也会消耗大量的能源，这其中还包括车辆的照明和车站/区间的照明系统。因此如何合理划分照明供电回路、优化照明系统应用，就成为提升照明系统节能水平的关键所在。

从城市轨道交通系统节能优化设计的手段来看，主体技术思路如下。

1. 节能设备的选型

城市轨道交通车辆的照明系统主要包含车辆外部行驶照明系统和内部公共区照明系统。对于车辆外部行驶照明系统，可以选用目前最先进的金属卤化物灯进行照明，采用先进的气体放电技术以提升电能的利用率；对于车辆内部公共区照明系统，可以采用一些功率较低的节能型灯具，在满足乘客照明需求的基础上，实现最大程度的节能。

秉承使用节能照明设备的原则，现代化照明节能技术逐渐引进新型先进的照明辅助设备，包括高效节能荧光灯、电子镇流器、LED 灯照明及智能化照明控制系统等。例如，目前市场上广泛使用的 T5 型高效节能荧光灯，其电子线路采用低耗的先进技术，功率因素高达 0.98～0.99，是轨道交通节能中的"利器"。LED 灯照明采用高亮度白色发光二极管作为光源，其主要优势体现在效率高、能耗低、寿命长、安全环保等方面，有广泛的应用价值。此外，智能照明控制系统的应用，实现了不同区域采用不同的照明模式，实现了全开、全关、半开半关模式的自动切换，实现了电力资源的合理充分利用。

2. 车辆广告照明节能

随着现代信息化程度的不断提升，一些广告位已经进入到了车站及交通车辆内部，并逐步开始与旅客信息服务等方式进行有效融合，发挥现代智能车站信息化、综合化服务的多项作用。因此，需要综合考虑公共区照明和广告照明对照明设计照度计算时的贡献和影响，尽量减少单独照明灯具的数量。此外，在轨道交通运营工作结束后，应确保车站内的广告灯箱照明处于关闭状态，以实现节能的目的。引入乘客驱动化的照明管理策略，实施有效的照明时刻表自动控制与管理，是有效提升此方面节能能力的重要途径。

3. 区间照明节能

为了保证列车运行安全，在轨道交通正常运营时段，区间照明灯可以关闭；在进行维修或维护工作时，再将照明灯打开，这样不仅保证了列车司机的安全稳定驾驶，而且也起到了节能环保的作用。此外，在大多数时间，区间隧道可只保留应急照明用灯。

4. 车站照明节能运行模式的应用

轨道交通的节能不仅需要对运行车辆内部的照明节能，还需要对车站的照明系统进行更新、优化。应根据车站不同时间段不同的照明需求，制定多种照明运行模式，比如在列车到站后启动全照明模式，列车离站后启用半照明或间歇照明模式，并将其纳入智能化照明控制系统内部，通过自动或人工实现对车站照明模式的更换，从而达到节能的目的。

5. 制定合理的照度设计标准

国家标准《城市轨道交通照明》规定了车辆段内部区域照明标准，但是从一些城市实际线路车辆基地的照度数据分析，发现标准规定的照度偏高。以某线路停车库顶灯正常照明为例，顶部无自然采光时地面平均照度为 69.3 lx，照度没有达到标准规定的 100 lx，但是其能够满足生产运营工作的实际需要，并且现场已十分明亮。基于实际情况，给出车辆段照度设计标准如表 5–14 所示。

表 5–14 车辆段照度设计标准

类别		参考平面	照度标准/lx	建议照明标准/lx	备注
车辆段	车场线	轨平面	5	5	
	试车线、道岔区	轨平面	10	10	
	停车列检库	地面	100	50	
	检查坑	地面	100	100	
	检修库、静调库	地面	200	100	
	检修平台顶部	车顶工作面		150	检修区域标准应细分
	检修平台中部	平台面		50	
	检修平台底部	1 500 mm		100	
	调机库、工程车库	地面	100	50	

6. 车站灯具布局改进

（1）减少停车场内顶灯数量

停车场无法登顶作业，顶灯设置的目的也只是为工作人员路面行走提供照明，6 节编组列车车顶设置 9 盏顶灯即可，两车道之间顶灯可交叉设置。

以某线路停车库顶灯数量为例：30 排灯具，每排 43 盏灯，单灯功率为 400 W，总照明功率为 516 kW。若改为停车库每排顶灯 18 盏，按照每天工作 12 h 计算，一年可节约耗电 131 万 kW·h。若在整个城市多条线路中推广该策略，则单从改进灯具布局这一项即可收到非常可观的节能效果。

（2）调整灯具照明角度

将现有灯具角度进行调整，灯管朝向车辆底部、侧部，增加对车辆部件（电气箱、制动组件、转向架等）的有效照明。

第 5 章 城市轨道交通车站能量综合利用技术及节能策略

（3）设计全自动节能照明控制电路

在灯具控制电路中串入光敏元件和时间继电器，在满足照度设定值和工作需求时才开启照明，避免人为因素造成浪费。

（4）广泛采用自然光照明

根据现场测试结果得出：车库顶部采用透明采光板和天窗可有效提供照明。在检修库不开灯时，某些测点的照度可能已达到较高水平，因此在天气情况、自然光照射情况允许的条件下，充分运用自然光照明可节约照明耗电。

5.3 城市轨道交通车站自动扶梯系统节能优化技术及节能策略

5.3.1 城市轨道交通车站自动扶梯系统能耗模型

1. 城市轨道交通车站自动扶梯能耗特征分析

城市轨道交通车站中的动力设施主要包含信号通信系统、火灾报警监控系统、给排水系统、自动扶梯系统、屏蔽门系统、AFC（自动售检票）系统等，其中自动扶梯和屏蔽门的能耗占比较大，通常可达动力设施能耗的 40% 左右。

城市轨道交通车站通常使用自动扶梯系统运输客流，由于在非高峰期甚至空载的情况下自动扶梯仍然以额定功率运作，每年车站在自动扶梯方面浪费的能耗十分"可观"。为了节能，城市轨道交通车站的自动扶梯越来越多地采用自动变频调速的运行模式，即在一定时间空载的情况下，扶梯将以低速、低能耗的模式运行。

目前中国内地尚未规定统一的自动扶梯的能耗测算方法，现有的测算方法更多地参考了香港机电署发布的《自动扶梯能效限定值标准》。根据该标准，自动扶梯能效测量分为以下四步：选取测量对象，规定其能效限定值；合理选取测量仪器；选取运行功率测量点；测量工况（测量工况一般需要同时测量空载功率和实际运行有功功率）。

影响自动扶梯能耗的因素包含以下几种。

① 驱动模式的影响。即是否选择变频调速、选择何种方式的变频调速模式等，常用驱动模式有星三角驱动、全变频调速驱动、旁路变频驱动等。

② 减速器及传动装置的影响。如三角皮带二级减速辅以二级斜齿轮减速，其效率高于普通的蜗轮蜗杆一级螺旋伞形齿辅以二级斜齿轮减速。

③ 维保质量的影响。主要是定期、高质量的维保能减少电梯运行的磨阻，调节过紧的扶手带张力等，减少不必要的能耗。

④ 待机功率的影响。由于扶梯停止运行但总开关不关闭时扶梯系统的能耗并不为零，因此在能耗的精细定量分析时不可忽视此部分的能耗。

2. 城市轨道交通车站自动扶梯能耗模型

目前绝大多数地铁站设置的扶梯主要包括直梯、自动扶梯等形式。由于绝大多数乘客均用自动扶梯,而直梯主要服务于少数有特殊需求的乘客及车站工作人员,故地铁车站电梯能耗主要取决于自动扶梯。因此,本书主要讨论自动扶梯,从物理模型出发,结合统计数据,研究其能耗指标。

自动扶梯能耗主要与以下 4 个条件相关:自动扶梯的种类和机械设计;自动扶梯的竖直提升高度;自动扶梯的运行方式(上行或下行);客流量和乘梯行为。

自动扶梯的能耗可分为两个部分:固定能耗,主要用于克服扶梯台阶和扶手带运行阻力;变动能耗,主要用于传送乘客。

对于上行扶梯,自动扶梯对乘客做功;对于下行扶梯,扶梯能够回收乘客的重力势能,当扶梯回收的能量等于扶梯需要克服运转阻力的能量时,扶梯的电动机整体上不消耗能量。

具体而言,一台上行(下行)扶梯在一天内的总能耗为

$$E = E_{fd} \pm E_{vd} \quad (5-23)$$

其中,E_{fd} 与 E_{vd} 分别为一天内累计固定能耗和变动能耗。式中上行扶梯取"+",下行扶梯取"−",E_{fd} 与 E_{vd} 的计算公式为

$$E_{fd} = (aH + b)T \quad (5-24)$$

$$E_{vd} = \frac{P_{day} g H m_p k_{wf}}{3\,600\,000} \quad (5-25)$$

式中:T——扶梯每天运行小时数(h);

H——竖直提升高度(m);

a、b——线性模型系数;

P_{day}——一天内使用扶梯的人数;

g——重力加速度;

m_p——乘客平均体重;

k_{wf}——行走系数,通常取值为 0.5~1.0。

由于车站内多个自动扶梯的实际客流分布不确定,所以难以针对每台自动扶梯分别计算其能耗。但是,若考虑车站所有自动扶梯总能耗,假设一天之内进站人数、出站人数相等且都乘坐自动扶梯,则一天之内上行扶梯的变动能耗、下行扶梯的变动能耗可部分相互抵消,因此,车站内所有自动扶梯的总能耗主要取决于固定能耗,它与运行时间、提升高度、台数有关,而受客流量的影响较小。更进一步,由于地铁车站自动扶梯每日运行时间基本固定,且各站之间也基本一致,故站间横向对比、制定自动扶梯能耗指标时可不考虑运行时间的影响。

以某地铁线路车站样本为例,将各站实际记录的自动扶梯分项能耗(万度/年)对各站自动扶梯台数 n、平均提升高度 H 做回归分析,得到如下结果。

$$E_{电梯} = 1.82 \cdot n + 0.55 \cdot H - 3.47 \qquad (5-26)$$

基于此,在获取车站自动扶梯台数、平均提升高度参数后,利用式(5-26)对自动扶梯的能耗量做出估算,进而用于相应的分析评估。图5-9给出了在自动扶梯台数为10台、平均提升高度给定的条件下(3~65 m),按照式(5-26)得到的能耗的增长趋势。

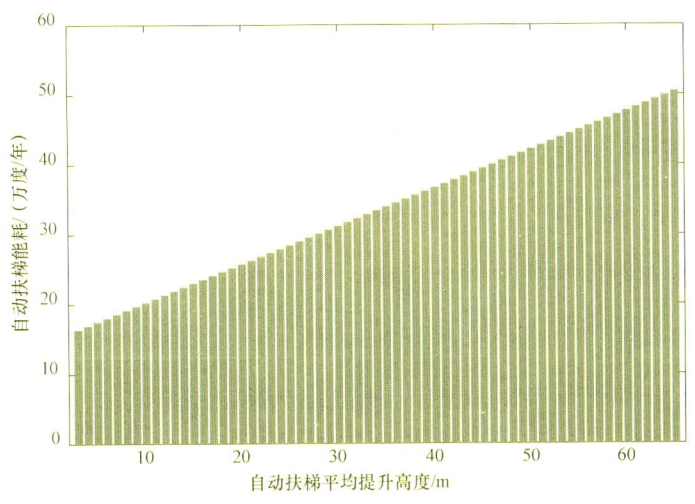

图 5-9 自动扶梯能耗与平均提升高度之间的关系

另外,由于面积较大的车站往往配置有较多数量的自动扶梯,故车站面积对自动扶梯能耗也有一定的影响。根据某区域样本数据,面积与自动扶梯台数的相关系数为0.54,而自动扶梯能耗(万度/年)对面积(m^2)的回归结果如下。

$$E_{电梯} = 0.0019S + 6.9 \qquad (5-27)$$

当对自动扶梯能耗进行评估与分析时,综合考虑判定系数、可操作性,再运用式(5-26)和式(5-27),选择其极大值作为参考依据,再结合有效的节能措施对其进行优化与限制。

上述讨论中未涉及自动扶梯变频运行这一问题。目前,地铁线路在站内已有很多变频自动扶梯的安装及应用,其工作模式大致如下:当有人乘坐时,自动扶梯保持工频高速运行;若在设定的时间段内(如1 min)无一人乘坐,自动扶梯自动调整为低频低速运行;一旦有人乘坐,则切换为工频高速运行。由于地铁站的客流量普遍较大,乘客乘坐自动扶梯进、出车站的时刻与人数均随机变化,即便在平峰时段,也始终有乘客陆续乘坐自动扶梯,故长时间无人乘坐、电梯低频运行的情况较少。一般来说,当自动扶梯空载、以节能模式运行时,电机功率降低至工频运行时的40%。取一天之内自动扶梯总运行时间为 18 h，其中低频空载运行时长为 2~5 h，可计算得变频电梯一天内累计能耗是传统定频自动扶梯能耗的 83%~93%。因此，实际运行中自动扶梯变频对自动扶梯总能耗的影响有限，按照上述能耗评估过程的放量估计原则，对于大城市、客流密度大的车站自动扶梯能耗分析中，可忽略该因素的影响。

5.3.2 城市轨道交通自动扶梯系统能耗预测模型

1. 自动星角变换

根据异步电动机原理，电动机三角形接法运行方式改为星形接法运行方式可节省电能 30%。其基本方法是：当自动扶梯启动时，就像通常一样按 Y 接法进行启动，但不再是通过时间原则切换成 A 接法运行，而是当检测到有乘客使用自动扶梯之前，自动扶梯一直在 Y 接法下运行，当有乘客使用自动扶梯时，自动扶梯才切换成 A 接法运行，当自动扶梯上没有乘客时，自动扶梯又切换成 Y 接法运行，如此循环往复。利用该原理使自动扶梯在空载星形接法运行时可节能 30%，特别是在地铁自动扶梯数量较多的情况下节能效果更加显著。

该方案节约的能量主要是电机的各种电损耗，星角状态的转换并不改变自动扶梯运行速度，设备机械损耗无较大变化，也不能延长自动扶梯机械系统的使用寿命，因此该策略仅能起到一定的能耗节约效果。另外，该方案必须在自动扶梯入口处设置传感器，但不需要设置明显提示标志。

2. 自动启停

在自动扶梯控制柜里加装附加控制盒［它主要由 PLC 主控制器、自动扶梯入口传感器（如光电、压力等多种形式）等组成］，模拟人工操作自动扶梯的启动和停止。在有人乘梯时自动扶梯会自动启动，无人乘梯时并经过一段足够的时间（至少为预期乘客输送时间再加上 10 s），自动扶梯自动会停止，理论上空载节能 100%。

该方案的优点是成本低，仅为变频节能的 40%，在自动扶梯使用不频繁的场合比较适用。该方案的缺点是频繁的启停增加了电气和机械系统的冲击和噪声，设备本身机械磨损加大，不适用于 11 kW 以上的电动机的频繁启动。该方案也不能延长自动扶梯机械系统的使用寿命。

基于以上考虑，该方案必须在出入口处设置清晰可见的明显提示标志。

3. 变频调速

在自动扶梯控制系统基础上加上附加控制柜，对扶梯实行"有人自动匀加速额定速度运行，无人自动匀减速低速运行"控制，从而达到节能的目的。该方案的空载节能高达 60%。附加控制柜由入口传感器、变频器、PLC、继电器及接触器组成，并与自动扶梯控制系统结合，使自动扶梯控制系统具有智能功能，此时的系统是双系统，当自动扶梯出现故障时可以相互切换运行。利用变频器改变自动扶梯的运行速度（高速运行时耗电功率增加，低速运行时耗电功率减少）来节能。变频调速实现了电动机由零电流、零电压开始的软启动,消除了电机启动对电网的冲击和对其他用电设备的损坏。

自动扶梯入口传感器检测是否有人,有人乘梯时自动扶梯自动按设定的加速曲线从20%的额定速度加速运行到额定速度,且加速时间高达6 s,所以加速度非常小,人体完全可以承受,因此乘坐(进入自动扶梯)过程能够确保安全。当最后一个乘客离开自动扶梯,自动扶梯速度在10 s后匀减速到20%的额定速度,进入到节能状态,当有人乘梯后又重复上述过程。

检修运行时可以利用变频器将速度调得很低,操作变得非常容易,就位准确,便于安装维修,特别适用于动态观察和微调自动扶梯的机械系统,从而避免了停车不准造成自动扶梯机械零部件的损坏。该方案节能高达60%,低速运行又减少了自动扶梯的机械磨损,相对延长了自动扶梯机械部分的使用寿命。由于自动扶梯处于低速运行状态时运行方向明确,因此不需要加提示标志,同时低速节能运行本身也具有逆向阻止乘客进入的功能,完全符合自动扶梯国家标准,是目前公认的比较好且广泛推荐的节能方案。

5.3.3 城市轨道交通车站自动扶梯系统能耗优化策略

自动扶梯是带有循环运动梯路,向上或向下倾斜(30°～35°)输送乘客的固定电力驱动设备,一般在能耗模型建模及分析中,设定自动扶梯的倾角均为30°,其运行功率只受满载率、运行速度的影响,结合自动扶梯的基本参数,主要可以从以下4个方面分析自动扶梯运行功率变化情况。

① 自动扶梯上行时运行功率、运行速度与满载率的关系,从而根据建立的数学模型得出耗电量。
② 自动扶梯以速度为 0.5 m/s 上行时满载率与运行功率的关系。
③ 自动扶梯空载上行时速度与运行功率的关系。
④ 自动扶梯下行时满载率对运行功率的影响。

理论上来看,自动扶梯的基本参数如下。

1. 提升高度(H)

提升高度是建筑物上、下楼层之间或公共交通地面与上一层楼(或天桥)之间的高度。提升高度可分为:小提升高度($H=3～10$ m)、中提升高度($H=10～45$ m)、大提升高度($H=45～65$ m)。

2. 理论输送能力(C_t)

理论输送能力是指每小时输送的乘客人数。当自动扶梯被站满时,理论上的最大小时输送能力的计算公式为

$$C_t = 3600 kv / t_{级} \tag{5-28}$$

其中:$t_{级}$——一个梯级的平均深度或与此深度相等的踏板的可见长度(m);

k——宽度系数；

v——梯级的运行速度（m/s）。

一般情况下，$t_级$ 采用定值 0.4，速度 v 应按规范规定，当这两个参数确定后，输送能力取决于 k 值。按规定：当名义宽度 zl=0.6 m 时，k=1.0；当名义宽度 zl=0.8 m 时，k=1.5；当名义宽度 zl=1.0 m 时，k=2.0。

当确定上述参数后，能够直接计算出自动扶梯的理论输送能力。

3. 运行速度

自动扶梯运行速度的大小直接影响乘客在自动扶梯上停留的时间。如果速度太快，则会影响乘客顺利登梯；如果速度太慢，则会增加乘客在梯路上的停留时间。国家标准规定：自动扶梯倾斜角不大于 30° 时，其运行速度不应超过 1.75 m/s；自动扶梯倾斜角大于 30° 但不大于 35° 时，其运行速度不应超过 0.50 m/s。

4. 梯级踏板的名义宽度（zl）

目前，我国采用的梯级踏板的名义宽度为：单人为 0.6 m，双人为 1.0 m。另外，还有 0.8 m 规格。梯级踏板的名义宽度一般有 0.8 m 和 1.0 m 两种规格。

5. 倾斜角

倾斜角是指梯级、踏板运行方向与水平面构成的最大角度。自动扶梯倾斜角一般为 30°。为了适应建筑物的特殊需要，减少扶梯所占的空间，也可采用 35°。

国家标准规定：自动扶梯的倾斜角不应超过 30°，当提升高度不超过 6 m、额定速度不超过 0.50 m/s 时，倾斜角允许增加至 35°。

城市轨道交通系统车站的自动扶梯在额定负载下运行的时间很短，大多数时间都处于空载和轻载运行，耗费了大量电能。城市轨道交通每天上下班的客流高峰时间很短，在非高峰时间，自动扶梯空载的时间远远大于载客时间。如前面对于自动扶梯节能策略的分析，如果通过计算机自动控制，把自动扶梯空载时的速度降低到额定速度的 20% 或 50%，可实现 60%~70% 的节能效果。

为了进一步确定轨道交通系统自动扶梯的能耗模型并用于量化的预测、数值分析，这里采用回归分析方法，设计可行的能耗模型。

1. 上行时负载率和运行速度对运行功率的影响模型

以实际自动扶梯测试数据为例，进行二元回归分析建模。表 5-15 为自动扶梯上行测试数据。

表 5-15 自动扶梯上行测试结果

	空载	20%负载	30%负载	40%负载
100%额定速度/kW	1.89	3.16	3.87	4.62
80%额定速度/kW	1.4	2.5	3.14	3.74

按照以下形式确定预测模型：

$$Y = \mu + \beta_1(X_{i1} - \overline{X_1}) + \beta_2(X_{i2} - \overline{X_2})$$

其中，被解释变量 Y 为自动扶梯运行功率，解释变量 X_{i1}、X_{i2} 分别表示自动扶梯运行速度、满载率，$\overline{X_1}$、$\overline{X_2}$ 为样本数据中速度、负载率均值，μ、β_1、β_2 均为二元线性回归模型的回归系数。

根据表 5-15 进行计算，得到模型自变量、因变量之间的关系，如表 5-16 所示。

表 5-16 预测模型自变量和因变量样本值

X_1（运行速度）/（m/s）	X_2（负载率）/%	Y（运行功率）/kW
0.5	0	1.89
0.5	0.2	3.16
0.5	0.3	3.87
0.5	0.4	4.62
0.4	0	1.4
0.4	0.2	2.5
0.4	0.3	3.14
0.4	0.4	3.74

将表 5-16 的结果代入前述模型，可得回归模型的具体形式为

$$Y = 3.04 + 6.9(X_1 - 0.45) + 6.325\,7(X_2 - 0.225) = -1.488\,3 + 6.9X_1 + 6.325\,7X_2 \tag{5-29}$$

其中，Y 表示上行时自动扶梯的运行功率，X_1 表示运行速度，X_2 表示负载率。

对上述模型进行统计检验，可得线性回归效果满足要求，表明式（5-29）所示的二元线性模型能够用于估计自动扶梯满载率和运行速度对运行功率的影响，进而用于自动扶梯运行能耗的分析与评估。

2. 空载上行时运行功率与运行速度的关系

采用类似的分析手段，这里首先确定特定型号自动扶梯在空载上行时运行功率与运行速度之间的关系测定数据，如表 5-17 所示。

表 5-17 自动扶梯空载上行时运行速度和运行功率数据

运行速度/（m/s）	0.1	0.2	0.3	0.4	0.5
运行功率/kW	0.38	1.23	1.43	1.6	1.78

按照表 5-17 所示参数，这里首先建立自变量（空载运行速度）和因变量（运行功率）的散点关系，绘图如图 5-10 所示。

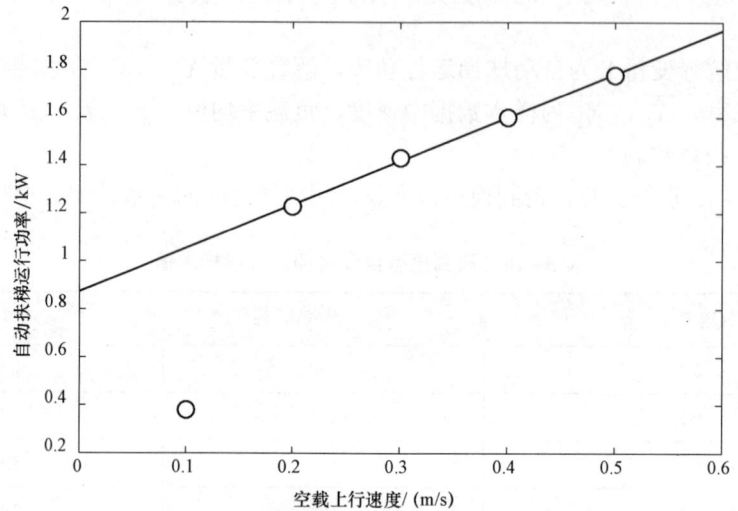

图 5-10 自动扶梯空载上行时的运行功率散点图

从图 5-10 中看出，由于涉及的测定点数量相对较少，自动扶梯能耗与运行速度的关系是一种正相关关系，可继续采用一元线性回归方程建立回归模型，得到自动扶梯空载时运行速度与运行功率的关系式（此处仅考虑 $X_i \geq 0.2$ 的情况）

$$Y = 0.873 + 1.82X \tag{5-30}$$

其中，Y 表示空载时的运行功率，X 表示运行速度。

相对于式（5-29）所示的二元线性模型，式（5-30）结合实际设备的具体参数，给出了更加精细的估计结果，但其应用需考虑等速关系是否满足预定条件。下面考虑单个条件为确定值时给出的能耗分析模型，均需考虑此条件的符合度。

3. 以运行速度 0.5 m/s 上行时运行功率与负载率的关系

当运行速度为一定值时，比如这里取为 0.5 m/s，负载率对于自动扶梯能耗的影响情况可进一步采用单变量模型进行量化设计与分析，这里采用表 5-18 所示的参数集对相应模型进行设计。

表 5-18 自动扶梯负载率与运行功率关系

负载率（X_i）/%	0	0.2	0.4	0.6	0.8	1
运行功率（Y_i）/kW	1.78	2.45	4.30	5.49	6.78	7.98

按照表 5-18 所示参数，这里首先建立自变量（负载率）和因变量（运行功率）的散点关系，绘图如图 5-11 所示。

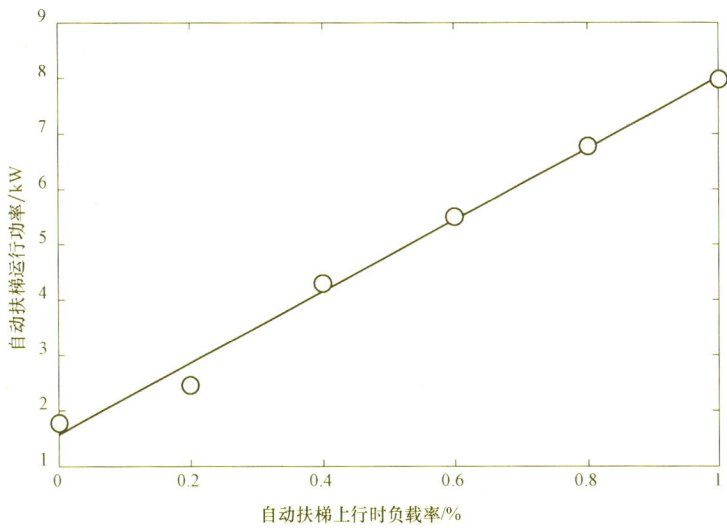

图 5-11　自动扶梯以 0.5 m/s 的运行速度上行时的运行功率散点图

从图 5-11 中可以直观看出，所得到的散点图与线性模型非常符合，表明自动扶梯能耗与满载率的关系是一种正相关关系。选定线性回归模型为

$$Y_i = \beta_0 + \beta_1 X_i \tag{5-31}$$

利用表 5-18 所示数据计算参数，得到自动扶梯负载率与运行功率之间的一元线性模型为

$$Y = 1.5696 + 6.4543X \tag{5-32}$$

其中，Y 表示当速度一定时（这里取为 0.5 m/s）的运行功率，X 表示负载率。

经统计检验，该模型可以进行预测分析，在实际运行过程中自动扶梯上行运行速度等于或接近 0.5 m/s 时，可直接用于计算运行功率。

4. 以 0.5 m/s 的运行速度下行时负载率对运行功率的影响

自动扶梯下行时，在以 0.5 m/s 的速度运行时，负载率对其运行功率有较大影响。首先确定特定型号自动扶梯在空载下行时运行功率与运行速度的测定数据，如表 5-19 所示。

表 5-19　下行时负载率和运行功率测定数据

负载率/%	0	0.2	0.4	0.6	0.8	1
运行功率/kW	1.84	−0.3	−1.26	−1.9	−2.97	−3.3

按照表 5-19 所示参数，采用类似方式建立自变量（负载率）和因变量（运行功率）的散点关系，绘图如图 5-12 所示。

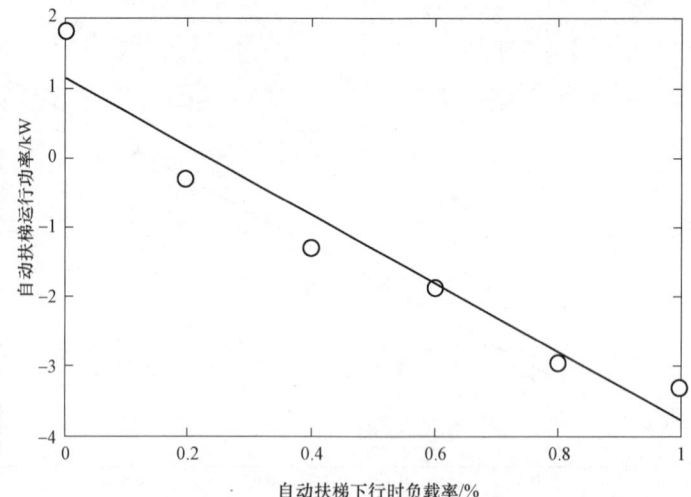

图 5-12　自动扶梯以 0.5 m/s 的运行速度下行时的运行功率散点图

选定一元线性回归模型,结合上述数据进行模型参数计算,可得以 0.5 m/s 的运行速度下行时负载率对运行功率的预测模型为

$$Y = 1.1386 - 4.9071X \tag{5-33}$$

其中,Y 表示自动扶梯以 0.5 m/s 的运行速度下行时的运行功率,X 表示负载率。

以上列出了几种典型的自动扶梯能耗预测模型,包含对二元特征及在特定条件下一元特征的量化分析模型。上述模型能够直接计算给定条件下的自动扶梯运行功率,以式(5-29)所示二元模型为基础,能够得到自动扶梯的耗电量计算方案如下。

自动扶梯每天大约运行 20 h,下面根据运行功率的数学模型计算自动扶梯的耗电量。由于在目前情况下,自动扶梯下行时转发的电能还无法充分利用,基本上是采用大电阻的方式来消耗这种电能,所以只计算上行时的耗电量。

上行时自动扶梯的日运行耗电量为

$$W = \sum_{i=0}^{20} Y_i h_i = \sum_{i=0}^{20} (-1.4883 + 6.9X_{i1} + 6.3257X_{i2})h_i \tag{5-34}$$

其中,X_{i1} 表示自动扶梯运行速度,X_{i2} 表示负载率,h 表示以速度 X_{i1} 和负载率 X_{i2} 运行的时间。

基于本章对轨道交通车站自动扶梯能耗模型的构建与分析,可以进一步综合前几章的结果,对城市轨道交通车站的总体耗电量进行统一估计与测算。借用 5.13 节采用的分析实例,对南方城市和北方城市地铁车站实施整体车站能耗分析和评估,计算的车站总耗电量为车站内通风空调、照明和自动扶梯的耗电量之和,其计算模型分别如下。

(1)南方城市地铁线屏蔽门车站日能耗

自动扶梯系统日耗电量为

$$W_1 = n \times \sum_{i=0}^{20}(-1.4883 + 6.9X_{i1} + 6.3257X_{i2})h_i$$

通风空调系统日耗电量为

$$W_2 = 20 \times (Y_{屏蔽门} = -1181.935 + 0.5163X) \times \frac{1+0.7}{4}$$

照明系统（地面和高架车站）日耗电量为

$$W_3 = \frac{400X \sim 440X}{1\,000}$$

照明系统地下车站日耗电量为

$$W_3 = \frac{500X \sim 540X}{1\,000}$$

因此，综合多个系统耗电量，南方城市地铁线屏蔽门车站日总能耗为

$$W = W_1 + W_2 + W_3(或W_3)$$

（2）南方城市地铁线闭式系统车站日能耗

自动扶梯系统日耗电量为

$$W_1 = n \times \sum_{i=0}^{20}(-1.4883 + 6.9X_{i1} + 6.3258X_{i2})h_i$$

通风空调系统日耗电量为

$$W_2 = 20 \times (Y_{闭式} = 5.4143 + 0.6073X) \times \frac{1+0.7}{4}$$

照明系统（地面和高架车站）日耗电量为

$$W_3 = \frac{400X \sim 440X}{1\,000}$$

照明系统地下车站日耗电量为

$$W_3 = \frac{500X \sim 540X}{1\,000}$$

因此，综合多个系统耗电量，南方城市地铁线闭式系统车站日总能耗为

$$W = W_1 + W_2 + W_3(或W_3)$$

（3）北方城市地铁线闭式系统车站日能耗

自动扶梯系统日耗电量为

$$W_1 = n \times \sum_{i=0}^{20}(-1.4883 + 6.9X_{i1} + 6.3258X_{i2})h_i$$

通风空调系统日耗电量为

$$W_2 = 20 \times (Y = 746.4538 + 0.1329X) \times \frac{1+0.7}{4}$$

照明系统（地面和高架车站）日耗电量为

$$W_3 = \frac{400X \sim 440X}{1\,000}$$

照明系统地下车站日耗电量为

$$W_3 = \frac{500X \sim 540X}{1\,000}$$

因此，综合多个系统耗电量，北方城市地铁线闭式系统车站日总能耗为

$$W = W_1 + W_2 + W_3 \text{（或} W_3\text{）}$$

以上公式中，n 表示车站内自动扶梯个数，X 为车站面积（m²），X_{i1} 表示自动扶梯运行速度（m/s），X_{i2} 表示满载率（100%），h_i 表示以速度 X_{i1} 和满载率 X_{i2} 运行的时间（h）。

第 6 章

典型线路列车运行能效状态估算与分析

6.1 城市轨道交通列车牵引节能案例数据分析

6.1.1 列车牵引节能优化计算方案

以列车运行方案的节能能力分析为目标，首先针对列车牵引节能优化计算方案进行设计。以列车按运行计划实施定时节能速度控制为目的，运用定时节能算法在约定的启停时段内分析列车运行距离、速度、时间等相关量之间的关系。

对于列车在坡段上的运行，由于断面情况复杂，所以难以给出优化的模型。节能策略所要达到的控制目标是使列车在运行过程中的牵引能耗尽可能降低，采用的主要节能控制方案需充分考虑实际运行情况。在节能运行控制过程中，无论是采用节时模式还是采用节能模式，具有固定运行时间的列车在牵引启动阶段宜尽量利用较大牵引力牵引，中间运行时节能调度的基本原则是在准点的前提下尽可能提高惰行的比例，减少列车行驶过程中的制动次数和制动时间，以达到节能运行的目的。锯齿形的运行方法或匀速牵引更为节能。

定时节能优化牵引控制算法将整个运算区域分为三个主要过程，即启动过程、中间运行过程和停车制动过程。启动过程中使用允许的最大牵引力牵引，并以旅客舒适度为兼顾目标做一定调整。当达到最大限速区域后，启动过程结束，中间运行过程开始。中间运行过程主要由牵引段和惰行段构成，或由惰行段和制动段构成，通过最大限度地利用惰行工况达到（相对于常规牵引计算方案的）节能效果。在设定的制动距离开始后，则进入停车制动过程。如果通过计算得出的时间大于设定的运行时间，则改变最低限速，以提高平均速度，进而缩短运行时间，达到定时的目的；如果计算时间小于设定的运行时间，则加大惰行区域，使运行时间与设定时间相同。

常规的做法是结合建立的能耗模型，利用优化算法寻找能满足节能及其他相关指标的列车运行方案，这一思路同样适用于列车运行计划的编制。

既有的节能运行研究通常是在特定的运营条件下,通过建立能耗模型,利用启发式算法寻找节能方案,或者利用列车运行仿真并结合启发式算法寻找满足安全、正点、舒适、节能等若干目标的列车运行方案,属于操作层面。为了进一步考虑列车运行计划中所给定的启动、停站时分约束,在进行节能运行计算时,区间节能运行时分不能超出节时运行策略下的最短运行时分过多,否则会影响线路能力。同时,节能运行算法还必须具有较高的计算效率,以节约计算时间。基于此,本章提出的总体节能运行算法的思路是:在计算出节时运行曲线的基础上寻找节能较多且运行时间偏差在一定范围内的方案。

1. 确定牵引功率

轨道交通列车牵引功率是列车以设计的最高速度在平直道上运行时的功率,它与列车最大运行速度、列车质量、最高速度时列车的运行阻力等因素有关。牵引功率按照式(6-1)计算:

$$P_k = \frac{(Mw_0 + 1.06 \times 10^3 M \Delta a)v_{max} \times 10^{-3}}{\eta_{MM}} \quad (6-1)$$

式中:M——列车质量;

w_0——列车运行阻力;

Δa——剩余加速度;

v_{max}——列车最大运行速度;

η_{MM}——牵引电机效率。

为了安全,在确定牵引功率时还需考虑传动效率、最大坡道上的最低运行速度、故障运行时的要求等因素,确定的牵引功率一般高于式(6-1)计算的结果。

2. 确定列车启动牵引力

平均启动加速度是列车牵引系统综合能力的重要指标,反映了列车牵引传动系统与列车结构设计的综合效果。根据列车相应标准在不同速度区域内求取加速度,利用剩余加速度条件并根据式(6-2)确定列车的启动牵引力。

$$F_0 = (1+r)Ma_0 + Mw_0 g \times 10^{-3} \quad (6-2)$$

式中:F_0——列车启动牵引力;

a_0——列车启动加速度;

w_0——列车运行阻力;

r——列车回转质量系数。

3. 确定最大速度的列车牵引力

根据所得列车牵引力与功率的关系,由确定的牵引功率和列车最大运行速度计算其相应的牵引力。

$$F = \frac{P_k \times 3.6}{v_{\max}} \qquad (6-3)$$

式中：F——列车在最大运行速度下的牵引力；

P_k——列车牵引功率；

$v_{\max}$——列车最大运行速度。

4. 确定恒力矩、恒功率运行的转折点

在恒牵引力和恒功率运行的转折点上，根据列车牵引功率刚好被完全释放出来的等价条件，计算列车恒牵引力、恒功率运行的转折点。

$$v_Z = \frac{3.6 \times P_k}{F_0} \qquad (6-4)$$

从而能够利用该速度值的分界点，对 $v \leq v_Z$ 情况下的恒牵引力区及 $v \geq v_Z$ 情况下的恒功率区，分别计算牵引力随速度的变化关系，进而生成列车牵引特性关系。

根据列车在实际运行中的受力特性，可得列车在任意一个站间运行区段内的运动方程为

$$Mv(1+\gamma)\frac{dv}{dS} = F(u,v) - W(S,v) - B(u,v) \qquad (6-5)$$

$$\frac{dt}{dS} = \frac{1}{v} \qquad (6-6)$$

式中：u——列车运行工况；

F——牵引力；

S——列车运行一维里程距离；

W——列车运行阻力；

B——运行制动力；

M——列车质量；

v——列车运行速度；

t——列车运行时间。

列车能耗主要由牵引力决定，以 Δs 为步长，用数值计算方法计算能耗。根据线路限速条件将整个运行区段划分为若干个子区间，每个限速子区间牵引、巡航、惰行、制动模式下的能耗分别按式（6-7）、式（6-8）、式（6-9）和式（6-10）计算。

$$\varepsilon_1 = \sum_{j=1}^{A} F_j v_j \Delta s \qquad (6-7)$$

$$\varepsilon_2 = \sum_{j=1}^{B} F_j v_j \Delta s \tag{6-8}$$

$$\varepsilon_3 = \sum_{j=1}^{C} F_j v_j \Delta s \tag{6-9}$$

$$\varepsilon_4 = \sum_{j=1}^{D} F_j v_j \Delta s \tag{6-10}$$

每个限速子区间的能耗计算公式为

$$e_i = \sum_{j=1}^{4} \varepsilon_j \tag{6-11}$$

整个区间的能耗计算公式为

$$E = \sum_{i=1}^{n} e_i = \sum_{i=1}^{n} \sum_{j=1}^{4} \varepsilon_j \tag{6-12}$$

利用以列车牵引系统能耗为核心优化目标进行优化计算与评估，主要以其能耗指标作为任一牵引控制方案的适应度进行衡量，进而进行智能寻优计算。其中，列车在每个限速子区间中运行工况的组合方式可由四个速度值唯一确定，包括进入该子区间的初速度（v_{ja}）、区间最高运行速度（v_{jb}）、制动速度（v_{jc}）、离开限速子区间的末速度（v_{jd}）。通过寻优计算可知对应每一条线路，根据当前牵引系统设计方案所得牵引特性能够达到最优能耗量 $\tilde{E}_i$，从而对当前牵引系统设计方案的节能能力给出评价。

在获取列车节能运行控制方案、相应"速度－距离"曲线或"速度－时间"曲线及列车牵引能耗值的基础上，可以进一步将单一能耗指标拓展至多维，将列车的准点性、停车精度、乘客舒适度等其他辅助目标也作为优化目标内容，进行多目标优化计算，从而使优化结果是一组 Pareto 最优解集。考察 Pareto 最优解集中能耗量的分布区间，同步寻找节能较多且与运行计划相比总体运行时间偏差在一定范围内的方案，作为最终用于优化控制及相关分析工作的依据。

6.1.2　典型案例场景数据[①]

北京地铁八通线（以下简称"八通线"）是连接北京中心城区及通州新城的一条重要线路，西起四惠站，东至土桥站，全长 18.964 km，设 13 座车站和 1 座车辆段，线路标识色为红色。

---

① 案例中数据的统计时间截止到 2019 年 10 月 30 日，以下同。

第 6 章 典型线路列车运行能效状态估算与分析

八通线沿线车站布设情况如图 6-1 所示。该线于 2003 年 12 月 27 日全线开通。八通线南延项目于 2016 年开工，南延线路起于八通线土桥站，终点为环球影城站，线路全长约 4 km，新设 2 座车站。自八通线南延线路开通后，八通线将不再为全地上线路。八通线南延工程实施中，为保证八通线南延及 1 号线、八通线车辆设备的一致性、互换性、先进性，以及降低采购成本，提高采购进度，增购车 12 列，其中八通线南延增购 7 列 42 辆，1 号线、八通线贯通增购 5 列 30 辆，车辆制式与八通线一致，均为准 B 型车 6 辆编组，供电制式采用 750 V 接触轨。车辆满足 1 号线和八通线站台、屏蔽门、轨道、信号等技术条件要求。2018 年 8 月，地铁 1 号线、八通线贯通工程进入审批阶段，贯通后乘坐八通线无须再通过四惠站换乘 1 号线。2019 年 10 月 26 日，八通线南延拨线工程正式启动，既有八通线线路将与八通线南延线路串联在一起。南延段开通后，八通线运营间隔最小可达 2 min。

图 6-1 北京地铁八通线沿线车站布设情况

北京地铁八通线现阶段的基本数据如表 6-1 所示。

表 6-1 北京地铁八通线现阶段的基本数据

八通线线路概况	
类型	地铁
所属系统	北京地铁
起止站	四惠站—土桥站
车站数	13
八通线线路运营情况	
营运地区	北京
运营状态	运营中
开通日期	2003 年 12 月 27 日
运营方	北京地铁运营有限公司第二分公司
线路标识色	红色

续表

八通线线路技术概况	
全长	18.964 km
双线	全线
轨距	1 435 mm
电气化	直流 750 V，第三轨供电
最大速度	70 km/h
编组	准 B 型车 6 节编组
车辆段	1 处（土桥车辆段）
使用车型	SFX01（TQ401～TQ408、TQ415～TQ424）、SFX02（TQ409～TQ414）、SFX07（TQ425～TQ430）

北京地铁八通线近年来参与运营的列车有：中车四方车辆有限公司与北京地铁车辆装备有限公司（原北京地铁车辆厂）联合制造的 SFX01、SFX02 型电动列车，以及由中车四方车辆有限公司提供的 SFX07 型电动列车。八通线既有运行列车的在途情况如图 6-2 所示。

图 6-2 北京地铁八通线既有运营列车

八通线自 2003 年开通运营以来，距今已超过 17 年，2 分 50 秒的最小运营间隔已基本达到既有信号系统的能力极限。表 6-2 给出了八通线近期运营中各站的运行首末车时间。

表 6-2 北京地铁八通线运行首末车时间

车站名称	开往土桥（上行）		开往四惠（下行）	
	首车时间	末车时间	首车时间	末车时间
四惠	6:00	23:22	—	—
四惠东	6:02	23:24	5:48	23:10

续表

车站名称	开往土桥（上行）		开往四惠（下行）	
	首车时间	末车时间	首车时间	末车时间
高碑店	6:05	23:27	5:46	23:08
传媒大学	6:08	23:30	5:43	23:05
双桥	6:11	23:33	5:40	23:02
管庄	6:13	23:35	5:37	22:59
八里桥	6:16	23:38	5:33	22:55
通州北苑	6:19	23:41	5:31	22:53
果园	6:22	23:44	5:28	22:50
九棵树	6:24	23:46	5:26	22:48
梨园	6:26	23:48	5:24	22:46
临河里	6:29	23:50	5:21	22:43
土桥	—	—	5:20	22:42

为了利用八通线相关数据进行列车运行节能优化测试与分析，本章利用八通线目前列车的运行计划时间及相应车辆、线路参数实施了具体的计算，采用的列车牵引特性参数如下。

① 平均加速度。0～40 km/h 的平均加速度：0.84 m/s^2；0～80 km/h 的平均加速度：0.53 m/s^2。

② 列车编组方式及列车载客量。编组方式有两种：一是 4 辆每列（2M2T），编组方式为—Mc·T—T1·Mc—；二是 6 辆每列（3M3T），编组方式为—Mc·T—M·T1—T—·Mc—。

根据目前主要采用的 4 辆每列（2M2T）编组方式，其载荷如表 6-3 所示。

表 6-3 北京地铁八通线列车载荷参数

缩写	定义	数量		乘客数
		Mc 车	T、T1 车	
AW0	车辆自重（空载）/t	36	29	0
AW2	定员乘客数/人	226	244	940
AW3	超员乘客数/人	290	310	1 200

③ 齿轮传动比。齿轮传动比为 7.69。

④ 加、减速度。北京地铁八通线列车加、减速度见表 6-4。

表6-4 北京地铁八通线列车加、减速度

加速度	平均加速度≥0.84 m/s²	0～40 km/h，平均加速度≥0.84 m/s²
	平均加速度≥0.53 m/s²	0～80 km/h，平均加速度≥0.53 m/s²
减速度	平均加速度≥0.84 m/s²	电制动黏着系数：最大0.16

⑤ 最大运行速度。最大运行速度为80 km/h。

⑥ 列车运行阻力。运行阻力的计算公式为

$$W = 9.8\{(1.65 + 0.024v)W_M + (0.78 + 0.0028v)W_T + [0.0028 + 0.0078(n-1)]v^2\} \quad (6-13)$$

式中：W——列车运行阻力；

W_M——列车总重量；

W_T——拖车总重量；

n——车辆总数；

v——运行速度。

6.1.3 数据处理与分析

以土桥—四惠、四惠—土桥两个运行方向的两组运行计划为基础，运用列车牵引计算、列车节能优化计算两种方式得到"速度–距离"曲线、"速度–时间"曲线，并统计两个方向对应的基本牵引计算方案的能耗优化结果。

1. 土桥—四惠方向数据处理

（1）参考运行方案下各区间的牵引能耗结果

表6-5列出了参考运行方案下，八通线土桥—四惠方向100个计划运行车次各个区间的牵引能耗结果，其中S1～S12代表八通线土桥站—四惠站区段总计13个车站间的12个区间。

表6-5 土桥—四惠区间牵引能耗汇总（参考运行方案） 单位：kW·h

S1	S2	S3	S4	S5	S6	S7	S8	S9	S10	S11	S12	合计
17.36	14.55	19.60	17.10	19.95	15.23	19.51	19.08	8.87	9.01	12.04	10.38	182.56
18.57	19.58	24.87	26.21	27.54	23.44	27.22	27.60	14.52	15.26	20.51	11.84	257.17
18.57	20.82	24.87	30.75	28.57	23.44	27.22	31.08	17.82	13.99	24.99	15.23	277.36
18.57	20.82	27.33	26.21	27.54	23.44	27.22	27.60	14.52	13.99	20.51	15.23	262.99
18.57	20.82	26.04	24.99	27.54	23.44	27.22	27.60	19.98	15.26	20.51	15.23	267.20
18.57	22.23	22.80	24.99	27.54	23.44	28.71	31.08	19.98	15.26	22.57	15.23	272.40

第6章 典型线路列车运行能效状态估算与分析

续表

S1	S2	S3	S4	S5	S6	S7	S8	S9	S10	S11	S12	合计
18.57	19.58	24.87	30.75	27.54	23.44	28.71	26.17	19.98	13.99	18.75	12.77	265.12
21.43	23.84	26.04	27.57	29.68	24.66	25.88	27.60	14.52	15.26	18.75	15.23	270.45
18.57	20.82	27.33	26.21	27.54	21.34	27.22	24.91	16.03	18.41	22.57	15.23	266.19
18.57	22.23	26.04	26.21	27.54	23.44	27.22	27.60	16.03	13.99	22.57	15.23	266.67
18.57	19.58	27.33	27.57	27.54	24.66	27.22	31.08	16.03	15.26	22.57	11.84	269.27
18.57	19.58	24.87	27.57	27.54	23.44	27.22	27.60	14.52	15.26	20.51	15.23	261.91
18.57	19.58	27.33	27.57	27.54	23.44	27.22	27.60	0.00	0.00	0.00	0.00	198.86
18.57	20.82	27.33	27.57	27.54	23.44	27.22	26.17	16.03	15.26	24.99	15.23	270.18
19.92	20.82	23.79	24.99	28.57	23.44	25.88	29.22	17.82	15.26	18.75	11.84	260.29
21.43	23.84	24.87	29.08	27.54	21.34	24.67	29.22	17.82	20.39	18.75	16.87	275.83
17.36	22.23	26.04	27.57	27.54	21.34	23.59	27.60	0.00	0.00	0.00	0.00	193.27
15.29	22.23	27.33	27.57	27.54	20.44	24.67	27.60	19.98	18.41	18.75	13.89	263.70
17.36	20.82	27.33	26.21	28.57	23.44	24.67	29.22	17.82	15.26	18.75	12.77	262.24
18.57	20.82	27.33	27.57	27.54	26.03	25.88	27.60	13.25	15.26	22.57	13.89	266.31
19.92	20.82	26.04	29.08	28.57	21.34	24.67	26.17	0.00	0.00	0.00	0.00	196.62
18.57	19.58	26.04	26.21	27.54	21.34	24.67	27.60	12.12	16.72	22.57	15.23	258.20
19.92	19.58	26.04	24.99	25.75	21.34	27.22	27.60	16.03	15.26	22.57	13.89	260.18
17.36	20.82	27.33	27.57	26.61	22.34	25.88	29.22	17.82	13.99	18.75	11.84	259.53
19.92	19.58	24.87	24.99	28.57	22.34	27.22	26.17	0.00	0.00	0.00	0.00	193.65
19.92	22.23	26.04	26.21	27.54	22.34	27.22	29.22	14.52	13.99	18.75	11.84	259.83
19.92	22.23	24.87	24.99	28.57	20.44	27.22	29.22	17.82	13.99	22.57	11.84	263.68
19.92	22.23	24.87	26.21	27.54	23.44	24.67	29.22	17.82	15.26	20.51	13.89	265.58
19.92	22.23	24.87	27.57	28.57	23.44	24.67	23.78	0.00	0.00	0.00	0.00	195.05
17.36	22.23	23.79	27.57	28.57	23.44	27.22	27.60	16.03	16.72	18.75	13.89	263.15
19.92	22.23	26.04	26.21	29.68	23.44	27.22	27.60	17.82	16.72	15.90	13.89	266.67
17.36	20.82	27.33	29.08	27.54	23.44	24.67	27.60	14.52	15.26	20.51	13.89	262.03
19.92	22.23	27.33	26.21	26.61	21.34	27.22	26.17	0.00	0.00	0.00	0.00	197.03
18.57	22.23	24.87	27.57	28.57	21.34	27.22	24.91	14.52	16.72	18.75	13.89	259.15
18.57	19.58	24.87	27.57	28.57	24.66	28.71	26.17	14.52	16.72	18.75	13.89	262.58
17.36	19.58	26.04	26.21	26.61	21.34	25.88	29.22	16.03	15.26	22.57	15.23	261.33
17.36	20.82	23.79	26.21	26.61	19.63	25.88	29.22	14.52	15.26	22.57	15.23	257.09
18.57	19.58	26.04	26.21	26.61	22.34	24.67	27.60	17.82	15.26	18.75	15.23	258.68

续表

S1	S2	S3	S4	S5	S6	S7	S8	S9	S10	S11	S12	合计
21.43	23.84	26.04	26.21	29.68	24.66	28.71	31.08	16.03	12.88	22.57	13.89	277.03
19.92	22.23	24.87	27.57	28.57	23.44	25.88	26.17	17.82	13.99	17.23	11.84	259.52
19.92	23.84	24.87	26.21	28.57	23.44	24.67	29.22	17.82	13.99	17.23	12.77	262.56
15.29	22.23	27.33	27.57	28.57	19.63	24.67	29.22	19.98	13.99	17.23	13.89	259.60
15.29	22.23	27.33	27.57	26.61	21.34	24.67	29.22	17.82	16.72	22.57	13.89	265.27
17.36	22.23	27.33	24.99	26.61	22.34	27.22	29.22	17.82	16.72	22.57	13.89	268.30
17.36	20.82	28.75	24.99	27.54	21.34	25.88	26.17	17.82	16.72	22.57	13.89	263.85
17.36	19.58	24.87	24.99	27.54	21.34	24.67	26.17	14.52	20.39	22.57	15.23	259.24
17.36	19.58	24.87	26.21	28.57	21.34	24.67	26.17	14.52	16.72	22.57	15.23	257.82
17.36	19.58	27.33	26.21	26.61	23.44	25.88	27.60	14.52	13.99	22.57	15.23	260.32
17.36	19.58	27.33	27.57	28.57	23.44	27.22	27.60	14.52	15.26	24.99	15.23	268.68
19.92	20.82	24.87	26.21	28.57	23.44	27.22	29.22	14.52	11.91	22.57	11.84	261.12
19.92	19.58	26.04	24.99	29.68	23.44	27.22	31.08	17.82	11.91	22.57	11.84	266.09
19.92	22.23	24.87	27.57	28.57	21.34	24.67	29.22	16.03	16.72	18.75	12.77	262.66
19.92	19.58	24.87	23.87	28.57	22.34	27.22	26.17	14.52	16.72	22.57	13.89	260.24
18.57	19.58	26.04	29.08	27.54	21.34	23.59	27.60	17.82	18.41	18.75	12.77	261.10
18.57	19.58	23.79	27.57	29.68	23.44	24.67	29.22	13.25	13.99	22.57	16.87	263.20
18.57	22.23	26.04	27.57	27.54	21.34	24.67	29.22	17.82	18.41	18.75	16.87	269.04
18.57	19.58	26.04	29.08	27.54	21.34	23.59	27.60	17.82	15.26	20.51	13.89	260.83
18.57	19.58	24.87	24.99	29.68	21.34	25.88	29.22	14.52	13.99	22.57	13.89	259.09
18.57	19.58	26.04	27.57	27.54	21.34	24.67	27.60	17.82	15.26	18.75	12.77	257.52
17.36	19.58	24.87	27.57	28.57	21.34	25.88	27.60	14.52	15.26	22.57	13.89	259.00
18.57	20.82	24.87	26.21	27.54	23.44	28.71	27.60	16.03	15.26	20.51	15.23	264.79
18.57	19.58	24.87	29.08	27.54	23.44	27.22	27.60	14.52	15.26	20.51	13.89	262.08
18.57	19.58	24.87	26.21	27.54	21.34	25.88	26.17	17.82	15.26	24.99	15.23	263.47
18.57	20.82	24.87	27.57	27.54	23.44	27.22	27.60	16.03	13.99	20.51	13.89	262.05
19.92	19.58	24.87	26.21	28.57	23.44	23.59	29.22	17.82	15.26	17.23	13.89	259.60
17.36	20.82	27.33	24.99	26.61	21.34	24.67	29.22	17.82	18.41	22.57	12.77	263.92
17.36	20.82	27.33	26.21	28.57	21.34	24.67	27.60	19.98	20.39	18.75	11.84	264.87
16.27	20.82	27.33	26.21	28.57	20.44	27.22	29.22	17.82	15.26	18.75	11.84	259.77
17.36	20.82	27.33	26.21	29.68	21.34	24.67	29.22	17.82	18.41	17.23	12.77	262.88
18.57	19.58	24.87	27.57	27.54	23.44	27.22	29.22	16.03	13.99	20.51	15.23	263.78

第6章　典型线路列车运行能效状态估算与分析

续表

S1	S2	S3	S4	S5	S6	S7	S8	S9	S10	S11	S12	合计
18.57	19.58	24.87	27.57	26.61	24.66	27.22	29.22	16.03	13.99	20.51	13.89	262.72
18.57	19.58	24.87	27.57	27.54	23.44	28.71	27.60	14.52	13.99	20.51	15.23	262.13
18.57	20.82	24.87	27.57	27.54	23.44	27.22	29.22	14.52	13.99	20.51	13.89	262.17
18.57	19.58	24.87	24.99	26.61	23.44	27.22	31.08	19.98	13.99	20.51	11.84	262.68
18.57	19.58	24.87	24.99	27.54	23.44	30.41	26.17	17.82	13.99	20.51	13.89	261.78
17.36	20.82	27.33	26.21	26.61	21.34	27.22	27.60	17.82	18.41	18.75	15.23	264.70
17.36	20.82	26.04	26.21	26.61	21.34	27.22	27.60	17.82	16.72	18.75	13.89	260.38
18.57	20.82	24.87	24.99	27.54	23.44	27.22	31.08	14.52	13.99	24.99	15.23	267.27
17.36	22.23	27.33	26.21	26.61	21.34	24.67	27.60	17.82	15.26	17.23	13.89	257.55
18.57	20.82	24.87	27.57	27.54	23.44	27.22	33.17	19.98	15.26	20.51	13.89	272.84
17.36	15.18	18.92	17.10	18.83	15.54	20.18	19.69	8.87	8.49	12.04	9.29	181.48
17.36	22.23	27.33	26.21	28.57	21.34	27.22	29.22	17.82	16.72	18.75	13.89	266.67
18.57	20.82	27.33	27.57	28.57	23.44	27.22	31.08	17.82	15.26	20.51	13.89	272.09
17.36	20.82	27.33	26.21	26.61	21.34	24.67	27.60	16.03	15.26	18.75	13.89	255.87
18.57	20.82	24.87	26.21	27.54	23.44	27.22	29.22	14.52	13.99	24.99	13.89	265.29
17.36	20.82	26.04	26.21	28.57	21.34	27.22	27.60	17.82	16.72	18.75	13.89	262.34
18.57	19.58	24.87	29.08	27.54	22.34	28.71	31.08	16.03	15.26	20.51	13.89	267.46
17.36	20.82	26.04	26.21	26.61	21.34	27.22	27.60	16.03	15.26	18.75	13.89	257.12
18.57	19.58	27.33	27.57	27.54	23.44	27.22	27.60	19.98	13.99	20.51	15.23	268.57
17.36	20.82	26.04	26.21	26.61	21.34	27.22	27.60	17.82	15.26	18.75	7.31	252.34
18.57	20.82	24.87	27.57	27.54	23.44	27.22	27.60	16.03	13.99	20.51	13.89	262.05
17.36	20.82	26.04	26.21	26.61	21.34	27.22	29.22	17.82	15.26	22.57	11.84	262.32
18.57	19.58	27.33	27.57	27.54	23.44	27.22	31.08	14.52	13.99	20.51	15.23	266.60
17.36	20.82	24.87	26.21	28.57	20.44	27.22	29.22	16.03	15.26	18.75	13.89	258.64
18.57	19.58	23.79	26.21	27.54	23.44	27.22	33.17	16.03	13.99	24.99	13.89	268.43
17.36	20.82	27.33	26.21	26.61	22.34	24.67	27.60	17.82	16.72	22.57	13.89	263.94
18.57	19.58	24.87	27.57	27.54	23.44	27.22	31.08	17.82	13.99	18.75	15.23	265.67
17.36	22.23	24.87	26.21	26.61	21.34	27.22	26.17	17.82	16.72	18.75	16.87	262.16
18.57	20.82	24.87	24.99	27.54	23.44	27.22	27.60	16.03	13.99	18.75	15.23	259.04
18.57	13.97	19.60	16.54	19.37	15.99	19.51	19.08	10.28	8.02	12.04	9.29	182.26

(2) 优化运行方案下各区间的牵引能耗结果

表6-6列出了以节能为目标计算所得的优化运行方案下,八通线土桥—四惠方向100个计划运行车次各个区间的牵引能耗结果。

表6-6 土桥—四惠区间牵引能耗汇总(优化运行方案) 单位: kW·h

S1	S2	S3	S4	S5	S6	S7	S8	S9	S10	S11	S12	合计
15.70	13.49	18.11	15.63	18.36	13.90	17.93	17.63	7.72	7.84	10.85	9.27	166.43
16.78	17.92	22.90	24.59	25.81	21.72	25.14	25.87	12.94	13.59	18.75	10.99	237.00
16.71	19.40	23.07	28.82	26.67	21.77	25.41	29.12	16.30	12.75	23.89	13.94	257.85
16.65	19.26	25.53	24.55	25.85	21.66	25.52	25.65	12.99	12.68	18.59	13.99	242.91
16.89	19.31	24.23	23.16	26.08	21.55	25.29	25.60	19.11	13.89	18.66	13.91	247.66
16.74	20.68	21.02	22.97	25.79	21.84	26.70	28.97	18.93	14.08	20.62	14.16	252.50
16.88	17.89	23.08	28.97	25.66	21.66	26.65	24.36	18.93	12.65	17.12	11.46	245.34
19.44	22.04	24.29	25.86	27.87	22.94	24.00	25.75	13.06	13.86	16.86	13.94	249.91
17.09	19.09	25.39	24.62	25.94	19.74	25.44	23.34	14.73	16.75	20.57	13.61	246.29
16.79	20.48	24.21	24.55	25.93	21.66	25.28	25.66	14.42	12.61	20.54	13.87	245.99
16.76	18.00	25.62	25.74	25.86	22.86	25.29	29.02	14.48	13.92	20.56	10.76	248.86
16.81	17.77	22.96	25.88	25.86	21.75	25.43	25.92	12.94	13.97	18.72	14.15	242.16
16.66	18.32	25.53	26.11	25.94	21.59	25.15	25.78	0.00	0.00	0.00	0.00	185.09
16.74	19.09	25.70	25.93	25.80	21.54	25.44	24.15	14.49	13.75	23.91	14.05	250.60
17.89	19.06	22.03	23.18	27.29	21.49	24.03	27.06	16.15	13.91	16.93	10.59	239.61
19.52	22.15	22.89	27.23	25.80	19.81	23.04	27.32	16.26	18.77	16.95	15.72	255.47
15.67	20.51	24.38	25.64	26.00	19.68	21.64	25.69	0.00	0.00	0.00	0.00	179.22
13.67	20.64	25.25	25.78	25.58	18.95	23.08	26.89	18.93	17.21	17.44	12.81	246.25
15.68	19.16	25.47	24.47	26.64	21.86	22.87	27.24	15.86	13.91	17.02	11.70	241.89
16.73	19.16	25.34	25.86	25.65	24.20	24.04	25.41	11.58	13.72	20.63	12.72	245.06
18.10	19.15	24.44	27.37	26.93	19.81	23.09	24.52	0.00	0.00	0.00	0.00	183.42
16.72	18.09	23.91	24.64	25.92	19.83	23.03	25.65	10.72	14.99	20.56	13.77	237.84
18.06	18.24	24.34	23.39	24.37	19.69	25.31	25.81	14.17	13.56	20.70	12.71	240.35
15.62	19.18	25.36	25.76	24.94	20.78	23.85	27.21	16.21	12.65	17.21	11.09	239.86
18.16	18.29	23.07	23.42	26.80	20.79	25.08	24.25	0.00	0.00	0.00	0.00	179.86
18.11	20.60	24.08	24.62	25.83	20.66	25.02	27.32	12.78	12.50	16.88	10.80	239.19
17.85	20.72	22.96	23.38	26.71	19.00	25.40	27.40	16.01	12.81	20.63	10.61	243.49
17.94	20.53	22.92	24.60	25.82	21.60	23.12	27.36	16.03	14.03	18.74	12.75	245.43

续表

S1	S2	S3	S4	S5	S6	S7	S8	S9	S10	S11	S12	合计
18.02	20.30	22.86	25.73	26.69	21.58	22.90	22.06	0.00	0.00	0.00	0.00	180.14
15.53	20.47	21.99	25.75	26.92	21.68	25.33	25.80	14.66	15.14	16.94	12.44	242.64
18.03	20.77	24.10	24.74	27.92	21.64	25.28	25.63	16.32	15.10	14.36	12.52	246.41
15.46	19.36	25.37	27.28	25.49	21.52	22.71	25.59	13.00	13.77	18.72	12.57	240.84
17.90	20.65	25.57	24.64	24.98	19.72	25.48	24.34	0.00	0.00	0.00	0.00	183.28
16.64	20.40	23.02	25.81	26.66	19.76	25.47	23.35	12.98	15.13	16.68	12.70	238.60
16.80	17.88	23.30	25.96	26.47	22.94	26.73	24.32	13.01	14.93	16.95	12.64	241.92
16.03	18.04	23.96	24.57	25.08	19.70	23.95	27.17	14.33	13.78	20.79	14.02	241.42
15.59	19.28	22.05	24.69	24.70	17.99	24.13	27.20	12.82	13.80	20.50	13.93	236.69
16.54	18.10	24.19	24.46	24.71	20.61	22.84	26.04	15.93	13.62	16.92	13.90	237.85
19.50	22.46	24.02	24.39	27.89	23.02	26.53	29.26	14.54	11.79	20.66	12.94	257.00
18.07	20.34	23.09	25.84	26.85	21.57	24.07	24.38	16.13	12.90	15.67	10.82	239.73
18.15	21.98	23.12	24.50	26.83	21.72	22.67	27.41	16.00	12.61	15.61	11.67	242.26
13.63	20.76	25.31	25.91	26.93	18.16	23.08	27.32	18.92	12.94	15.64	12.97	241.57
13.58	20.76	25.39	25.85	24.76	19.75	22.89	27.23	16.15	15.01	20.64	12.59	244.61
15.44	20.35	25.70	23.28	25.08	20.66	25.55	27.34	16.08	15.11	20.60	12.64	247.83
15.52	19.21	26.97	23.42	25.69	19.77	23.85	24.29	16.04	14.94	20.77	12.65	243.12
15.64	18.31	23.10	23.17	25.79	19.72	22.94	24.49	13.03	18.61	20.64	13.91	239.33
15.49	18.18	22.90	24.49	26.82	19.66	23.18	24.36	12.90	14.92	20.98	13.94	237.83
15.56	17.99	25.42	24.50	24.89	21.79	24.14	25.58	13.01	12.47	20.60	14.02	239.98
15.47	19.06	25.49	25.75	26.60	21.62	25.25	25.70	13.06	13.55	23.88	13.66	249.06
18.08	19.24	23.11	24.52	26.64	21.68	25.42	27.13	13.03	10.77	20.59	10.80	241.02
18.21	17.94	24.15	23.51	27.86	21.52	25.04	28.96	16.08	10.99	20.33	10.77	245.36
18.10	20.57	22.69	25.96	26.74	19.62	22.90	27.18	14.42	14.96	17.07	11.48	241.70
18.02	18.08	23.05	22.08	26.81	20.73	25.25	24.42	12.87	15.02	20.61	12.60	239.56
16.83	17.92	24.16	27.34	25.74	19.71	21.87	25.54	16.24	17.05	16.97	11.42	240.77
17.05	17.87	22.00	25.80	27.62	21.76	23.21	27.14	11.82	12.30	20.67	15.93	243.16
16.71	20.51	24.14	25.92	25.53	19.71	22.68	27.63	16.29	16.92	17.20	15.70	248.92
16.65	18.14	24.08	27.31	26.06	19.68	22.12	25.68	15.99	13.78	18.72	12.62	240.84
16.89	18.01	22.97	23.33	27.94	19.66	24.26	27.17	13.12	12.63	20.86	12.74	239.59
16.90	17.90	24.28	25.85	25.79	19.74	22.96	25.81	16.28	13.89	17.20	12.06	238.67
15.80	18.04	23.01	25.88	26.85	19.61	24.02	25.94	13.15	14.00	20.61	12.96	239.87

续表

S1	S2	S3	S4	S5	S6	S7	S8	S9	S10	S11	S12	合计
16.58	19.30	22.69	24.73	25.92	21.73	26.63	25.87	14.64	14.13	18.63	14.15	244.99
16.73	18.14	23.13	27.34	25.96	21.49	25.21	25.79	13.00	13.74	18.56	12.63	241.72
16.70	18.00	22.97	24.60	25.63	19.84	23.94	24.47	16.07	13.88	23.87	14.08	244.05
16.71	19.34	23.10	25.55	25.83	21.70	25.60	25.91	14.53	12.49	18.77	12.53	242.06
18.15	18.06	22.93	24.48	26.77	21.43	21.81	27.34	16.10	13.81	15.59	12.66	239.13
15.85	19.36	25.51	23.18	25.13	19.79	23.04	27.24	16.20	16.91	20.69	11.73	244.63
15.56	19.18	25.47	24.53	26.94	19.74	22.96	25.71	18.96	18.54	17.03	10.75	245.37
14.63	19.01	25.58	24.44	26.85	18.94	25.60	27.41	16.05	13.85	17.04	10.77	240.17
15.75	19.23	25.82	24.50	27.62	19.82	22.72	27.26	16.04	16.62	15.71	11.44	242.55
16.61	18.17	22.90	25.57	26.03	21.86	25.13	27.08	14.67	12.58	18.62	13.88	243.09
16.81	18.08	23.03	25.95	24.78	22.97	25.21	27.43	14.48	12.59	18.64	12.50	242.48
16.58	18.11	22.98	25.77	25.82	21.74	26.76	25.92	13.06	12.82	18.61	13.94	242.11
16.86	19.13	22.99	25.86	26.10	21.51	25.26	27.40	12.89	12.47	18.57	12.94	241.98
16.92	17.85	22.77	23.42	25.22	21.83	25.40	28.78	18.91	12.49	18.82	10.46	242.87
16.82	18.28	23.18	23.32	26.13	21.67	28.47	24.42	17.32	12.94	18.64	12.69	243.88
15.57	19.15	25.18	24.46	24.94	19.76	25.26	25.83	16.07	16.98	16.96	14.22	244.38
15.64	19.17	24.09	24.56	24.60	19.75	25.29	25.60	16.21	15.33	17.08	12.78	240.07
16.79	18.98	23.16	23.09	25.82	21.72	25.19	28.96	13.00	12.73	23.91	14.00	247.35
15.73	20.63	25.58	24.57	24.79	19.76	22.79	25.70	16.05	13.73	15.48	12.52	237.33
16.85	19.08	23.09	25.55	25.98	21.69	25.35	31.15	19.11	13.64	18.80	12.49	252.78
15.62	13.87	17.29	15.74	17.49	14.36	18.92	18.29	7.68	7.30	10.76	8.38	165.71
15.69	20.72	25.36	24.70	27.03	19.73	25.20	27.03	16.14	15.53	17.09	12.61	246.85
16.76	18.99	25.23	25.83	26.74	21.56	25.44	28.69	16.23	14.04	18.72	12.53	250.75
15.81	19.03	25.71	24.40	24.75	19.81	22.96	25.58	14.37	13.71	17.04	12.63	235.82
16.77	19.25	23.16	24.58	25.79	21.53	25.23	27.16	13.03	12.78	23.87	12.64	245.78
15.70	19.12	24.21	24.51	26.85	19.58	25.21	25.79	16.21	15.08	16.97	12.66	241.90
16.64	17.99	23.11	27.35	25.75	20.34	26.69	29.12	14.53	13.64	18.92	12.52	246.59
15.62	18.97	24.16	24.43	24.97	19.66	25.26	25.68	14.28	13.56	16.98	12.54	236.11
16.60	17.90	25.49	25.75	25.75	21.67	25.43	25.81	18.91	12.62	18.60	13.65	248.19
15.58	19.08	24.20	24.36	25.16	19.83	25.09	25.85	16.41	14.12	16.95	6.55	233.18
16.75	19.09	22.86	25.89	25.75	21.80	25.38	25.55	14.42	12.52	18.55	12.78	241.34
15.69	19.15	24.20	24.44	25.05	19.85	25.69	27.15	16.11	15.52	20.61	10.72	244.17

续表

S1	S2	S3	S4	S5	S6	S7	S8	S9	S10	S11	S12	合计
16.72	18.13	25.31	25.69	25.57	21.61	25.47	29.18	13.17	12.53	18.52	13.82	245.72
15.45	19.37	23.00	25.58	26.67	18.69	25.48	27.30	14.42	13.67	17.04	12.66	239.31
16.74	17.94	22.06	24.46	25.98	21.64	25.23	30.80	14.39	12.54	23.87	12.48	248.12
15.65	19.10	25.79	24.59	24.80	20.59	22.98	25.70	16.21	15.08	20.54	12.63	243.65
16.73	17.93	23.08	25.65	25.61	21.48	25.03	29.06	15.98	12.60	18.90	13.87	245.93
15.85	20.53	22.92	24.53	26.71	19.69	25.28	24.44	16.01	14.93	17.07	15.79	243.76
16.69	19.00	23.15	23.26	25.97	21.82	25.33	25.40	14.44	12.51	16.98	13.91	238.44
16.78	12.88	18.08	15.13	18.15	14.74	18.00	17.89	8.91	7.04	10.83	8.49	166.93

（3）优化前后"速度–距离"曲线对比

分别选取表 6–5 和表 6–6 中列出的第 10、20、30、40、50 个车次的运行优化计算结果，绘制参考运行方案、优化运行方案下的"速度–距离"曲线，如图 6–3～图 6–7 所示。

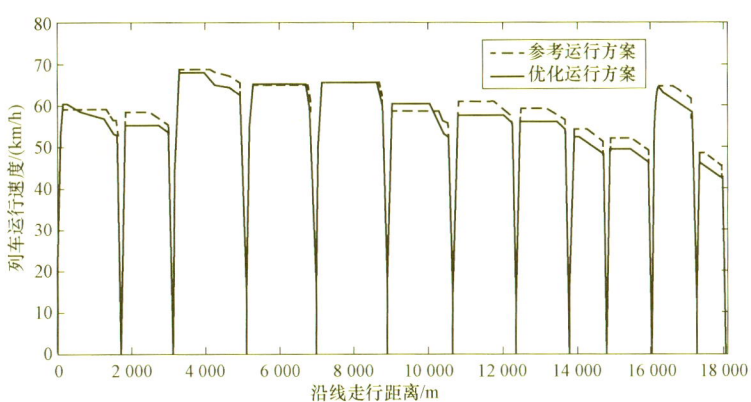

图 6–3 "速度–距离"曲线（土桥—四惠方向，示例车次 10）

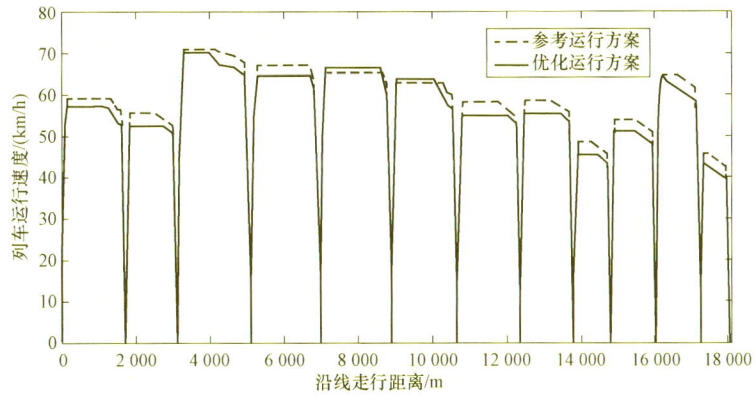

图 6–4 "速度–距离"曲线（土桥—四惠方向，示例车次 20）

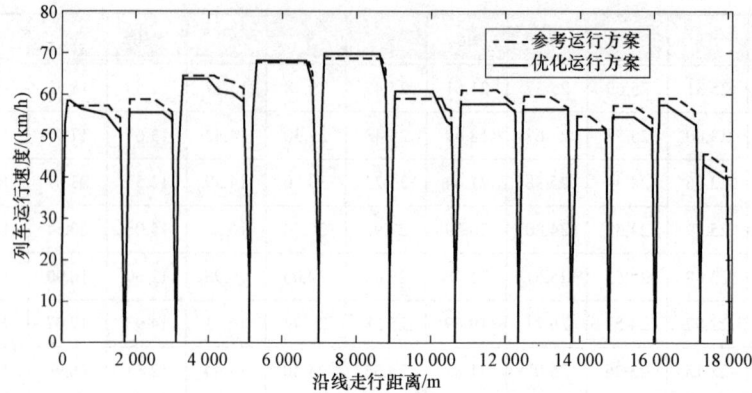

图 6-5 "速度-距离"曲线(土桥—四惠方向,示例车次 30)

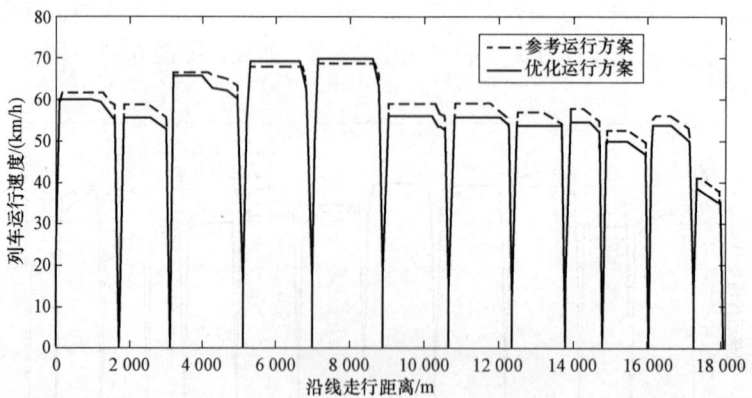

图 6-6 "速度-距离"曲线(土桥—四惠方向,示例车次 40)

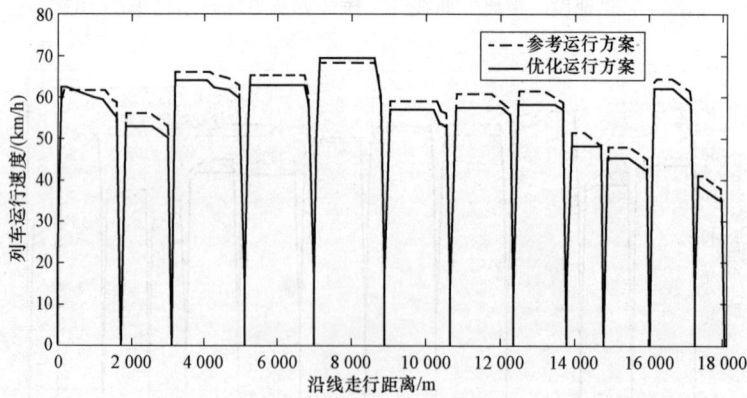

图 6-7 "速度-距离"曲线(土桥—四惠方向,示例车次 50)

2. 四惠—土桥方向数据处理

（1）参考运行方案下各区间的牵引能耗结果

表 6-7 列出了参考运行方案下，八通线四惠—土桥方向 100 个计划运行车次各个区间的牵引能耗结果，其中 S1～S12 代表四惠站—土桥站区段总计 13 个车站间的 12 个区间。

表 6-7　四惠—土桥区间牵引能耗汇总（参考运行方案）　　单位：kW·h

S1	S2	S3	S4	S5	S6	S7	S8	S9	S10	S11	S12	合计
8.74	11.40	10.30	8.19	17.57	18.61	16.02	20.48	17.08	20.50	14.06	18.56	181.52
14.84	19.59	13.64	17.16	25.96	24.56	25.11	32.66	25.39	32.08	18.82	18.56	268.38
14.84	19.59	14.77	15.33	25.96	24.56	23.84	32.66	26.86	34.16	20.00	18.56	271.13
14.84	21.51	14.77	15.33	27.45	24.56	25.11	31.02	25.39	34.16	18.82	18.56	271.52
14.84	21.51	14.77	13.79	28.89	24.56	23.84	31.02	30.34	32.08	18.82	19.91	274.37
14.84	19.59	14.77	13.79	25.96	24.56	23.84	32.66	24.06	34.16	20.00	18.56	266.79
14.84	23.75	14.77	12.48	25.96	25.82	25.11	32.66	26.86	30.20	20.00	18.56	271.02
16.52	23.75	14.77	13.79	25.96	25.82	23.84	31.02	24.06	30.20	21.34	19.91	270.98
14.84	17.91	14.77	13.79	25.96	24.56	23.84	31.02	24.06	32.08	21.34	18.56	262.73
13.47	17.91	21.29	19.38	24.64	23.43	19.84	29.55	26.86	32.08	22.88	17.35	268.67
13.47	17.91	16.06	17.16	24.64	25.82	20.70	29.55	25.39	32.08	22.88	17.35	263.01
14.84	19.59	14.77	15.33	25.96	24.56	25.11	32.66	16.00	32.08	20.00	19.91	260.81
14.84	19.59	14.77	12.48	27.45	24.56	23.84	31.02	26.86	28.53	18.82	18.56	261.32
14.84	23.75	13.64	13.79	27.45	25.82	25.11	32.66	26.86	32.08	18.82	18.56	273.38
12.32	17.91	19.27	17.16	25.96	22.42	21.64	31.02	28.50	32.08	22.88	16.27	267.44
14.84	17.91	14.77	13.79	25.96	24.56	23.84	32.66	25.39	32.08	18.82	18.56	263.18
14.84	19.59	13.64	12.48	27.45	24.56	23.84	31.02	26.86	32.08	20.00	19.91	266.26
14.84	21.51	14.77	13.79	24.64	24.56	23.84	32.66	24.06	32.08	20.00	19.91	266.65
14.84	19.59	14.77	13.79	25.96	24.56	23.84	31.02	26.86	27.03	21.34	18.56	262.16
14.84	19.59	14.77	13.79	25.96	24.56	23.84	32.66	28.50	32.08	18.82	18.56	267.97
16.52	19.59	13.64	13.79	27.45	22.42	23.84	31.02	28.50	27.03	18.82	18.56	261.18
16.52	19.59	13.64	13.79	25.96	25.82	23.84	32.66	26.86	32.08	20.00	18.56	269.31
14.84	19.59	14.77	13.79	25.96	24.56	23.84	31.02	24.06	30.20	20.00	18.56	261.19
14.84	17.91	16.06	17.16	25.96	23.43	21.64	29.55	26.86	32.08	20.00	17.35	262.85
12.32	21.51	17.55	13.79	24.64	24.56	21.64	31.02	26.86	30.20	20.00	18.56	262.64

续表

S1	S2	S3	S4	S5	S6	S7	S8	S9	S10	S11	S12	合计
14.84	16.47	17.55	19.38	25.96	24.56	20.70	31.02	28.50	32.08	22.88	17.35	271.29
13.47	14.05	17.55	17.16	25.96	23.43	21.64	29.55	25.39	30.20	21.34	17.35	257.10
14.84	17.91	19.27	19.38	27.45	24.56	22.69	31.02	26.86	28.53	21.34	19.91	273.76
13.47	16.47	14.77	13.79	27.45	24.56	21.64	32.66	25.39	30.20	22.88	18.56	261.83
13.47	19.59	13.64	11.36	27.45	24.56	23.84	29.55	28.50	30.20	20.00	19.91	262.07
13.47	19.59	13.64	13.79	27.45	24.56	25.11	31.02	26.86	27.03	20.00	19.91	262.42
0.00	0.00	0.00	0.00	24.64	25.82	23.84	32.66	26.86	28.53	21.34	18.56	202.25
16.52	21.51	13.64	12.48	25.96	24.56	23.84	32.66	25.39	28.53	18.82	18.56	262.47
16.52	19.59	17.55	13.79	24.64	25.82	23.84	29.55	25.39	28.53	20.00	18.56	263.77
16.52	21.51	16.06	15.33	24.64	24.56	23.84	32.66	28.50	30.20	20.00	19.91	273.73
0.00	0.00	0.00	0.00	24.64	21.50	21.64	27.01	25.39	30.20	12.57	19.91	182.85
11.37	21.51	19.27	17.16	24.64	23.43	21.64	29.55	26.86	30.20	21.34	18.56	265.54
11.37	15.19	14.77	17.16	27.45	24.56	36.97	32.66	25.39	28.53	21.34	17.35	272.73
13.47	17.91	16.06	17.16	25.96	27.21	23.84	29.55	28.50	30.20	22.88	19.91	272.67
0.00	0.00	0.00	0.00	24.64	23.43	23.84	29.55	28.50	30.20	21.34	19.91	201.41
13.47	16.47	14.77	17.16	16.30	25.82	21.64	32.66	25.39	25.67	22.88	18.56	250.79
12.32	21.51	17.55	15.33	27.45	24.56	23.84	31.02	26.86	28.53	21.34	19.91	270.21
13.47	21.51	14.77	13.79	24.64	25.82	21.64	32.66	25.39	32.08	21.34	18.56	265.65
0.00	0.00	0.00	0.00	24.64	25.82	23.84	32.66	25.39	30.20	18.82	17.35	198.71
16.52	23.75	16.06	13.79	27.45	24.56	22.69	31.02	22.87	30.20	18.82	17.35	265.07
11.37	16.47	16.06	13.79	23.46	25.82	23.84	31.02	28.50	28.53	20.00	19.91	258.77
16.52	21.51	21.29	17.16	25.96	25.82	22.69	32.66	26.86	32.08	18.82	17.35	278.71
0.00	0.00	0.00	0.00	24.64	21.50	21.64	27.01	26.86	30.20	21.34	18.56	191.75
13.47	21.51	17.55	17.16	24.64	21.50	21.64	27.01	28.50	32.08	21.34	19.91	266.30
16.52	23.75	21.29	17.16	27.45	25.82	21.64	32.66	25.39	30.20	22.88	18.56	283.33
11.37	21.51	14.77	17.16	24.64	24.56	21.64	29.55	26.86	30.20	18.82	19.91	260.98
0.00	0.00	0.00	0.00	24.64	23.43	21.64	31.02	28.50	30.20	21.34	18.56	199.34
13.47	16.47	16.06	17.16	24.64	25.82	21.64	32.66	26.86	28.53	22.88	18.56	264.75
14.84	21.51	12.65	19.38	24.64	24.56	21.64	29.55	26.86	32.08	18.82	18.56	265.07
16.52	21.51	16.06	12.48	24.64	24.56	25.11	32.66	25.39	32.08	20.00	15.28	266.28
12.32	17.91	17.55	17.16	27.45	25.82	21.64	32.66	25.39	32.08	21.34	17.35	268.67
13.47	15.19	14.77	17.16	24.64	24.56	21.64	31.02	26.86	28.53	18.82	19.91	256.56

续表

S1	S2	S3	S4	S5	S6	S7	S8	S9	S10	S11	S12	合计
13.47	21.51	14.77	13.79	27.45	25.82	23.84	29.55	32.41	28.53	20.00	19.91	271.04
16.52	19.59	19.27	15.33	27.45	27.21	25.11	29.55	26.86	30.20	18.82	16.27	272.18
13.47	17.91	16.06	17.16	25.96	28.80	21.64	27.01	25.39	30.20	21.34	17.35	262.31
16.52	17.91	14.77	19.38	28.89	23.43	25.11	32.66	26.86	30.20	21.34	18.56	275.64
13.47	21.51	14.77	17.16	27.45	21.50	21.64	29.55	28.50	25.67	22.88	17.35	261.45
16.52	17.91	14.77	13.79	25.96	25.82	23.84	31.02	22.87	32.08	18.82	18.56	261.95
13.47	19.59	16.06	19.38	23.46	21.50	19.84	27.01	26.86	32.08	22.88	17.35	259.47
13.47	16.47	17.55	17.16	27.45	15.79	19.84	29.55	26.86	32.08	22.88	17.35	256.44
13.47	17.91	16.06	17.16	24.64	23.43	20.70	28.22	26.86	32.08	22.88	17.35	260.77
11.37	21.51	17.55	19.38	25.96	23.43	21.64	29.55	26.86	32.08	22.88	18.56	270.76
13.47	17.91	16.06	17.16	25.96	23.43	21.64	29.55	26.86	32.08	20.00	18.56	262.69
13.47	17.91	16.06	17.16	25.96	23.43	21.64	29.55	26.86	32.08	20.00	16.27	260.39
13.47	17.91	16.06	17.16	25.96	23.43	21.64	29.55	26.86	30.20	18.82	17.35	258.42
13.47	17.91	14.77	17.16	25.96	23.43	21.64	36.56	22.87	32.08	12.57	17.35	255.77
13.47	21.51	16.06	17.16	32.43	23.43	21.64	29.55	26.86	32.08	22.88	16.27	273.34
13.47	17.91	17.55	19.38	24.64	23.43	21.64	29.55	26.86	32.08	22.88	17.35	266.73
16.52	17.91	16.06	17.16	24.64	24.56	22.69	31.02	28.50	28.53	21.34	19.91	268.85
14.84	23.75	16.06	13.79	25.96	24.56	23.84	31.02	28.50	32.08	20.00	18.56	272.97
14.84	23.75	13.64	13.79	25.96	24.56	23.84	31.02	26.86	32.08	20.00	18.56	268.90
14.84	19.59	14.77	15.33	27.45	24.56	25.11	31.02	25.39	32.08	18.82	18.56	267.51
14.84	17.91	14.77	13.79	25.96	24.56	23.84	31.02	25.39	32.08	20.00	18.56	262.72
13.47	16.47	16.06	17.16	27.45	23.43	21.64	29.55	22.87	28.53	21.34	18.56	256.53
14.84	21.51	14.77	15.33	25.96	24.56	23.84	31.02	28.50	30.20	21.34	18.56	270.43
8.74	11.40	9.67	8.19	18.07	19.23	15.55	20.48	17.08	20.50	14.06	17.35	180.33
13.47	17.91	16.06	13.79	24.64	23.43	21.64	29.55	26.86	28.53	22.88	17.35	256.11
16.52	19.59	17.55	17.16	25.96	24.56	23.84	31.02	28.50	32.08	20.00	17.35	274.14
13.47	21.51	16.06	17.16	27.45	23.43	21.64	31.02	26.86	28.53	22.88	17.35	267.36
14.84	21.51	14.77	15.33	24.64	24.56	23.84	31.02	28.50	32.08	20.00	18.56	269.64
13.47	16.47	16.06	19.38	25.96	24.56	21.64	29.55	26.86	30.20	22.88	17.35	264.38
14.84	21.51	14.77	13.79	25.96	24.56	23.84	31.02	30.34	30.20	20.00	18.56	269.39
13.47	17.91	16.06	17.16	28.89	24.56	21.64	29.55	26.86	32.08	22.88	17.35	268.42
14.84	19.59	14.77	13.79	25.96	24.56	23.84	32.66	30.34	32.08	18.82	18.56	269.81

续表

S1	S2	S3	S4	S5	S6	S7	S8	S9	S10	S11	S12	合计
14.84	19.59	16.06	19.38	25.96	23.43	23.84	29.55	26.86	28.53	22.88	17.35	268.28
14.84	19.59	14.77	19.38	27.45	24.56	23.84	34.50	28.50	30.20	20.00	18.56	276.19
13.47	17.91	16.06	17.16	27.45	24.56	21.64	32.66	26.86	30.20	21.34	18.56	267.88
14.84	23.75	16.06	15.33	25.96	24.56	23.84	32.66	26.86	32.08	20.00	18.56	274.50
13.47	21.51	16.06	17.16	25.96	24.56	22.69	31.02	26.86	32.08	22.88	17.35	271.59
14.84	19.59	14.77	17.16	27.45	24.56	23.84	32.66	26.86	32.08	20.00	18.56	272.37
13.47	16.47	16.06	19.38	25.96	25.82	21.64	32.66	26.86	34.16	21.34	17.35	271.17
14.84	19.59	17.55	15.33	25.96	24.56	23.84	32.66	26.86	32.08	20.00	18.56	271.83
13.47	17.91	16.06	17.16	27.45	24.56	22.69	32.66	26.86	30.20	22.88	17.35	269.25
14.84	19.59	17.55	17.16	25.96	24.56	23.84	32.66	25.39	18.32	18.82	18.56	257.26
7.87	13.06	9.67	8.19	18.07	18.61	16.02	20.48	17.08	22.29	26.68	8.74	186.77

（2）优化运行方案下各区间的牵引能耗结果

表6-8列出了以节能为目标计算所得的优化运行方案下，八通线四惠—土桥方向100个计划运行车次各个区间的牵引能耗结果。

表6-8 四惠—土桥区间牵引能耗汇总（优化运行方案） 单位：kW·h

S1	S2	S3	S4	S5	S6	S7	S8	S9	S10	S11	S12	合计
7.85	9.94	9.15	7.04	16.47	17.32	15.01	19.16	15.79	18.87	12.88	16.46	165.93
13.61	17.82	12.24	15.54	24.31	22.82	23.43	30.54	23.41	29.76	17.21	16.68	247.36
13.56	17.71	13.21	13.73	24.19	22.80	22.41	30.57	25.12	31.65	18.31	16.68	249.93
15.10	19.80	13.18	13.66	25.42	22.91	23.37	28.87	23.49	31.88	17.19	16.56	251.41
13.30	19.63	13.28	12.44	26.72	22.75	22.10	28.89	28.50	29.83	17.06	17.87	252.37
13.51	17.81	13.04	12.39	24.09	22.71	21.89	30.74	22.74	31.87	18.40	16.63	245.81
13.27	22.00	13.13	11.28	24.14	23.94	23.39	30.60	25.47	28.36	18.35	16.65	250.60
14.95	22.11	13.27	12.65	24.38	23.89	22.39	29.05	22.50	28.26	19.39	17.90	250.73
13.27	16.32	13.10	12.43	24.31	22.82	22.12	29.07	22.46	29.69	19.72	16.76	242.06
12.31	16.32	19.38	18.58	22.98	21.88	18.91	27.52	25.38	30.01	21.18	15.69	250.13
12.19	16.19	14.47	15.81	22.99	23.86	19.21	27.58	23.45	29.76	21.16	15.54	242.22
13.41	17.88	12.92	13.81	24.10	22.74	23.16	30.52	14.99	29.75	18.40	18.01	239.67
13.42	17.52	13.46	11.19	25.79	22.80	22.61	29.07	25.22	26.51	17.33	16.82	241.74
13.44	22.20	12.05	12.77	25.79	24.13	23.51	30.77	25.33	29.53	17.11	16.82	253.45

第6章 典型线路列车运行能效状态估算与分析

续表

S1	S2	S3	S4	S5	S6	S7	S8	S9	S10	S11	S12	合计
11.36	16.08	17.42	15.29	24.19	20.88	20.16	29.13	27.26	29.80	21.08	14.48	247.12
13.49	16.27	12.93	12.37	24.32	22.86	22.30	30.80	23.61	30.07	17.31	16.87	243.20
13.43	17.93	12.25	11.14	25.44	22.85	22.05	29.02	25.11	30.01	18.37	18.00	245.61
13.59	19.76	13.20	12.49	23.03	22.68	22.12	30.68	22.48	29.75	18.37	17.84	246.01
13.60	17.74	13.23	12.65	24.09	22.75	22.44	29.09	25.18	25.08	19.57	16.76	242.18
13.37	18.94	13.20	13.60	24.14	22.93	22.00	30.29	26.50	29.94	17.08	16.77	248.76
15.02	17.94	12.28	12.87	25.58	20.85	22.11	29.05	26.66	25.03	17.21	16.75	241.37
15.30	17.77	12.24	12.31	24.27	23.93	22.14	30.80	24.98	30.05	18.34	16.50	248.61
13.44	17.98	13.19	12.31	24.07	23.06	22.65	29.01	22.19	28.08	18.35	16.98	241.31
13.46	16.04	14.32	16.07	24.11	21.57	20.03	27.52	24.97	29.90	18.41	15.75	242.14
11.01	19.78	15.95	12.32	22.80	22.88	20.09	29.10	25.41	28.10	18.17	16.67	242.27
13.38	14.74	15.52	18.30	24.31	22.70	19.30	28.94	26.59	29.41	21.01	15.63	249.83
12.12	12.55	15.78	15.42	24.13	21.67	19.87	27.64	23.72	28.02	19.54	15.71	236.17
13.52	16.19	17.71	18.46	25.54	22.59	21.10	28.84	25.41	26.54	19.24	18.07	253.20
12.09	14.71	13.10	12.35	25.32	22.88	20.27	30.62	23.66	27.67	20.97	16.80	240.45
12.29	17.59	12.35	10.06	25.37	22.87	22.01	27.55	26.73	28.06	18.26	18.17	241.31
12.07	17.89	12.19	12.46	25.46	22.89	23.46	29.04	24.99	25.34	18.13	18.09	242.01
0.00	0.00	0.00	0.00	22.86	24.18	22.44	30.93	25.15	26.43	19.58	16.89	188.47
15.00	19.50	12.04	11.17	24.30	23.09	22.16	30.39	23.68	26.38	17.32	16.75	241.78
15.07	17.90	15.74	12.20	22.99	24.06	22.23	27.48	23.54	26.43	18.20	16.70	242.52
14.92	19.84	14.72	13.85	22.97	22.78	22.33	30.51	26.79	28.03	18.40	18.11	253.25
0.00	0.00	0.00	0.00	23.07	19.99	20.14	25.16	23.81	28.09	11.51	17.85	169.62
10.46	19.74	17.42	15.36	24.02	21.76	20.21	27.47	24.94	28.14	19.57	16.86	245.95
10.36	13.68	13.30	15.44	25.47	22.78	34.77	30.41	24.16	26.55	19.52	15.63	252.07
12.12	16.40	14.30	15.49	23.96	25.50	22.19	27.62	26.97	28.11	20.96	18.00	251.63
0.00	0.00	0.00	0.00	22.91	21.64	22.04	27.29	26.82	28.03	19.47	18.25	186.44
12.04	14.80	13.11	15.90	15.19	23.92	20.06	30.47	23.86	23.68	21.04	16.92	230.99
11.08	19.50	15.78	13.98	25.70	22.80	22.27	28.86	24.93	26.25	19.65	18.04	248.85
12.32	19.80	13.12	12.21	22.70	24.17	20.20	30.64	24.18	29.56	19.45	16.68	245.04
0.00	0.00	0.00	0.00	23.06	24.24	22.17	30.61	23.49	27.90	17.21	15.50	184.19

续表

S1	S2	S3	S4	S5	S6	S7	S8	S9	S10	S11	S12	合计
14.89	22.13	14.34	12.44	25.57	22.81	21.35	29.07	21.45	28.08	17.29	15.58	244.99
10.29	14.69	14.50	12.41	21.88	24.02	22.31	28.89	26.59	26.30	18.29	18.00	238.17
15.18	19.72	19.18	15.76	24.33	26.91	21.31	30.59	24.93	29.73	17.24	15.66	260.54
0.00	0.00	0.00	0.00	22.89	19.83	20.51	25.11	25.32	28.21	19.53	17.03	178.45
12.24	19.72	15.81	15.82	22.89	19.83	20.03	25.29	26.72	29.90	19.58	18.18	246.01
15.24	22.03	19.42	15.47	25.43	23.95	20.47	30.35	23.57	28.09	21.08	16.67	261.76
10.29	19.75	13.36	15.26	22.96	22.91	20.01	27.44	24.89	28.17	17.16	17.95	240.15
0.00	0.00	0.00	0.00	22.97	21.72	20.15	28.93	26.89	27.62	19.46	16.56	184.31
12.23	14.71	14.18	15.65	22.74	23.98	20.37	30.78	25.13	26.18	21.09	16.69	243.74
13.25	19.64	11.03	18.26	23.20	22.68	20.15	27.55	25.07	29.91	17.28	16.74	244.77
14.99	19.56	14.79	11.25	23.04	22.89	23.64	30.56	23.51	29.79	18.26	13.60	245.89
11.17	16.30	15.94	15.67	25.49	24.01	20.11	30.58	23.79	29.93	19.51	15.70	248.21
12.34	13.48	13.37	15.43	22.97	22.89	20.32	29.07	24.94	26.33	17.19	18.00	236.32
12.04	19.52	13.16	12.27	25.68	24.07	22.04	27.68	30.47	26.34	18.38	18.12	249.76
15.05	17.62	17.59	13.72	25.30	25.35	23.14	27.73	25.17	27.88	17.15	14.60	250.30
12.45	16.45	14.45	15.97	24.32	26.73	19.85	25.25	23.73	27.66	19.41	15.19	241.46
14.89	16.16	13.22	18.31	26.89	21.83	23.20	30.46	25.27	28.03	19.71	16.75	254.70
12.21	19.52	13.03	15.41	25.75	20.04	20.18	27.57	26.46	23.67	21.04	15.53	240.42
14.85	16.17	13.01	12.42	24.04	23.94	22.20	28.86	21.47	29.75	17.32	16.61	240.63
12.25	17.50	14.51	18.43	21.83	19.72	18.44	25.13	24.80	29.60	21.05	15.47	238.74
12.26	14.77	16.06	15.32	25.59	14.56	18.42	27.51	25.12	29.89	21.09	15.39	235.98
12.09	16.25	14.42	15.82	22.96	21.72	19.26	26.41	25.18	29.84	20.99	15.68	240.61
10.26	19.51	15.72	18.37	24.25	21.69	19.97	27.96	25.31	29.86	20.99	16.69	250.57
12.12	16.30	14.31	15.52	24.18	21.71	20.34	27.64	24.90	29.80	18.37	16.77	241.97
12.04	16.19	14.31	15.17	24.30	21.83	20.06	27.51	25.09	29.73	18.25	14.58	239.07
12.22	16.29	14.15	15.51	24.23	21.87	20.08	27.71	25.26	28.18	17.23	15.62	238.36
12.45	16.25	13.15	15.47	23.97	21.70	20.33	34.70	21.28	29.82	11.48	15.56	236.17
12.27	19.69	14.47	15.87	30.26	21.81	20.45	27.48	25.37	29.99	21.14	14.58	253.38
12.01	16.46	15.76	18.32	23.04	21.75	20.06	27.57	24.88	30.21	21.14	15.41	246.60
15.67	16.17	14.45	15.46	22.91	22.73	20.98	29.00	26.61	26.39	19.61	18.16	248.14
13.46	21.97	14.49	12.52	24.20	22.86	22.31	28.75	26.47	29.67	18.48	16.66	251.83

续表

S1	S2	S3	S4	S5	S6	S7	S8	S9	S10	S11	S12	合计
13.29	22.02	12.03	12.38	23.97	22.60	22.10	29.02	25.11	29.38	18.35	16.74	247.00
13.62	18.42	13.46	14.30	25.41	22.79	23.47	29.10	23.68	29.84	17.23	16.76	248.08
13.35	16.43	13.56	12.27	24.33	22.93	22.30	29.05	23.70	29.72	18.26	16.77	242.67
12.30	14.96	14.39	15.84	25.41	21.67	20.20	27.55	21.22	26.21	19.59	16.79	236.12
13.58	19.84	13.19	13.71	24.17	22.66	22.26	28.96	26.91	27.96	19.45	16.62	249.31
7.86	9.86	8.51	7.03	16.88	17.82	14.39	19.01	15.87	18.91	12.83	15.66	164.63
12.22	16.08	14.54	12.46	22.95	21.80	20.24	27.62	25.02	26.34	20.82	15.63	235.75
15.00	17.57	15.82	15.40	24.16	22.83	22.05	29.12	26.59	29.89	18.49	15.65	252.58
11.99	19.81	14.21	15.47	27.90	21.52	20.27	28.99	25.06	26.12	20.95	15.67	247.96
13.25	19.51	13.08	13.51	22.83	22.53	22.10	29.01	27.22	29.86	18.23	16.76	247.89
12.12	14.92	14.42	18.26	24.18	22.74	20.29	27.60	24.99	28.13	21.04	15.46	244.16
13.64	19.68	13.41	12.15	24.15	22.76	22.44	28.91	28.55	28.03	18.63	16.59	248.94
12.25	16.13	14.22	15.37	26.99	22.85	20.01	27.71	25.00	30.05	21.06	15.66	247.29
13.54	17.90	13.24	12.30	24.25	22.89	22.50	30.35	28.77	30.04	17.27	16.63	249.68
13.49	17.67	14.53	18.37	24.25	21.75	22.43	27.70	25.10	26.72	21.01	15.63	248.65
13.30	17.84	13.95	18.37	25.65	22.79	22.26	32.41	26.55	27.93	18.68	16.74	256.47
12.15	16.28	14.48	15.68	25.49	22.80	20.67	30.62	25.02	27.96	19.66	16.74	247.56
13.35	22.00	14.27	13.97	24.09	22.88	22.20	30.67	24.85	29.61	18.31	16.90	253.11
12.39	19.84	14.51	15.41	24.27	22.87	21.56	28.88	25.25	29.52	21.03	15.63	251.15
13.39	17.87	13.34	15.45	25.77	22.79	22.43	30.60	24.91	29.90	18.29	16.64	251.38
12.12	14.85	14.49	18.35	24.36	23.77	20.25	30.24	25.18	31.60	19.57	15.57	250.33
13.46	17.76	15.89	13.81	24.16	22.81	22.05	30.74	25.35	29.65	18.32	16.68	250.67
12.29	16.15	14.54	15.58	25.69	22.78	21.45	30.99	25.00	28.23	21.04	15.64	249.38
13.43	17.53	15.91	15.47	24.27	22.84	22.41	30.44	23.63	16.84	17.17	16.80	236.73
7.04	11.69	8.34	7.29	16.79	17.21	14.87	18.96	16.00	20.68	24.58	7.36	170.81

（3）优化前后"速度–距离"曲线对比

分别选取表 6-7 和表 6-8 中列出的第 10、20、30、40、50 个车次的运行优化计算结果，绘制八通线四惠—土桥方向参考运行方案、优化运行方案下的"速度–距离"曲线，如图 6-8～图 6-12 所示。

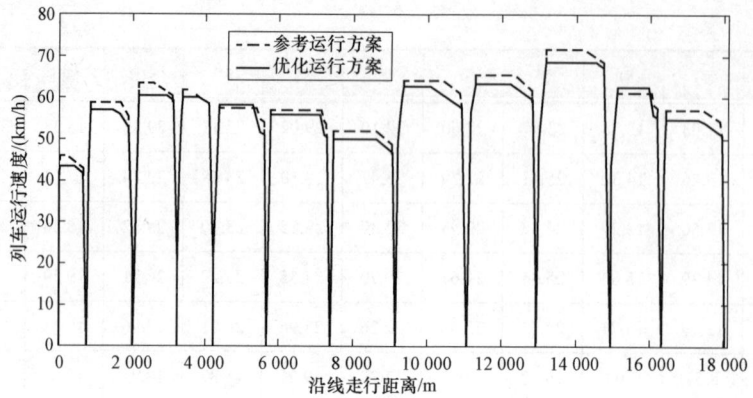

图 6-8 "速度-距离"曲线（四惠—土桥方向，示例车次 10）

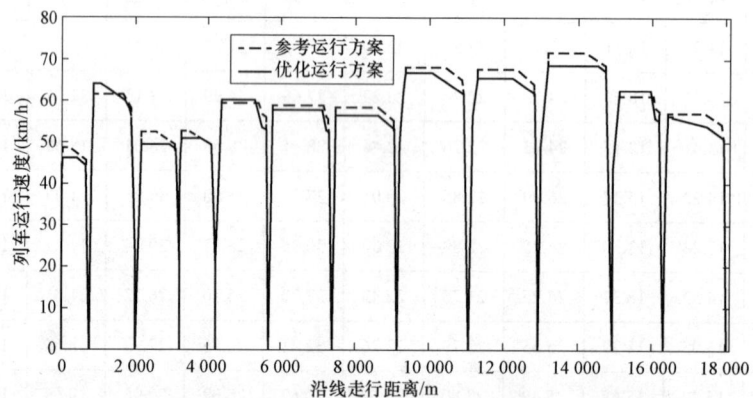

图 6-9 "速度-距离"曲线（四惠—土桥方向，示例车次 20）

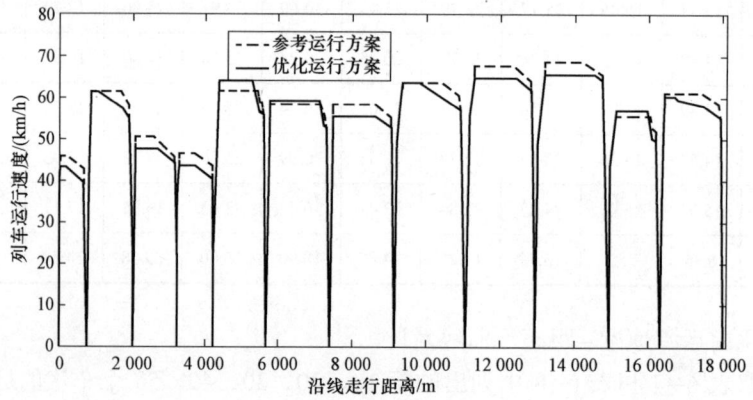

图 6-10 "速度-距离"曲线（四惠—土桥方向，示例车次 30）

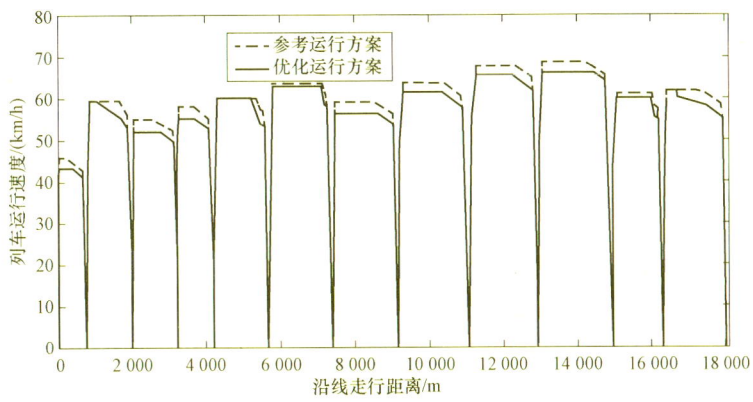

图 6-11 "速度-距离"曲线（四惠—土桥方向，示例车次 40）

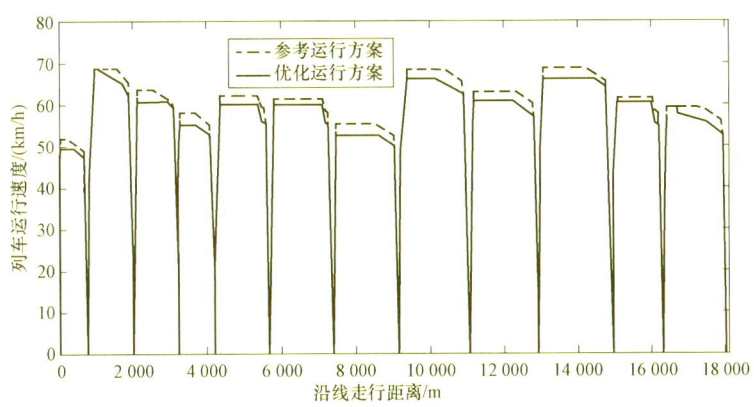

图 6-12 "速度-距离"曲线（四惠—土桥方向，示例车次 50）

3. 能耗节约量对比

对所列出的土桥—四惠方向、四惠—土桥方向各 100 个车次的能耗节约量进行计算统计，图 6-13、图 6-14 分别画出了每个车次在全部区间内节能量的统计结果。

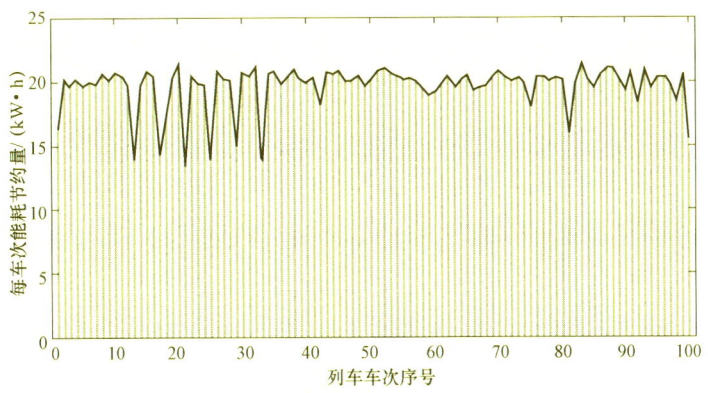

图 6-13 土桥—四惠方向所有车次能耗节约量统计

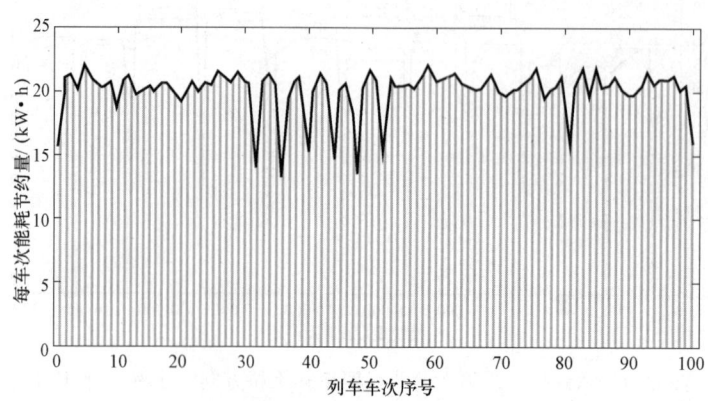

图 6-14　四惠—土桥方向所有车次能耗节约量统计

从上述统计结果可以看出,八通线两个方向所有计划车次在采纳优化运行方案的情况下,可以实现平均每车次 19.56 kW·h、20.01 kW·h 的节能效果,相对于参考运行方案分别实现了 7.61%、7.71% 的节能效果。

由这些结果可以看出,采用节能优化运行方案,能够达到预期的节能水平。

4. 载客量影响分析

下面对载客量这一重要因素对节能能力的影响进行分析。采用八通线实际运行计划数据、实际列车参数、实际线路坡度数据及运营日统计客流量数据,利用运行计划节能优化计算程序进行与客流量相关的试算分析。结合对 2017 年 8 月至 12 月的运营统计数据中日均客流量的分析,选择 3 个典型的平均每车次载客量为控制条件,在每个载客量样本值条件下分别对八通线运行图所含各个车次的运行计划进行测算。表 6-9 给出了优化节能策略条件下的节能优化比例。

表 6-9　单车次不同载客量各区间的能耗节约率汇总

序号	区间	区间距离/m	优化前能耗值/(kW·h)	节约能耗值/(kW·h)				
				$n=20$	$n=40$	$n=60$	$n=80$	$n=100$
1	四惠—四惠东	1 715	16.42	1.18	1.36	1.00	1.22	1.35
2	四惠东—高碑店	1 375	19.83	0.53	1.02	1.08	1.26	1.17
3	高碑店—传媒大学	2 002	23.80	1.31	1.25	1.18	1.25	1.40
4	传媒大学—双桥	1 894	23.85	1.10	1.33	1.14	1.10	1.18
5	双桥—管庄	1 912	25.49	1.13	1.16	1.25	1.23	1.27

续表

序号	区间	区间距离/m	优化前能耗值/(kW·h)	节约能耗值/(kW·h)				
				$n=20$	$n=40$	$n=60$	$n=80$	$n=100$
6	管庄—八里桥	1 763	21.05	0.82	0.90	1.25	1.19	1.23
7	八里桥—通州北苑	1 700	24.47	1.39	1.13	1.57	1.15	1.13
8	通州北苑—果园	1 465	24.86	0.93	1.01	1.21	1.16	1.20
9	果园—九棵树	990	14.15	1.14	1.00	1.07	1.08	1.13
10	九棵树—梨园	1 225	12.20	0.71	0.71	0.59	0.84	0.90
11	梨园—临河里	1 257	20.13	0.72	0.99	1.21	1.41	1.19
12	临河里—土桥	776	13.48	0.42	0.83	0.54	0.93	0.90

图 6-15 和图 6-16 分别给出了单车次在不同载客水平下的优化曲线。从上述结果可以看出，在列车驾驶控制方案发生改变的过程中，由于列车最大牵引速度、列车惰行点及惰行时机发生了显著变化，造成在类似的工况分布条件下所得牵引能耗水平发生改变，相对于常规的牵引计算方案，所得牵引能耗实现了一定的抑制，列车运行能耗水平达到了设计的预期效果。

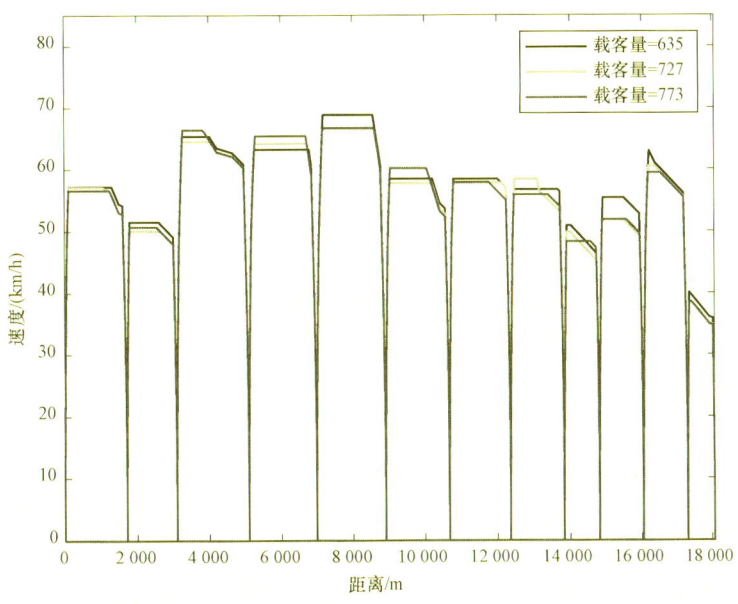

图 6-15 单车次不同载客量各区间的速度-距离优化曲线对比

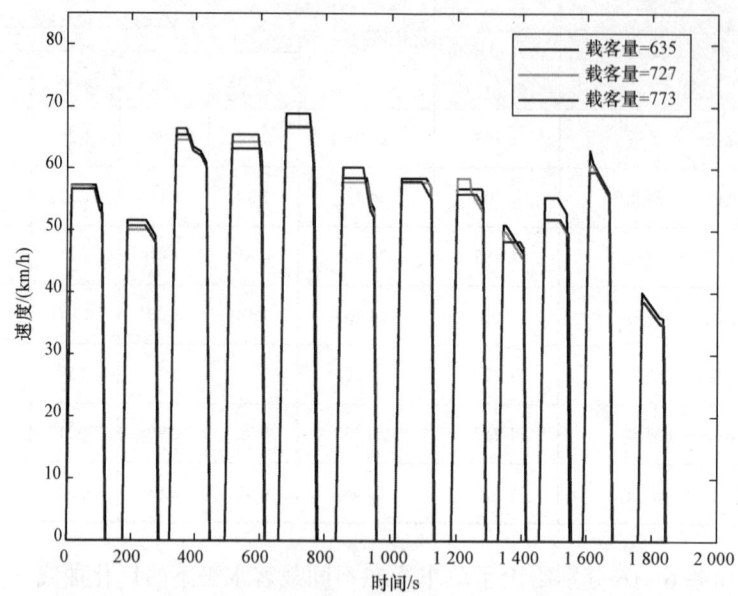

图 6-16 单车次不同载客量各区间的速度-时间优化曲线对比

6.2 城市轨道交通列车牵引节能评估案例数据分析

6.2.1 列车牵引节能优化评估计算方案

结合城市轨道交通系统运行计划信息,对特定的时刻表方案下列车所能达到的节能优化效果进行评估,其评估过程主要分为以下4个步骤。

① 收集运行方案中所有车次的列车运行时刻数据,同步提取轨道线路基础数据(里程、坡度、线路曲率)及列车属性信息。

② 根据列车牵引节能优化计算方案,求解各个车次按照预定时分开行条件下的能耗情况。

③ 提取既有列车运行曲线模式,获得实际列车运行数据或利用基本牵引计算等方式求取参考运行控制方案下的数据,与②中所得的节能优化运行方案进行对比,求解所得能耗水平及能耗节约量。

④ 汇总全部计划运行列车的统计结果,进行相应的能耗要素影响分析,并对各个取值条件下的节能能力进行包络计算。

6.2.2 数据处理与分析

本节的计算以北京地铁八通线实际计划数据为基础，相应的场景情况及条件设置与6.1节相同。以土桥—四惠、四惠—土桥两个运行方向的两组运行计划为基础，运用基本列车牵引计算、列车节能优化计算两种方式得到列车运行曲线，并统计两个方向对应基本牵引计算方案的能耗优化结果。

1. 土桥—四惠方向数据处理

（1）参考运行方案下全部列车的牵引能耗结果

表6-10列出了参考运行方案下，八通线土桥—四惠方向190个计划运行车次（全部车次）各个区间的牵引能耗结果，其中S1～S12代表八通线土桥站—四惠站区段总计13个车站间的12个区间。

表6-10 土桥—四惠区间牵引能耗结果（参考运行方案） 单位：kW·h

S1	S2	S3	S4	S5	S6	S7	S8	S9	S10	S11	S12
14.65	16.75	17.42	16.95	17.56	15.31	18.66	18.25	9.83	7.68	11.54	8.89
16.63	18.72	23.93	26.53	27.61	20.44	26.03	25.03	13.91	13.37	21.63	11.33
16.63	18.72	23.93	24.05	25.69	20.44	29.09	25.03	11.59	13.37	21.63	11.33
16.63	18.72	26.33	24.05	25.69	20.44	26.03	25.03	13.91	13.37	17.96	11.33
16.63	18.72	23.93	26.53	25.69	22.45	26.03	25.03	13.91	13.37	17.96	11.33
16.63	18.72	23.93	26.53	25.69	20.44	26.03	25.03	13.91	13.37	21.63	11.33
16.63	18.72	21.94	26.53	25.69	22.45	29.09	27.95	11.59	13.37	17.96	13.29
16.63	18.72	26.33	24.05	27.61	18.80	23.60	25.03	13.91	13.37	15.24	13.29
16.63	21.25	26.33	24.05	25.69	22.45	29.09	25.03	11.59	13.37	17.96	13.29
14.65	18.72	26.33	24.05	25.69	18.80	26.03	25.03	13.91	13.37	17.96	11.33
16.63	18.72	26.33	24.05	25.69	22.45	29.09	25.03	13.91	13.37	21.63	13.29
16.63	21.25	23.93	24.05	25.69	22.45	29.09	22.74	11.59	13.37	21.63	13.29
16.63	16.75	23.93	24.05	25.69	20.44	26.03	25.03	13.91	13.37	21.63	13.29
14.65	21.25	29.23	26.53	22.61	18.80	26.03	25.03	13.91	13.37	17.96	11.33
16.63	21.25	21.94	24.05	25.69	20.44	26.03	25.03	11.59	11.38	21.63	11.33
14.65	24.56	26.33	26.53	24.09	18.80	26.03	25.03	17.08	13.37	21.63	11.33
14.65	18.72	23.93	24.05	25.69	22.45	29.09	27.95	13.91	11.38	21.63	11.33
16.63	18.72	29.23	24.05	24.09	20.44	21.62	27.95	17.08	13.37	21.63	11.33
16.63	18.72	21.94	24.05	25.69	24.93	29.09	25.03	13.91	13.37	17.96	11.33

续表

S1	S2	S3	S4	S5	S6	S7	S8	S9	S10	S11	S12
14.65	21.25	29.23	24.05	25.69	18.80	26.03	25.03	17.08	13.37	17.96	11.33
16.63	21.25	21.94	24.05	25.69	24.93	29.09	31.77	11.59	11.38	21.63	13.29
16.63	18.72	29.23	24.05	24.09	18.80	26.03	25.03	17.08	13.37	17.96	11.33
16.63	21.25	21.94	21.78	25.69	24.93	26.03	25.03	11.59	11.38	21.63	13.29
19.09	21.25	26.33	24.05	24.09	18.80	26.03	25.03	17.08	13.37	17.96	11.33
19.09	18.72	26.33	19.86	27.61	22.45	26.03	22.74	13.91	11.38	17.96	13.29
16.63	21.25	26.33	24.05	24.09	18.80	26.03	22.74	13.91	13.37	17.96	11.33
19.09	18.72	23.93	21.78	25.69	22.45	26.03	25.03	11.59	15.97	21.63	13.29
16.63	18.72	29.23	24.05	25.69	18.80	23.60	22.74	17.08	15.97	17.96	11.33
16.63	18.72	23.93	19.86	25.69	24.93	29.09	25.03	13.91	13.37	21.63	13.29
14.65	21.25	29.23	26.53	25.69	18.80	23.60	25.03	17.08	13.37	21.63	11.33
16.63	18.72	23.93	21.78	24.09	24.93	29.09	25.03	11.59	12.31	19.66	13.29
14.65	21.25	29.23	26.53	25.69	20.44	21.62	25.03	15.36	13.37	21.63	11.33
16.63	18.72	21.94	19.86	27.61	23.62	27.47	27.95	11.59	12.31	21.63	13.29
14.65	21.25	29.23	24.05	25.69	19.58	23.60	25.03	17.08	13.37	17.96	11.33
16.63	19.90	21.94	24.05	27.61	23.62	27.47	25.03	10.64	13.37	19.66	13.29
15.59	21.25	26.33	26.53	24.85	19.58	23.60	25.03	15.36	13.37	17.96	11.33
16.63	18.72	23.93	21.78	27.61	21.39	27.47	25.03	12.68	12.31	19.66	13.29
16.63	21.25	26.33	24.05	24.85	19.58	26.03	25.03	17.08	13.37	17.96	11.33
19.09	18.72	23.93	22.88	27.61	23.62	27.47	25.03	11.59	12.31	19.66	11.33
15.59	21.25	27.70	25.22	24.85	19.58	26.03	23.82	15.36	13.37	17.96	11.33
19.09	18.72	23.93	22.88	27.61	23.62	24.75	25.03	13.91	12.31	19.66	13.29
15.59	21.25	27.70	26.53	24.85	19.58	23.60	26.39	19.14	15.97	17.96	12.23
19.09	18.72	21.94	22.88	27.61	23.62	26.03	27.95	12.68	12.31	23.95	11.33
15.59	21.25	26.33	26.53	24.85	17.42	23.60	26.39	17.08	15.97	17.96	12.23
19.09	18.72	21.94	22.88	25.69	22.45	27.47	22.74	12.68	12.31	17.96	13.29
15.59	21.25	27.70	26.53	25.69	18.80	23.60	25.03	19.14	15.97	17.96	12.23
16.63	19.90	23.93	26.53	25.69	22.45	26.03	25.03	11.59	13.37	23.95	11.33
15.59	18.72	27.70	26.53	26.61	18.80	26.03	26.39	13.91	15.97	17.96	11.33
16.63	17.67	21.94	25.22	25.69	23.62	27.47	22.74	13.91	12.31	19.66	13.29
16.63	19.90	23.93	22.88	27.61	23.62	27.47	25.03	12.68	12.31	19.66	13.29
16.63	18.72	21.94	22.88	27.61	21.39	26.03	27.95	12.68	12.31	19.66	13.29

续表

S1	S2	S3	S4	S5	S6	S7	S8	S9	S10	S11	S12
16.63	19.90	23.93	24.05	27.61	23.62	27.47	27.95	12.68	12.31	19.66	11.33
16.63	19.90	21.94	22.88	25.69	23.62	26.03	27.95	11.59	12.31	19.66	12.23
16.63	18.72	21.94	22.88	27.61	23.62	27.47	25.03	10.64	13.37	21.63	11.33
16.63	17.67	21.94	26.53	25.69	23.62	27.47	31.77	12.68	12.31	19.66	11.33
16.63	21.25	26.33	24.05	24.85	19.58	26.03	25.03	19.14	13.37	17.96	11.33
16.63	19.90	21.94	22.88	25.69	23.62	27.47	27.95	12.68	12.31	19.66	13.29
15.59	18.72	26.33	24.05	24.85	19.58	23.60	25.03	19.14	15.97	17.96	11.33
19.09	19.90	23.93	25.22	27.61	23.62	27.47	25.03	10.64	13.37	19.66	13.29
15.59	18.72	27.70	24.05	27.61	19.58	26.03	25.03	15.36	15.97	17.96	13.29
16.63	18.72	21.94	24.05	25.69	21.39	26.03	25.03	12.68	12.31	21.63	13.29
15.59	18.72	26.33	24.05	24.85	20.44	21.62	25.03	17.08	13.37	17.96	12.23
15.59	21.25	26.33	24.05	25.69	20.44	23.60	25.03	19.14	15.97	17.96	11.33
15.59	21.25	26.33	26.53	26.61	18.80	21.62	26.39	19.14	15.97	17.96	12.23
19.09	18.72	20.27	24.05	27.61	21.39	27.47	25.03	13.91	12.31	19.66	13.29
14.65	15.18	17.42	16.95	18.55	15.31	19.30	16.80	8.48	9.83	11.54	8.89
14.65	18.72	26.33	26.53	26.61	19.58	26.03	26.39	19.14	13.37	15.24	12.23
19.09	19.90	21.94	22.88	25.69	23.62	26.03	27.95	12.68	12.31	19.66	11.33
15.59	21.25	26.33	24.05	24.85	19.58	23.60	26.39	15.36	13.37	17.96	11.33
16.63	19.90	23.93	22.88	27.61	21.39	26.03	27.95	12.68	12.31	19.66	11.33
15.59	18.72	26.33	24.05	25.69	18.80	20.78	26.39	19.14	13.37	17.96	11.33
16.63	18.72	21.94	25.22	27.61	23.62	27.47	22.74	12.68	12.31	19.66	13.29
15.59	18.72	26.33	26.53	25.69	19.58	21.62	25.03	15.36	13.37	8.35	11.33
16.63	18.72	21.94	22.88	27.61	21.39	26.03	27.95	12.68	12.31	19.66	11.33
16.63	18.72	26.33	24.05	24.85	19.58	23.60	27.95	15.36	15.97	17.96	11.33
19.09	19.90	23.93	25.22	27.61	23.62	27.47	27.95	12.68	12.31	21.63	13.29
15.59	21.25	26.33	24.05	25.69	18.80	21.62	23.82	19.14	13.37	17.96	12.23
19.09	17.67	23.93	22.88	27.61	22.45	29.09	25.03	11.59	12.31	19.66	11.33
16.63	18.72	27.70	26.53	24.09	18.80	23.60	26.39	19.14	13.37	17.96	11.33
19.09	18.72	26.33	22.88	25.69	23.62	27.47	27.95	10.64	12.31	23.95	13.29
15.59	21.25	26.33	26.53	25.69	20.44	20.78	26.39	19.14	13.37	17.96	11.33
16.63	17.67	21.94	22.88	25.69	21.39	27.47	25.03	9.83	12.31	19.66	13.29
15.59	21.25	26.33	26.53	26.61	19.58	20.78	26.39	19.14	15.97	17.96	11.33

续表

S1	S2	S3	S4	S5	S6	S7	S8	S9	S10	S11	S12
19.09	18.72	21.94	25.22	27.61	21.39	26.03	27.95	11.59	5.98	19.66	13.29
15.59	21.25	26.33	26.53	26.61	18.80	20.78	26.39	15.36	13.37	17.96	11.33
19.09	18.72	23.93	22.88	27.61	21.39	26.03	25.03	12.68	12.31	19.66	11.33
15.59	21.25	26.33	26.53	25.69	19.58	23.60	25.03	19.14	13.37	17.96	11.33
19.09	12.86	21.94	14.86	17.56	15.31	18.66	20.93	7.43	7.68	11.54	8.89
19.09	17.67	21.94	25.22	27.61	21.39	27.47	25.03	10.64	12.31	21.63	11.33
15.59	18.72	27.70	24.05	24.85	20.44	21.62	25.03	15.36	19.48	17.96	11.33
19.09	18.72	23.93	25.22	27.61	23.62	26.03	25.03	12.68	12.31	19.66	13.29
15.59	21.25	26.33	24.05	24.85	18.80	21.62	26.39	19.14	15.97	17.96	11.33
19.09	18.72	21.94	25.22	27.61	23.62	26.03	27.95	12.68	10.56	23.95	13.29
14.65	22.79	27.70	24.05	24.09	18.80	21.62	26.39	19.14	15.97	15.24	11.33
19.09	18.72	21.94	22.88	27.61	23.62	26.03	25.03	12.68	12.31	23.95	11.33
14.65	24.56	27.70	26.53	25.69	22.45	20.78	29.73	19.14	15.97	14.13	12.23
16.63	17.67	21.94	22.88	27.61	22.45	26.03	25.03	10.64	12.31	21.63	11.33
15.59	21.25	26.33	26.53	26.61	18.80	26.03	25.03	19.14	15.97	17.96	11.33
19.09	18.72	23.93	22.88	27.61	21.39	26.03	22.74	13.91	12.31	19.66	13.29
16.63	18.72	25.07	24.05	25.69	22.45	23.60	26.39	15.36	13.37	17.96	12.23
16.63	19.90	23.93	24.05	25.69	21.39	26.03	25.03	13.91	13.37	19.66	11.33
16.63	19.90	23.93	24.05	25.69	21.39	26.03	25.03	13.91	13.37	19.66	11.33
16.63	19.90	23.93	26.53	25.69	21.39	24.75	25.03	13.91	13.37	19.66	11.33
16.63	22.79	26.33	24.05	25.69	20.44	23.60	26.39	15.36	12.31	17.96	11.33
16.63	18.72	26.33	24.05	25.69	20.44	23.60	26.39	15.36	13.37	17.96	11.33
16.63	19.90	23.93	24.05	25.69	21.39	26.03	25.03	13.91	13.37	19.66	11.33
16.63	19.90	23.93	24.05	25.69	21.39	26.03	25.03	13.91	13.37	19.66	12.23
16.63	18.72	26.33	24.05	25.69	20.44	23.60	26.39	15.36	13.37	17.96	12.23
16.63	18.72	23.93	22.88	25.69	22.45	26.03	25.03	13.91	13.37	19.66	11.33
16.63	18.72	26.33	24.05	25.69	20.44	23.60	26.39	15.36	14.58	17.96	12.23
16.63	18.72	23.93	24.05	25.69	21.39	26.03	25.03	13.91	13.37	19.66	12.23
16.63	19.90	26.33	24.05	25.69	20.44	23.60	25.03	15.36	13.37	17.96	12.23
16.63	18.72	26.33	24.05	25.69	20.44	23.60	26.39	15.36	14.58	17.96	12.23
16.63	18.72	25.07	24.05	25.69	20.44	24.75	25.03	15.36	13.37	17.96	12.23
16.63	18.72	26.33	24.05	25.69	20.44	24.75	25.03	15.36	13.37	17.96	12.23

第 6 章　典型线路列车运行能效状态估算与分析

续表

S1	S2	S3	S4	S5	S6	S7	S8	S9	S10	S11	S12
16.63	18.72	26.33	24.05	25.69	20.44	24.75	26.39	15.36	13.37	17.96	12.23
16.63	18.72	23.93	24.05	25.69	21.39	26.03	25.03	15.36	13.37	19.66	12.23
16.63	18.72	25.07	24.05	25.69	21.39	26.03	25.03	15.36	13.37	19.66	12.23
16.63	18.72	23.93	24.05	25.69	21.39	26.03	25.03	15.36	13.37	19.66	12.23
16.63	18.72	25.07	24.05	25.69	21.39	26.03	25.03	15.36	13.37	19.66	12.23
16.63	18.72	23.93	24.05	25.69	21.39	26.03	25.03	15.36	13.37	19.66	12.23
16.63	18.72	25.07	24.05	25.69	21.39	26.03	25.03	15.36	13.37	19.66	12.23
16.63	18.72	23.93	24.05	25.69	21.39	26.03	25.03	15.36	13.37	19.66	12.23
16.63	18.72	25.07	24.05	25.69	21.39	26.03	25.03	15.36	13.37	19.66	12.23
16.63	18.72	23.93	24.05	25.69	21.39	26.03	25.03	15.36	13.37	19.66	12.23
16.63	18.72	25.07	24.05	25.69	21.39	26.03	25.03	15.36	13.37	17.96	12.23
16.63	18.72	23.93	24.05	25.69	21.39	26.03	25.03	15.36	13.37	19.66	12.23
16.63	18.72	25.07	24.05	25.69	21.39	26.03	25.03	15.36	13.37	19.66	12.23
16.63	18.72	23.93	24.05	25.69	21.39	26.03	25.03	15.36	13.37	19.66	12.23
16.63	18.72	25.07	24.05	25.69	19.58	26.03	25.03	15.36	13.37	19.66	12.23
16.63	18.72	23.93	24.05	25.69	21.39	26.03	25.03	15.36	13.37	19.66	12.23
16.63	18.72	25.07	24.05	17.56	21.39	26.03	25.03	15.36	13.37	19.66	12.23
16.63	18.72	23.93	24.05	25.69	21.39	26.03	25.03	15.36	13.37	19.66	12.23
16.63	18.72	25.07	24.05	25.69	21.39	26.03	26.39	15.36	13.37	19.66	12.23
16.63	18.72	23.93	24.05	25.69	21.39	26.03	25.03	15.36	13.37	19.66	12.23
16.63	18.72	25.07	24.05	25.69	21.39	26.03	26.39	15.36	13.37	19.66	12.23
16.63	18.72	23.93	24.05	25.69	21.39	26.03	25.03	15.36	13.37	19.66	12.23
16.63	18.72	26.33	24.05	25.69	21.39	26.03	26.39	15.36	13.37	19.66	12.23
16.63	18.72	23.93	24.05	25.69	21.39	26.03	25.03	15.36	13.37	19.66	12.23
16.63	18.72	26.33	24.05	25.69	21.39	26.03	26.39	15.36	13.37	19.66	12.23
16.63	18.72	23.93	24.05	25.69	21.39	26.03	25.03	15.36	13.37	19.66	12.23
16.63	18.72	26.33	24.05	25.69	21.39	26.03	26.39	15.36	13.37	19.66	12.23
16.63	19.90	23.93	22.88	25.69	21.39	26.03	25.03	12.68	13.37	19.66	13.29
16.63	18.72	26.33	24.05	25.69	20.44	23.60	26.39	15.36	13.37	17.96	12.23
16.63	19.90	25.07	24.05	25.69	21.39	26.03	25.03	13.91	13.37	19.66	12.23
16.63	17.67	26.33	24.05	25.69	20.44	23.60	26.39	15.36	13.37	17.96	12.23
16.63	19.90	25.07	24.05	25.69	21.39	26.03	25.03	13.91	13.37	19.66	12.23

续表

S1	S2	S3	S4	S5	S6	S7	S8	S9	S10	S11	S12
16.63	17.67	26.33	24.05	25.69	20.44	23.60	26.39	15.36	13.37	17.96	12.23
16.63	19.90	25.07	24.05	25.69	21.39	26.03	25.03	13.91	13.37	19.66	12.23
16.63	18.72	26.33	24.05	25.69	19.58	23.60	26.39	15.36	13.37	16.51	12.23
16.63	18.72	26.33	25.22	25.69	20.44	23.60	26.39	15.36	13.37	17.96	12.23
16.63	18.72	26.33	24.05	25.69	19.58	23.60	26.39	15.36	13.37	17.96	12.23
16.63	18.72	26.33	24.05	25.69	20.44	23.60	26.39	15.36	13.37	17.96	12.23
16.63	18.72	26.33	24.05	25.69	20.44	23.60	26.39	15.36	13.37	17.96	12.23
16.63	18.72	26.07	24.05	25.69	20.44	23.60	26.39	15.36	13.37	15.24	12.23
16.63	18.72	26.33	24.05	25.69	20.44	23.60	26.39	15.36	13.37	17.96	12.23
16.63	18.72	26.33	24.05	25.69	20.44	23.60	26.39	15.36	13.37	17.96	12.23
16.63	19.90	23.93	24.05	25.69	21.39	26.03	25.03	13.91	13.37	19.66	12.23
16.63	19.90	23.93	24.05	25.69	21.39	26.03	25.03	13.91	13.37	19.66	12.23
16.63	19.90	23.93	24.05	25.69	21.39	26.03	25.03	13.91	13.37	19.66	13.29
16.63	18.72	26.33	24.05	25.69	20.44	23.60	25.03	15.36	13.37	17.96	12.23
16.63	18.72	26.33	24.05	25.69	20.44	23.60	26.39	15.36	13.37	17.96	12.23
16.63	18.72	26.33	24.05	25.69	20.44	23.60	26.39	15.36	13.37	17.96	12.23
16.63	18.72	26.33	24.05	25.69	20.44	23.60	26.39	15.36	13.37	17.96	12.23
16.63	18.72	26.33	24.05	25.69	20.44	23.60	26.39	15.36	13.37	17.96	12.23
16.63	19.90	23.93	24.05	25.69	21.39	26.03	25.03	13.91	13.37	19.66	13.29
16.63	18.72	26.33	24.05	25.69	20.44	23.60	26.39	15.36	13.37	17.96	12.23
16.63	19.90	23.93	24.05	25.69	21.39	26.03	25.03	13.91	13.37	19.66	12.23
16.63	18.72	26.33	24.05	25.69	20.44	23.60	25.03	15.36	13.37	17.96	12.23
16.63	19.90	23.93	24.05	25.69	21.39	26.03	25.03	13.91	12.31	19.66	13.29
16.63	13.36	19.53	15.32	19.11	15.78	18.07	18.25	8.48	8.62	12.30	8.47
16.63	18.72	26.33	24.05	25.69	20.44	23.60	26.39	15.36	13.37	17.96	12.23
16.63	19.90	23.93	24.05	25.69	21.39	26.03	25.03	13.91	13.37	19.66	13.29
16.63	21.25	26.33	24.05	25.69	20.44	23.60	26.39	15.36	13.37	17.96	12.23
16.63	18.72	26.33	24.05	25.69	20.44	23.60	26.39	15.36	13.37	17.96	12.23
16.63	18.72	26.33	24.05	25.69	20.44	23.60	26.39	15.36	13.37	17.96	12.23
16.63	19.90	23.93	24.05	25.69	21.39	26.03	25.03	13.91	13.37	19.66	11.67
16.63	18.72	26.33	24.05	25.69	20.44	23.60	26.39	15.36	13.37	17.96	12.23
16.63	19.90	23.93	22.88	25.69	21.39	26.03	25.03	13.91	13.37	19.66	13.29

续表

S1	S2	S3	S4	S5	S6	S7	S8	S9	S10	S11	S12
16.63	18.72	26.33	24.05	25.69	20.44	23.60	26.39	6.24	13.37	17.96	12.23
16.63	18.72	26.33	24.05	25.69	20.44	23.60	26.39	15.36	13.37	17.96	12.23
16.63	18.72	26.33	24.05	25.69	20.44	23.60	26.39	15.36	13.37	17.96	12.23
16.63	18.72	26.33	24.05	25.69	20.44	23.60	26.39	15.36	13.37	17.96	6.79
16.63	19.90	23.93	24.05	25.69	21.39	26.03	25.03	13.91	13.37	19.66	13.29
16.63	18.72	26.33	24.05	25.69	20.44	23.60	26.39	15.36	13.37	17.96	11.85
16.63	19.90	23.93	24.05	25.69	21.39	26.03	25.03	13.91	13.37	19.66	13.29
16.63	19.90	23.93	24.05	25.69	21.39	26.03	25.03	13.91	13.37	19.66	12.84
16.63	19.90	23.93	24.05	25.69	21.39	26.03	25.03	13.91	13.37	19.66	13.29
16.63	19.90	23.93	24.05	25.69	21.39	26.03	25.03	13.91	13.37	19.66	13.29
16.63	19.90	23.93	24.05	25.69	21.39	26.03	25.03	13.91	13.37	19.66	13.29

（2）优化运行方案下全部列车的牵引能耗结果

表 6-11 列出了优化运行方案下，八通线土桥—四惠方向 190 个计划运行车次（全部车次）各个区间的牵引能耗结果。

表 6-11　土桥—四惠区间牵引能耗结果（优化运行方案）　　单位：kW·h

S1	S2	S3	S4	S5	S6	S7	S8	S9	S10	S11	S12
13.22	15.43	15.93	15.47	16.29	14.15	17.43	17.20	8.59	6.75	10.13	8.04
15.10	17.29	22.19	24.84	26.11	18.95	24.33	23.31	12.62	12.18	19.77	10.16
14.96	17.32	22.15	22.01	23.95	18.95	27.47	23.43	11.21	11.81	19.55	10.16
14.84	17.31	24.30	22.40	24.16	18.90	24.19	23.35	12.36	12.04	16.27	10.24
14.94	17.24	22.53	24.85	24.07	20.68	24.17	23.48	12.49	12.35	16.14	10.22
14.99	17.49	22.07	24.87	24.25	18.87	24.17	23.45	12.33	12.20	19.81	10.29
14.95	17.31	20.27	24.98	24.14	20.68	27.08	26.12	10.03	12.09	16.19	12.24
14.84	17.00	24.40	22.25	26.13	17.39	21.93	23.37	12.42	12.20	13.73	11.94
14.77	19.37	24.39	22.45	23.92	20.87	27.36	23.21	10.33	12.27	16.26	12.14
13.14	17.09	24.55	22.19	23.94	17.30	24.33	23.38	12.52	12.15	16.12	10.54
15.02	16.99	24.63	22.24	24.09	20.91	24.66	23.47	12.33	11.99	19.99	12.14
14.70	19.73	22.00	22.12	24.02	20.66	27.37	21.29	10.23	12.20	19.60	12.16
15.02	15.32	22.21	22.32	23.65	18.92	24.34	23.48	12.44	12.46	19.76	12.11
13.01	19.60	27.52	24.95	21.19	17.35	24.26	23.33	12.34	11.81	16.33	10.08
15.17	19.61	20.19	22.54	24.14	18.93	24.58	23.38	10.17	10.24	19.63	10.14

续表

S1	S2	S3	S4	S5	S6	S7	S8	S9	S10	S11	S12
13.18	22.72	24.69	24.91	22.54	17.25	24.25	23.47	15.42	12.21	19.65	10.28
13.16	17.28	22.10	22.28	23.93	20.73	27.13	26.13	12.38	10.12	19.56	10.13
15.10	17.23	27.30	22.34	22.60	18.66	20.01	26.20	15.63	12.06	19.93	10.13
15.04	17.23	20.40	22.49	24.00	23.18	27.10	23.31	12.46	12.17	16.36	10.17
13.05	19.91	27.13	22.20	24.00	17.35	24.29	23.51	15.44	12.13	16.55	10.38
14.95	19.62	20.35	22.22	24.02	23.04	27.49	29.61	10.19	10.15	20.02	12.22
15.09	17.45	27.19	22.27	22.43	17.18	24.12	23.29	15.57	12.02	16.34	10.28
14.82	19.56	20.17	19.98	24.18	23.14	24.20	23.24	10.19	10.24	19.74	11.93
17.55	19.78	24.86	22.30	22.63	17.30	24.07	23.27	15.55	12.09	16.28	10.24
17.24	17.28	24.28	18.42	25.86	20.70	24.26	22.14	12.32	10.14	16.30	12.26
15.08	19.42	24.61	22.31	22.67	17.24	24.30	21.09	12.38	11.94	16.42	10.31
17.17	17.14	22.22	20.19	23.81	20.63	24.38	23.22	10.10	14.43	19.71	12.19
15.00	17.29	27.62	22.33	24.05	17.10	21.95	21.28	15.64	14.53	16.29	10.15
15.08	17.24	22.06	18.39	23.94	23.23	26.98	23.06	12.50	12.19	19.72	12.12
13.16	19.82	27.22	24.79	23.98	17.30	21.80	23.31	15.47	12.09	19.84	10.13
14.92	17.36	22.19	20.16	22.71	23.04	26.91	23.22	10.25	11.50	17.87	12.05
12.98	19.63	27.63	24.50	23.93	18.82	19.86	23.30	13.88	11.99	19.62	10.21
14.91	17.34	20.34	18.11	25.69	21.76	25.65	25.93	10.20	10.98	19.75	12.03
13.12	19.62	27.37	22.33	24.13	18.17	21.93	23.39	15.22	12.36	16.20	10.28
15.03	18.42	20.22	22.17	25.53	22.04	25.53	23.46	9.45	12.13	18.13	12.12
13.95	19.56	24.44	24.58	23.39	18.14	21.83	23.52	13.82	12.08	16.40	10.21
14.86	17.20	22.04	19.79	25.76	19.84	25.55	23.13	11.26	11.20	18.02	12.05
14.91	19.57	24.36	22.32	23.12	18.02	24.24	23.50	15.28	12.14	16.24	10.39
17.40	17.29	22.05	21.18	25.70	22.01	25.68	23.39	10.14	11.05	17.93	10.29
13.88	19.54	25.77	23.70	23.49	18.16	24.34	22.27	13.84	12.06	16.22	10.41
17.09	17.24	22.21	21.22	26.00	21.73	23.14	23.32	12.28	11.10	17.84	12.05
13.81	19.72	25.76	24.94	23.27	18.09	21.93	24.69	17.64	14.90	16.35	10.98
17.29	17.14	20.49	21.23	25.94	21.77	24.32	25.99	11.37	10.93	22.17	10.18
13.86	19.55	24.31	24.89	23.31	16.08	21.85	24.64	15.44	14.53	16.22	11.24
17.07	17.26	20.28	21.35	24.16	20.73	25.53	21.23	11.15	10.86	15.97	12.03
14.08	19.58	25.78	25.11	23.80	17.17	22.05	23.20	17.87	14.68	16.15	11.11
15.04	18.48	22.40	24.87	24.15	20.84	24.53	23.38	10.25	12.43	22.22	10.29

续表

S1	S2	S3	S4	S5	S6	S7	S8	S9	S10	S11	S12
14.02	17.27	25.82	24.79	24.90	17.20	24.17	24.56	12.44	14.31	16.29	10.35
14.96	16.13	20.31	23.44	24.18	21.57	25.68	21.33	12.39	10.99	18.00	11.98
14.87	18.51	25.03	21.19	25.70	21.82	25.54	23.30	11.27	10.96	17.55	12.24
15.02	17.34	20.26	21.14	25.84	19.81	24.23	25.87	11.26	11.13	17.69	11.92
15.01	18.35	22.21	22.32	25.95	21.85	25.67	26.09	11.31	11.17	17.83	10.21
14.87	18.40	20.43	21.04	24.21	21.97	24.12	26.20	10.24	10.97	18.04	11.14
14.97	17.20	20.43	21.28	25.82	21.87	25.61	23.25	9.25	12.05	19.77	10.26
14.83	16.26	20.20	24.94	24.16	21.78	26.02	29.54	11.31	11.12	18.02	10.22
14.85	19.71	24.54	22.38	23.54	18.10	23.96	23.45	17.81	12.40	16.35	10.45
14.97	18.49	20.30	21.21	23.98	21.97	25.66	26.05	11.23	10.89	17.98	12.25
14.26	17.32	24.58	22.46	23.48	18.07	21.88	23.37	17.86	14.68	16.36	10.20
17.42	18.28	22.28	23.68	25.77	21.77	25.64	23.35	9.35	11.92	18.08	12.20
14.11	17.03	25.80	22.31	25.87	18.24	24.21	23.10	13.84	14.58	16.16	12.52
15.06	17.21	20.46	22.23	24.04	19.73	24.32	23.38	11.31	10.93	19.76	12.02
13.76	17.22	24.36	22.49	23.17	19.06	20.08	23.27	15.48	12.16	16.35	11.13
13.78	19.92	24.48	22.13	24.28	18.86	21.99	23.48	17.75	14.25	16.19	10.28
13.83	19.82	24.43	24.82	24.83	17.32	19.89	24.71	17.67	14.40	16.10	11.13
17.25	17.21	18.42	22.27	25.89	19.67	25.75	23.32	12.50	11.13	17.85	12.26
13.17	13.88	15.74	15.53	17.07	14.25	17.82	15.49	7.38	8.86	10.29	8.03
13.10	17.18	24.38	24.90	24.70	18.02	24.27	25.20	17.89	11.85	13.58	11.20
17.37	18.01	20.18	21.13	23.80	22.12	24.14	26.01	11.29	11.11	17.94	10.25
13.93	19.65	24.62	22.29	23.28	18.28	22.01	24.63	13.87	11.96	16.15	10.09
15.06	18.28	22.13	21.01	25.97	19.79	24.27	26.01	11.35	11.35	18.06	10.31
14.13	17.26	24.50	22.33	24.20	17.37	19.37	24.38	17.92	12.40	16.17	10.16
14.94	17.19	20.17	23.61	25.80	21.82	25.58	21.13	11.26	11.20	17.80	12.19
14.00	17.12	24.41	25.06	23.92	18.16	20.18	23.05	13.79	11.84	7.42	10.30
14.62	17.18	20.08	21.19	26.02	19.74	24.21	26.16	11.21	11.05	17.81	10.36
14.79	17.36	24.64	22.17	23.72	18.07	21.94	26.15	13.71	14.52	16.15	10.25
17.29	18.24	22.23	23.37	25.62	21.86	25.54	26.18	11.36	11.32	19.60	12.24
13.98	19.42	24.46	22.31	23.82	17.23	19.96	22.14	17.76	11.97	16.29	11.12
17.23	16.21	22.01	21.24	25.90	20.68	27.11	23.38	10.13	11.08	17.98	10.22
14.96	17.12	25.85	24.97	22.53	17.22	22.08	24.60	17.73	12.13	16.43	10.28

续表

S1	S2	S3	S4	S5	S6	S7	S8	S9	S10	S11	S12
16.95	17.44	24.30	21.22	24.26	21.93	25.67	26.22	9.27	11.03	22.19	12.14
13.95	19.61	24.58	24.67	23.89	19.12	19.40	24.71	17.90	12.31	16.19	10.49
15.07	16.60	20.32	20.97	23.90	19.72	25.56	23.15	8.72	11.20	17.99	11.96
13.89	19.59	24.60	24.86	25.07	18.17	19.10	24.69	17.84	14.69	16.25	10.39
17.31	17.13	20.31	23.60	25.58	19.75	23.88	25.76	10.18	5.08	17.84	12.30
13.80	19.67	24.31	25.11	24.85	17.50	19.23	24.62	13.94	12.62	16.27	10.25
17.25	17.22	22.29	21.37	26.03	19.58	24.19	23.41	11.32	11.21	17.65	10.23
13.95	19.29	24.45	24.93	23.95	18.14	21.96	23.10	17.79	11.78	16.22	10.29
17.00	11.77	20.26	13.71	16.41	14.08	17.34	19.39	6.38	6.74	10.17	7.93
17.31	16.25	20.36	23.50	26.19	19.82	25.68	23.47	9.48	11.14	19.81	10.10
13.96	17.37	25.64	22.23	22.93	18.88	20.09	23.47	13.93	17.86	16.36	10.38
17.12	17.39	22.08	23.52	25.71	21.80	24.33	23.32	11.09	11.33	17.79	12.16
13.97	19.60	24.44	22.18	23.30	17.65	20.00	24.75	17.69	14.59	16.28	10.54
17.46	17.32	20.21	23.52	26.01	21.50	24.19	26.26	11.29	9.68	22.27	12.16
13.22	21.11	25.79	22.28	23.24	17.25	19.98	24.62	17.63	14.42	13.86	10.37
17.38	17.03	20.28	21.05	25.70	22.10	24.47	23.32	11.29	10.92	22.27	10.39
13.08	22.98	26.15	25.09	24.29	20.74	19.19	27.94	17.67	14.52	12.43	11.07
14.98	16.40	20.12	21.09	25.58	20.77	24.23	23.32	9.18	11.17	19.55	10.25
13.91	19.56	24.28	24.82	24.97	17.27	24.16	23.39	17.92	14.49	16.34	10.16
17.38	17.97	22.16	22.74	25.77	19.80	24.50	21.20	12.43	10.98	18.00	12.47
14.90	17.13	23.44	22.37	24.04	20.74	22.02	24.46	13.63	11.94	16.13	11.12
15.06	18.52	22.14	22.32	24.03	19.89	23.90	23.19	12.43	12.08	18.01	10.23
14.81	18.63	22.13	22.21	24.06	19.72	24.07	23.22	12.49	12.10	17.76	10.39
15.02	18.28	22.18	24.92	24.15	19.74	23.00	23.32	12.42	12.24	17.72	10.38
14.97	21.02	24.53	22.45	24.09	18.81	21.92	24.68	14.11	11.32	16.23	10.29
14.93	17.25	24.48	22.13	24.26	18.86	21.90	24.61	13.89	12.05	16.20	10.28
15.04	18.41	22.35	22.28	24.13	19.77	24.14	23.38	12.44	12.25	17.92	10.17
14.89	18.21	22.20	22.28	24.18	19.74	24.12	23.13	12.27	11.99	17.91	11.36
14.94	17.35	24.63	21.92	24.24	18.69	21.80	24.81	13.70	12.37	16.29	11.15
14.74	17.42	22.29	21.11	24.23	20.79	24.30	23.31	12.39	12.22	17.71	10.18
15.08	17.22	24.36	22.30	23.93	18.85	21.93	24.65	13.84	13.23	16.14	10.96
15.03	17.05	22.20	22.24	24.03	19.72	24.46	23.04	12.27	11.82	17.88	11.06

续表

S1	S2	S3	S4	S5	S6	S7	S8	S9	S10	S11	S12
14.99	18.51	24.64	22.16	24.15	18.96	21.92	23.29	13.94	12.22	16.42	11.11
14.92	17.26	24.46	22.31	24.40	18.99	21.86	24.78	13.81	13.63	16.43	11.20
14.96	17.10	23.37	22.38	23.94	18.92	23.08	23.46	13.72	12.09	16.26	11.37
14.90	17.45	24.57	22.18	24.15	18.85	23.18	23.37	13.70	11.84	16.40	11.14
15.03	17.24	24.74	22.39	24.18	18.93	23.09	24.71	13.77	11.92	15.98	10.97
14.81	17.26	21.99	22.36	24.04	19.88	24.36	23.30	13.87	11.80	17.84	11.01
15.02	17.29	23.32	22.42	24.10	19.69	24.17	23.55	13.76	11.97	17.97	11.02
14.96	17.47	22.16	22.31	24.24	19.66	24.12	23.34	13.90	11.98	17.83	11.00
14.77	16.99	23.09	22.35	23.86	19.85	24.41	23.56	13.89	12.17	18.02	11.18
15.08	17.06	21.93	22.31	23.93	19.93	24.03	23.53	13.75	11.85	17.80	11.11
14.57	17.22	23.36	22.64	23.96	19.61	24.35	23.36	13.89	12.07	17.93	11.01
15.05	17.24	22.08	22.17	24.27	19.89	24.49	23.67	13.82	12.12	17.84	11.19
15.05	17.27	23.21	22.29	24.04	19.67	24.48	23.17	13.66	12.51	17.98	11.17
14.95	17.54	22.30	22.07	23.96	19.66	23.95	23.46	13.69	12.01	18.06	11.08
14.93	17.29	23.20	22.44	24.00	19.54	24.24	23.36	13.70	11.94	16.06	11.16
14.72	17.34	22.23	22.48	24.96	19.74	24.20	24.56	13.80	12.07	17.81	10.97
14.70	17.43	23.25	22.34	24.19	19.67	24.61	23.21	13.90	11.90	17.91	11.28
14.82	18.41	22.02	22.38	24.17	19.83	24.35	23.39	13.87	12.17	17.94	11.21
14.99	17.28	23.29	22.06	24.23	18.12	24.95	23.30	13.66	13.30	17.81	10.93
14.99	16.96	22.28	22.35	24.13	19.74	24.36	23.28	13.68	11.99	17.94	11.25
14.97	17.20	23.29	22.44	16.35	19.62	24.33	23.20	13.71	11.92	18.03	11.11
14.86	17.12	22.21	22.33	24.32	19.64	24.22	23.19	13.85	11.97	17.99	11.08
15.09	17.02	23.35	22.36	24.17	19.75	24.52	24.44	13.66	12.08	17.69	11.09
15.00	17.22	22.32	22.15	24.41	19.80	24.11	23.43	13.86	12.09	18.03	10.89
15.03	17.26	23.17	22.21	24.13	19.81	24.18	24.66	13.75	12.18	17.84	11.10
14.89	17.17	22.10	22.25	24.24	19.87	24.46	23.32	13.83	12.08	17.76	11.05
14.89	17.28	24.37	22.47	24.02	19.85	24.00	24.78	13.87	11.97	17.87	11.16
14.75	17.23	22.10	22.34	24.22	19.73	24.18	23.37	14.02	12.01	18.05	10.97
14.90	17.24	24.49	22.20	24.22	19.79	24.50	24.55	13.82	11.98	17.90	11.16
14.91	17.36	22.14	22.24	24.33	19.99	24.21	23.32	13.83	11.96	17.87	11.08
15.11	17.21	24.57	22.14	23.99	19.75	24.50	24.63	13.73	12.40	17.86	11.11
15.14	18.29	22.21	21.00	24.07	19.86	24.24	23.67	11.31	12.17	17.91	12.14

续表

S1	S2	S3	S4	S5	S6	S7	S8	S9	S10	S11	S12
15.07	17.33	24.63	22.38	24.13	18.90	21.83	24.69	13.85	12.03	16.17	11.29
14.86	18.09	23.10	22.30	24.15	19.74	24.33	23.40	12.55	11.96	17.81	11.04
14.86	16.26	24.41	22.33	24.10	18.73	21.90	24.75	13.90	12.29	16.20	10.95
15.03	18.25	23.37	22.45	24.00	19.74	24.48	23.42	12.39	13.05	18.04	11.04
15.26	16.44	24.50	22.12	24.26	18.87	21.75	24.60	13.85	12.33	16.33	11.01
14.89	18.26	23.36	22.36	24.56	19.74	24.33	23.49	12.28	12.07	17.83	11.19
14.92	17.56	24.83	22.48	24.17	18.16	21.98	24.61	13.97	12.19	14.95	11.14
14.91	17.27	24.47	23.58	24.31	18.92	22.17	24.69	13.88	12.24	16.35	11.23
14.83	17.38	24.43	22.22	24.34	18.16	22.06	24.62	13.79	12.06	16.36	11.30
15.05	17.16	24.67	22.34	23.88	18.87	21.94	24.69	13.96	11.95	16.32	11.24
14.83	17.10	24.33	22.32	24.14	18.91	21.87	24.78	13.94	12.02	16.23	11.05
14.87	16.94	24.09	22.12	24.03	18.86	22.24	24.65	13.69	12.18	13.64	11.27
15.08	17.26	24.57	22.55	24.25	18.74	22.05	24.41	13.71	12.23	16.40	11.31
15.02	17.15	24.57	22.09	23.77	18.92	22.05	24.65	13.92	11.96	16.30	11.21
14.84	18.65	22.19	22.35	24.28	19.49	24.39	23.21	12.51	12.26	17.81	11.29
15.01	18.51	22.08	22.34	24.06	19.72	23.88	23.40	12.46	12.03	17.86	11.18
14.91	18.37	22.10	22.29	24.24	19.59	23.98	23.27	12.45	11.99	17.98	12.18
14.84	17.33	24.36	22.17	23.83	18.89	21.95	23.28	13.90	12.13	16.37	11.18
14.97	17.24	24.53	22.36	24.31	18.87	21.81	24.66	14.10	12.24	16.30	11.15
14.98	17.21	24.53	22.36	24.05	18.93	22.00	24.52	13.90	12.10	16.22	11.03
15.03	17.12	24.66	24.43	24.07	18.82	21.94	24.75	13.69	11.98	16.28	11.07
15.01	17.12	24.48	22.32	24.21	18.92	21.81	24.73	13.85	12.05	16.31	11.23
15.00	18.26	22.03	22.13	24.38	19.76	24.14	23.07	12.48	11.95	18.06	12.26
15.01	16.88	24.48	22.34	24.16	18.96	21.96	24.59	13.89	12.04	16.27	11.08
14.96	18.24	22.30	22.49	24.06	19.83	24.34	23.54	12.61	11.92	17.96	11.04
14.92	17.30	24.31	22.40	23.90	18.93	21.97	23.33	13.89	12.29	16.45	11.27
15.01	18.23	22.06	22.18	23.99	19.74	24.21	23.25	12.48	10.86	17.81	12.18
15.14	12.26	18.03	14.14	17.82	14.48	16.76	16.75	7.63	7.48	10.90	7.56
14.92	17.27	24.75	22.38	23.79	19.02	21.92	24.70	13.81	11.80	16.17	11.16
15.17	18.21	22.06	22.15	24.19	19.56	24.20	23.43	12.50	12.01	17.72	12.43
14.95	19.58	24.43	22.36	23.96	19.10	21.85	24.73	13.71	11.91	16.39	11.10
15.03	17.12	24.69	22.19	24.13	18.91	21.80	24.78	13.64	12.11	16.14	11.19

续表

S1	S2	S3	S4	S5	S6	S7	S8	S9	S10	S11	S12
14.75	17.01	24.39	22.43	23.86	18.89	22.00	24.69	13.68	12.01	16.33	11.16
14.98	18.23	22.23	22.35	23.91	19.84	24.12	23.34	12.04	11.88	17.67	10.69
14.98	17.28	24.55	22.30	23.99	18.86	22.00	24.53	13.77	12.00	16.25	11.19
14.90	18.59	22.21	21.25	24.16	19.82	24.06	23.38	12.51	12.31	17.80	12.05
14.79	17.23	24.30	22.26	24.03	18.97	21.93	24.63	5.32	11.98	16.18	11.09
14.83	17.01	24.33	22.19	24.10	18.74	21.91	24.60	13.71	11.83	16.46	10.97
14.73	17.10	24.69	22.23	24.11	18.97	21.91	24.45	13.77	12.04	16.39	11.13
14.99	17.16	24.54	22.25	23.91	18.90	22.06	24.42	13.91	12.11	16.12	6.18
15.02	18.29	22.25	22.23	24.04	19.56	24.28	23.41	12.41	12.24	17.85	12.18
14.86	17.22	24.30	21.93	24.61	18.90	22.13	24.64	13.73	12.25	16.37	10.84
15.08	18.50	21.91	22.43	24.37	19.73	24.21	23.27	12.37	11.89	17.87	12.05
14.97	18.38	22.48	22.41	24.11	19.83	24.02	23.38	12.45	12.36	17.75	11.77
14.96	18.22	22.28	22.32	24.21	19.86	24.09	23.22	12.40	12.08	17.74	12.12
14.81	18.15	22.32	22.34	24.09	19.72	24.47	23.18	12.36	12.10	17.68	12.21
14.88	18.27	22.21	22.39	24.41	19.71	24.38	23.36	12.32	11.88	17.85	11.95

（3）优化运行方案下全部列车的牵引节能结果

表6-12列出了优化运行方案下，八通线土桥—四惠方向190个计划运行车次（全部车次）各个区间的牵引能耗相对于参考运行方案的节能结果。

表6-12　土桥—四惠区间牵引节能结果（优化运行方案）　　单位：kW·h

S1	S2	S3	S4	S5	S6	S7	S8	S9	S10	S11	S12
1.43	1.32	1.49	1.48	1.27	1.16	1.23	1.05	1.24	0.93	1.41	0.85
1.53	1.43	1.74	1.69	1.50	1.49	1.70	1.72	1.29	1.19	1.86	1.17
1.67	1.40	1.78	2.04	1.74	1.49	1.62	1.60	0.38	1.56	2.08	1.17
1.79	1.41	2.03	1.65	1.53	1.54	1.84	1.68	1.55	1.33	1.69	1.09
1.69	1.48	1.40	1.68	1.62	1.77	1.86	1.55	1.42	1.02	1.82	1.11
1.64	1.23	1.86	1.66	1.44	1.57	1.86	1.58	1.58	1.17	1.82	1.04
1.68	1.41	1.67	1.55	1.55	1.77	2.01	1.83	1.56	1.28	1.77	1.05
1.79	1.72	1.93	1.80	1.48	1.41	1.67	1.66	1.49	1.17	1.51	1.35
1.86	1.88	1.94	1.60	1.77	1.58	1.73	1.82	1.26	1.10	1.70	1.15
1.51	1.63	1.78	1.86	1.75	1.50	1.70	1.65	1.39	1.22	1.84	0.79
1.61	1.73	1.70	1.81	1.60	1.54	2.43	1.56	1.58	1.38	1.64	1.15

续表

S1	S2	S3	S4	S5	S6	S7	S8	S9	S10	S11	S12
1.93	1.52	1.93	1.93	1.67	1.79	1.72	1.45	1.36	1.17	2.03	1.13
1.61	1.43	1.72	1.73	2.04	1.52	1.69	1.55	1.47	0.91	1.87	1.18
1.64	1.65	1.71	1.58	1.42	1.45	1.77	1.70	1.57	1.56	1.63	1.25
1.46	1.64	1.75	1.51	1.55	1.51	1.45	1.65	1.42	1.14	2.00	1.19
1.47	1.84	1.64	1.62	1.55	1.55	1.78	1.56	1.66	1.16	1.98	1.05
1.49	1.44	1.83	1.77	1.76	1.72	1.96	1.82	1.53	1.26	2.07	1.20
1.53	1.49	1.93	1.71	1.49	1.78	1.61	1.75	1.45	1.31	1.70	1.20
1.59	1.49	1.54	1.56	1.69	1.75	1.99	1.72	1.45	1.20	1.60	1.16
1.60	1.34	2.10	1.85	1.69	1.45	1.74	1.52	1.64	1.24	1.41	0.95
1.68	1.63	1.59	1.83	1.67	1.89	1.60	2.16	1.40	1.23	1.61	1.07
1.54	1.27	2.04	1.78	1.66	1.62	1.91	1.74	1.51	1.35	1.62	1.05
1.81	1.69	1.77	1.80	1.51	1.79	1.83	1.79	1.40	1.14	1.89	1.36
1.54	1.47	1.47	1.75	1.46	1.50	1.96	1.76	1.53	1.28	1.68	1.09
1.85	1.44	2.05	1.44	1.75	1.75	1.77	0.60	1.59	1.24	1.66	1.03
1.55	1.83	1.72	1.74	1.42	1.56	1.73	1.65	1.53	1.43	1.54	1.02
1.92	1.58	1.71	1.59	1.88	1.82	1.65	1.81	1.49	1.54	1.92	1.10
1.63	1.43	1.61	1.72	1.64	1.70	1.65	1.46	1.44	1.44	1.67	1.18
1.55	1.48	1.87	1.47	1.75	1.70	2.11	1.97	1.41	1.18	1.91	1.17
1.49	1.43	2.01	1.74	1.71	1.50	1.80	1.72	1.61	1.28	1.79	1.20
1.71	1.36	1.74	1.62	1.38	1.89	2.18	1.81	1.34	0.81	1.79	1.24
1.67	1.62	1.60	2.03	1.76	1.62	1.76	1.73	1.48	1.38	2.01	1.12
1.72	1.38	1.60	1.75	1.92	1.86	1.82	2.02	1.39	1.33	1.88	1.26
1.53	1.63	1.86	1.72	1.56	1.41	1.67	1.64	1.86	1.01	1.76	1.05
1.60	1.48	1.72	1.88	2.08	1.58	1.94	1.57	1.19	1.24	1.53	1.17
1.64	1.69	1.89	1.95	1.46	1.44	1.77	1.51	1.54	1.29	1.56	1.12
1.77	1.52	1.89	1.99	1.85	1.55	1.92	1.90	1.42	1.11	1.64	1.24
1.72	1.68	1.97	1.73	1.73	1.56	1.79	1.53	1.80	1.23	1.72	0.94
1.69	1.43	1.88	1.70	1.91	1.61	1.79	1.64	1.45	1.26	1.73	1.04
1.71	1.71	1.93	1.52	1.36	1.42	1.69	1.55	1.52	1.31	1.74	0.92
2.00	1.48	1.72	1.66	1.61	1.89	1.61	1.71	1.63	1.21	1.82	1.24
1.78	1.53	1.94	1.59	1.58	1.49	1.67	1.70	1.50	1.07	1.61	1.25
1.80	1.58	1.45	1.65	1.67	1.85	1.71	1.96	1.31	1.38	1.78	1.15

续表

S1	S2	S3	S4	S5	S6	S7	S8	S9	S10	S11	S12
1.73	1.70	2.02	1.64	1.54	1.34	1.75	1.75	1.64	1.44	1.74	0.99
2.02	1.46	1.66	1.53	1.53	1.72	1.94	1.51	1.53	1.45	1.99	1.26
1.51	1.67	1.92	1.42	1.89	1.63	1.55	1.83	1.27	1.29	1.81	1.12
1.59	1.42	1.53	1.66	1.54	1.61	1.50	1.65	1.34	0.94	1.73	1.04
1.57	1.45	1.88	1.74	1.71	1.60	1.86	1.83	1.47	1.66	1.67	0.98
1.67	1.54	1.63	1.78	1.51	2.05	1.79	1.41	1.52	1.32	1.66	1.31
1.76	1.39	−1.10	1.69	1.91	1.80	1.93	1.73	1.41	1.35	2.11	1.05
1.61	1.38	1.68	1.74	1.77	1.58	1.80	2.08	1.42	1.18	1.97	1.37
1.62	1.55	1.72	1.73	1.66	1.77	1.80	1.86	1.37	1.14	1.83	1.12
1.76	1.50	1.51	1.84	1.48	1.65	1.91	1.75	1.35	1.34	1.62	1.09
1.66	1.52	1.51	1.60	1.79	1.75	1.86	1.78	1.39	1.32	1.86	1.07
1.80	1.41	1.74	1.59	1.53	1.84	1.45	2.23	1.37	1.19	1.64	1.11
1.78	1.54	1.79	1.67	1.31	1.48	2.07	1.58	1.33	0.97	1.61	0.88
1.66	1.41	1.64	1.67	1.71	1.65	1.81	1.90	1.45	1.42	1.68	1.04
1.33	1.40	1.75	1.59	1.37	1.51	1.72	1.66	1.28	1.29	1.60	1.13
1.67	1.62	1.65	1.54	1.84	1.85	1.83	1.68	1.29	1.45	1.58	1.09
1.48	1.69	1.90	1.74	1.74	1.34	1.82	1.93	1.52	1.39	1.80	0.77
1.57	1.51	1.48	1.82	1.65	1.66	1.71	1.65	1.37	1.38	1.87	1.27
1.83	1.50	1.97	1.56	1.68	1.38	1.54	1.76	1.60	1.21	1.61	1.10
1.81	1.33	1.85	1.92	1.41	1.58	1.61	1.55	1.39	1.72	1.77	1.05
1.76	1.43	1.90	1.71	1.78	1.48	1.73	1.68	1.47	1.57	1.86	1.10
1.84	1.51	1.85	1.78	1.72	1.72	1.72	1.71	1.41	1.18	1.81	1.03
1.48	1.30	1.68	1.42	1.48	1.06	1.48	1.31	1.10	0.97	1.25	0.86
1.55	1.54	1.95	1.63	1.91	1.56	1.76	1.19	1.25	1.52	1.66	1.03
1.72	1.89	1.76	1.75	1.89	1.50	1.89	1.94	1.39	1.20	1.72	1.08
1.66	1.60	1.71	1.76	1.57	1.30	1.59	1.76	1.49	1.41	1.81	1.24
1.57	1.62	1.80	1.87	1.64	1.60	1.76	1.94	1.33	0.96	1.60	1.02
1.46	1.46	1.83	1.72	1.49	1.43	1.41	2.01	1.22	0.97	1.79	1.17
1.69	1.53	1.77	1.61	1.81	1.80	1.89	1.61	1.42	1.11	1.86	1.10
1.59	1.60	1.92	1.47	1.77	1.42	1.44	1.98	1.57	1.53	0.93	1.03
2.01	1.54	1.86	1.69	1.59	1.65	1.82	1.79	1.47	1.26	1.85	0.97
1.84	1.36	1.69	1.88	1.13	1.51	1.66	1.80	1.65	1.45	1.81	1.08

续表

S1	S2	S3	S4	S5	S6	S7	S8	S9	S10	S11	S12
1.80	1.66	1.70	1.85	1.99	1.76	1.93	1.77	1.32	0.99	2.03	1.05
1.61	1.83	1.87	1.74	1.87	1.57	1.66	1.68	1.38	1.40	1.67	1.11
1.86	1.46	1.92	1.64	1.71	1.77	1.98	1.65	1.46	1.23	1.68	1.11
1.67	1.60	1.85	1.56	1.56	1.58	1.52	1.79	1.41	1.24	1.53	1.05
2.14	1.28	2.03	1.66	1.43	1.69	1.80	1.73	1.37	1.28	1.76	1.15
1.64	1.64	1.75	1.86	1.80	1.32	1.38	1.68	1.24	1.06	1.77	0.84
1.56	1.07	1.62	1.91	1.79	1.67	1.91	1.88	1.11	1.11	1.67	1.33
1.70	1.66	1.73	1.67	1.54	1.41	1.68	1.70	1.30	1.28	1.71	0.94
1.78	1.59	1.63	1.62	2.03	1.64	2.15	2.19	1.41	0.90	1.82	0.99
1.79	1.58	2.02	1.42	1.76	1.30	1.55	1.77	1.42	0.75	1.69	1.08
1.84	1.50	1.64	1.51	1.58	1.81	1.84	1.62	1.36	1.10	2.01	1.10
1.64	1.96	1.88	1.60	1.74	1.44	1.64	1.93	1.35	1.59	1.74	1.04
2.09	1.09	1.68	1.15	1.15	1.23	1.32	1.54	1.05	0.94	1.37	0.96
1.78	1.42	1.58	1.72	1.42	1.57	1.79	1.56	1.16	1.17	1.82	1.23
1.63	1.35	2.06	1.82	1.92	1.56	1.53	1.56	1.43	1.62	1.60	0.95
1.97	1.33	1.85	1.70	1.90	1.82	1.70	1.71	1.59	0.98	1.87	1.13
1.62	1.65	1.89	1.87	1.55	1.15	1.62	1.64	1.45	1.38	1.68	0.79
1.63	1.40	1.73	1.70	1.60	2.12	1.84	1.69	1.39	0.88	1.68	1.13
1.43	1.68	1.91	1.77	0.85	1.55	1.64	1.77	1.51	1.55	1.38	0.96
1.71	1.69	1.66	1.83	1.91	1.52	1.56	1.71	1.39	1.39	1.68	0.94
1.57	1.58	1.55	1.44	1.40	1.71	1.59	1.79	1.47	1.45	1.70	1.16
1.65	1.27	1.82	1.79	2.03	1.68	1.80	1.71	1.46	1.14	2.08	1.08
1.68	1.69	2.05	1.71	1.64	1.53	1.87	1.64	1.22	1.48	1.62	1.17
1.71	0.75	1.77	0.14	1.84	1.59	1.53	1.54	1.48	1.33	1.66	0.82
1.73	1.59	1.63	1.68	1.65	1.71	1.58	1.93	1.73	1.43	1.83	1.11
1.57	1.38	1.79	1.73	1.66	1.50	2.13	1.84	1.48	1.29	1.65	1.10
1.82	1.27	1.80	1.84	1.63	1.67	1.96	1.81	1.42	1.27	1.90	0.94
1.61	1.62	1.75	1.61	1.54	1.65	1.75	1.71	1.49	1.13	1.94	0.95
1.66	1.77	1.80	1.60	1.60	1.63	1.68	1.71	1.25	0.99	1.73	1.04
1.70	1.47	1.85	1.92	1.43	1.58	1.70	1.78	1.47	1.32	1.76	1.05
1.59	1.49	1.58	1.77	1.56	1.62	1.89	1.65	1.47	1.12	1.74	1.16
1.74	1.69	1.73	1.77	1.51	1.65	1.91	1.90	1.64	1.38	1.75	0.87

第6章 典型线路列车运行能效状态估算与分析

续表

S1	S2	S3	S4	S5	S6	S7	S8	S9	S10	S11	S12
1.69	1.37	1.70	2.13	1.45	1.75	1.80	1.58	1.66	1.00	1.67	1.08
1.89	1.30	1.64	1.77	1.46	1.66	1.73	1.72	1.52	1.15	1.95	1.15
1.55	1.50	1.97	1.75	1.76	1.59	1.67	1.74	1.52	1.35	1.82	1.27
1.60	1.67	1.73	1.81	1.66	1.67	1.57	1.99	1.64	1.55	1.78	1.17
1.64	1.39	1.69	1.89	1.54	1.48	1.68	1.74	1.42	1.15	1.54	1.12
1.71	1.46	1.87	1.74	1.29	1.45	1.74	1.61	1.55	0.95	1.53	1.03
1.67	1.62	1.70	1.67	1.75	1.52	1.67	1.57	1.64	1.28	1.70	0.86
1.73	1.27	1.76	1.87	1.54	1.59	1.57	1.66	1.66	1.53	1.56	1.09
1.60	1.48	1.59	1.66	1.51	1.51	1.66	1.68	1.59	1.45	1.98	1.26
1.82	1.46	1.94	1.69	1.65	1.51	1.67	1.73	1.49	1.57	1.82	1.22
1.61	1.43	1.75	1.63	1.59	1.70	1.86	1.48	1.60	1.40	1.69	1.21
1.67	1.25	1.77	1.74	1.45	1.73	1.91	1.69	1.46	1.39	1.83	1.23
1.86	1.73	1.98	1.70	1.83	1.54	1.62	1.47	1.47	1.20	1.64	1.05
1.55	1.66	2.00	1.74	1.76	1.46	2.00	1.50	1.61	1.52	1.86	1.12
2.06	1.50	1.71	1.41	1.73	1.78	1.68	1.67	1.47	1.30	1.73	1.22
1.58	1.48	1.85	1.88	1.42	1.50	1.54	1.36	1.54	1.25	1.82	1.04
1.58	1.45	1.86	1.76	1.65	1.72	1.55	1.86	1.70	0.86	1.68	1.06
1.68	1.18	1.63	1.98	1.73	1.73	2.08	1.57	1.67	1.36	1.60	1.15
1.70	1.43	1.87	1.61	1.69	1.85	1.79	1.67	1.66	1.43	1.90	1.07
1.91	1.38	1.70	1.57	0.73	1.65	1.83	0.47	1.56	1.30	1.85	1.26
1.93	1.29	1.82	1.71	1.50	1.72	1.42	1.82	1.46	1.47	1.75	0.95
1.81	0.31	1.91	1.67	1.52	1.56	1.68	1.64	1.49	1.20	1.72	1.02
1.64	1.44	1.78	1.99	1.46	1.46	1.08	1.73	1.70	0.07	1.85	1.30
1.64	1.76	1.65	1.70	1.56	1.65	1.67	1.75	1.68	1.38	1.72	0.98
1.66	1.52	1.78	1.61	1.21	1.77	1.70	1.83	1.65	1.45	1.63	1.12
1.77	1.60	1.72	1.72	1.37	1.75	1.81	1.84	1.51	1.40	1.67	1.15
1.54	1.70	1.72	1.69	1.52	1.64	1.51	1.95	1.70	1.29	1.97	1.14
1.63	1.50	1.61	1.90	1.28	1.59	1.92	1.60	1.50	1.28	1.63	1.34
1.60	1.46	1.90	1.84	1.56	1.58	1.85	1.73	1.61	1.19	1.82	1.13
1.74	1.55	1.83	1.80	1.45	1.52	1.57	1.71	1.53	1.29	1.90	1.18
1.74	1.44	1.96	1.58	1.67	1.54	2.03	1.61	1.49	1.40	1.79	1.07
1.88	1.49	1.83	1.71	1.47	1.66	1.85	1.66	1.34	1.36	1.61	1.26

续表

S1	S2	S3	S4	S5	S6	S7	S8	S9	S10	S11	S12
1.73	1.48	1.84	1.85	1.47	1.60	1.53	1.84	1.54	1.39	1.76	1.07
1.72	1.36	1.79	1.81	1.36	1.40	1.82	1.71	1.53	1.41	1.79	1.15
1.52	1.51	1.76	1.91	1.70	1.64	1.53	1.76	1.63	0.97	1.80	1.12
1.49	1.61	1.72	1.88	1.62	1.53	1.79	1.36	1.37	1.20	1.75	1.15
1.56	1.39	1.70	1.67	1.56	1.54	1.77	1.70	1.51	1.34	1.79	0.94
1.77	1.81	1.97	1.75	1.54	1.65	1.70	1.63	1.36	1.41	1.85	1.19
1.77	1.41	1.92	1.72	1.59	1.71	1.70	1.64	1.46	1.08	1.76	1.28
1.60	1.65	1.70	1.60	1.69	1.65	1.55	1.61	1.52	0.32	1.62	1.19
1.37	1.23	1.83	1.93	1.43	1.57	1.85	1.79	1.51	1.04	1.63	1.22
1.74	1.64	1.71	1.69	1.13	1.65	1.70	1.54	1.63	1.30	1.83	1.04
1.71	1.16	1.50	1.57	1.52	1.42	1.62	1.78	1.39	1.18	1.56	1.09
1.72	1.45	1.86	1.64	1.38	1.52	1.43	1.70	1.48	1.13	1.61	1.00
1.80	1.34	1.90	1.83	1.35	1.42	1.54	1.77	1.57	1.31	1.60	0.93
1.58	1.56	1.66	1.71	1.81	1.57	1.66	1.70	1.40	1.42	1.64	0.99
1.80	1.62	2.00	1.73	1.55	1.53	1.73	1.61	1.42	1.35	1.73	1.18
1.76	1.78	1.98	1.93	1.66	1.58	1.36	1.74	1.67	1.19	1.60	0.96
1.55	1.46	1.76	1.50	1.44	1.70	1.55	1.98	1.65	1.14	1.56	0.92
1.61	1.57	1.76	1.96	1.92	1.52	1.55	1.74	1.44	1.41	1.66	1.02
1.79	1.25	1.74	1.70	1.41	1.90	1.64	1.82	1.40	1.11	1.85	0.94
1.62	1.39	1.85	1.71	1.63	1.67	2.15	1.63	1.45	1.34	1.80	1.05
1.72	1.53	1.83	1.76	1.45	1.80	2.05	1.76	1.46	1.38	1.68	1.11
1.79	1.39	1.97	1.88	1.86	1.55	1.65	1.75	1.46	1.24	1.59	1.05
1.66	1.48	1.80	1.69	1.38	1.57	1.79	1.73	1.26	1.13	1.66	1.08
1.65	1.51	1.80	1.69	1.64	1.51	1.60	1.87	1.46	1.27	1.74	1.20
1.60	1.60	1.67	−0.38	1.62	1.62	1.66	1.64	1.67	1.39	1.68	1.16
1.62	1.60	1.85	1.73	1.48	1.52	1.79	1.66	1.51	1.32	1.65	1.00
1.63	1.64	1.90	1.92	1.31	1.63	1.89	1.96	1.43	1.42	1.60	1.03
1.62	1.84	1.85	1.71	1.53	1.48	1.64	1.80	1.47	1.33	1.69	1.15
1.67	1.66	1.63	1.56	1.63	1.56	1.69	1.49	1.30	1.45	1.70	1.19
1.71	1.42	2.02	1.65	1.79	1.51	1.63	1.70	1.47	1.08	1.51	0.96
1.62	1.67	1.87	1.87	1.70	1.65	1.82	1.78	1.43	1.45	1.85	1.11
1.49	1.10	1.50	1.18	1.29	1.30	1.31	1.50	0.85	1.14	1.40	0.91

续表

S1	S2	S3	S4	S5	S6	S7	S8	S9	S10	S11	S12
1.71	1.45	1.58	1.67	1.90	1.42	1.68	1.69	1.55	1.57	1.79	1.07
1.46	1.69	1.87	1.90	1.50	1.83	1.83	1.60	1.41	1.36	1.94	0.86
1.68	1.67	1.90	1.69	1.73	1.34	1.75	1.66	1.65	1.46	1.57	1.13
1.60	1.60	1.64	1.86	1.56	1.53	1.80	1.61	1.72	1.26	1.82	1.04
1.88	1.71	1.94	1.62	1.83	1.55	1.60	1.70	1.68	1.36	1.63	1.07
1.65	1.67	1.70	1.70	1.78	1.55	1.91	1.69	1.87	1.49	1.99	0.98
1.65	1.44	1.78	1.75	1.70	1.58	1.60	1.86	1.59	1.37	1.71	1.04
1.73	1.31	1.72	1.63	1.53	1.57	1.97	1.65	1.40	1.06	1.86	1.24
1.84	1.49	2.03	1.79	1.66	1.47	1.67	1.76	0.92	1.39	1.78	1.14
1.80	1.71	2.00	1.86	1.59	1.70	1.69	1.79	1.65	1.54	1.50	1.26
1.90	1.62	1.64	1.82	1.58	1.47	1.69	1.94	1.59	1.33	1.57	1.10
1.64	1.56	1.79	1.80	1.78	1.54	1.54	1.97	1.45	1.26	1.84	0.61
1.61	1.61	1.68	1.82	1.65	1.83	1.75	1.62	1.50	1.13	1.81	1.11
1.77	1.50	2.03	2.12	1.08	1.54	1.47	1.75	1.63	1.12	1.59	1.01
1.55	1.40	2.02	1.62	1.32	1.66	1.82	1.76	1.54	1.48	1.79	1.24
1.66	1.52	1.45	1.64	1.58	1.56	2.01	1.65	1.46	1.01	1.91	1.07
1.67	1.68	1.65	1.73	1.48	1.53	1.94	1.81	1.51	1.29	1.92	1.17
1.82	1.75	1.61	1.71	1.60	1.67	1.56	1.85	1.55	1.27	1.98	1.08
1.75	1.63	1.72	1.66	1.28	1.68	1.65	1.67	1.59	1.49	1.81	1.34

2. 四惠—土桥方向数据处理

（1）参考运行方案下全部列车的牵引能耗结果

表 6-13 列出了参考运行方案下，八通线四惠—土桥方向 190 个计划运行车次（全部车次）各个区间的牵引能耗结果，其中 S1~S12 代表八通线土桥站—四惠站区段总计 13 个车站间的 12 个区间。

表 6-13　四惠—土桥区间牵引能耗结果（参考运行方案）　　　　单位：kW·h

S1	S2	S3	S4	S5	S6	S7	S8	S9	S10	S11	S12
8.34	10.91	9.25	7.82	17.30	17.82	15.32	19.62	15.82	20.43	13.44	16.63
12.87	17.18	14.12	13.17	26.30	22.43	20.70	28.32	24.28	30.68	18.01	16.63
15.80	18.78	13.04	13.17	23.58	24.70	21.70	31.31	27.26	27.30	18.01	16.63
12.87	18.78	13.04	13.17	26.30	22.43	24.02	31.31	27.26	24.56	18.01	16.63

续表

S1	S2	S3	S4	S5	S6	S7	S8	S9	S10	S11	S12
12.87	18.78	13.04	13.17	26.30	24.70	24.02	31.31	27.26	24.56	18.01	16.63
12.87	17.18	16.78	16.40	23.58	22.43	20.70	31.31	27.26	24.56	20.41	16.63
12.87	17.18	14.12	13.17	26.30	22.43	20.70	31.31	21.87	30.68	18.01	16.63
12.87	20.64	14.12	10.86	26.30	24.70	20.70	31.31	27.26	27.30	18.01	16.63
12.87	17.18	14.12	13.17	23.58	22.43	22.80	31.31	27.26	24.56	18.01	16.63
12.87	20.64	14.12	13.17	26.30	22.43	22.80	31.31	27.26	27.30	18.01	16.63
12.87	17.18	16.78	10.86	26.30	24.70	25.39	31.31	27.26	24.56	18.01	16.63
12.87	20.64	14.12	10.86	23.58	22.43	20.70	31.31	24.28	27.30	18.01	16.63
12.87	17.18	16.78	16.40	23.58	22.43	20.70	28.32	24.28	27.30	18.01	16.63
12.87	17.18	14.12	13.17	23.58	22.43	20.70	28.32	24.28	27.30	18.01	16.63
12.87	17.18	14.12	13.17	23.58	22.43	20.70	28.32	27.26	27.30	18.01	16.63
12.87	17.18	14.12	16.40	23.58	22.43	20.70	28.32	24.28	27.30	18.01	16.63
12.87	17.18	14.12	10.86	23.58	22.43	20.70	31.31	27.26	27.30	18.01	16.63
12.87	17.18	14.12	13.17	23.58	22.43	20.70	28.32	27.26	27.30	18.01	16.63
12.87	17.18	14.12	13.17	26.30	22.43	22.80	28.32	24.28	27.30	18.01	16.63
12.87	17.18	14.12	10.86	23.58	22.43	18.98	28.32	27.26	27.30	18.01	16.63
12.87	17.18	16.78	13.17	23.58	22.43	20.70	28.32	21.87	27.30	18.01	16.63
12.87	17.18	14.12	13.17	23.58	22.43	22.80	28.32	27.26	27.30	20.41	16.63
12.87	17.18	14.12	13.17	26.30	24.70	22.80	28.32	24.28	27.30	18.01	16.63
12.87	17.18	14.12	13.17	26.30	22.43	22.80	31.31	27.26	24.56	18.01	16.63
12.87	17.18	16.78	10.86	23.58	22.43	20.70	28.32	24.28	27.30	18.01	16.63
15.80	17.18	14.12	13.17	26.30	22.43	20.70	31.31	24.28	27.30	18.01	16.63
8.34	17.18	16.78	13.17	23.58	22.43	20.70	25.88	21.87	27.30	18.01	16.63
12.87	17.18	14.12	13.17	23.58	22.43	20.70	31.31	27.26	30.68	20.41	16.63
12.87	17.18	14.12	16.40	23.58	22.43	20.70	28.32	24.28	27.30	18.01	16.63
12.87	20.64	14.12	13.17	23.58	22.43	22.80	28.32	24.28	24.56	20.41	16.63
12.87	17.18	14.12	13.17	23.58	20.58	20.70	28.32	21.87	30.68	16.13	16.63
12.87	17.18	14.12	16.40	23.58	24.70	20.70	31.31	24.28	24.56	18.01	16.63
12.87	17.18	14.12	13.17	23.58	20.58	20.70	25.88	24.28	27.30	18.01	16.63
12.87	17.18	14.12	13.17	26.30	22.43	20.70	28.32	21.87	27.30	18.01	16.63
12.87	17.18	14.12	13.17	23.58	22.43	18.98	28.32	24.28	27.30	18.01	16.63
12.87	17.18	14.12	13.17	23.58	22.43	20.70	28.32	27.26	27.30	18.01	16.63

续表

S1	S2	S3	S4	S5	S6	S7	S8	S9	S10	S11	S12
12.87	17.18	14.12	13.17	23.58	24.70	18.98	31.31	24.28	27.30	18.01	16.63
12.87	17.18	14.12	13.17	23.58	22.43	20.70	28.32	24.28	24.56	20.41	16.63
12.87	20.64	14.12	13.17	23.58	22.43	20.70	28.32	24.28	27.30	18.01	14.65
12.87	17.18	14.12	13.17	23.58	22.43	20.70	28.32	21.87	24.56	18.01	16.63
12.87	17.18	14.12	13.17	21.45	22.43	18.98	25.88	24.28	27.30	18.01	16.63
12.87	17.18	6.69	13.17	23.58	22.43	20.70	31.31	24.28	24.56	18.01	16.63
12.87	17.18	12.09	16.40	21.45	22.43	18.98	28.32	24.28	27.30	18.01	16.63
12.87	20.64	14.12	13.17	26.30	22.43	20.70	28.32	27.26	24.56	20.41	16.63
12.87	17.18	14.12	13.17	21.45	22.43	18.98	25.88	21.87	27.30	18.01	16.63
12.87	17.18	14.12	10.86	23.58	22.43	20.70	28.32	27.26	27.30	20.41	16.63
12.87	17.18	14.12	13.17	21.45	22.43	17.54	28.32	24.28	30.68	18.01	16.63
12.87	17.18	14.12	10.86	23.58	22.43	20.70	28.32	27.26	27.30	20.41	16.63
12.87	17.18	14.12	13.17	21.45	24.70	20.70	31.31	24.28	27.30	18.01	16.63
12.87	20.64	12.09	10.86	23.58	22.43	20.70	28.32	27.26	22.30	18.01	16.63
12.87	17.18	14.12	10.86	23.58	22.43	20.70	28.32	24.28	27.30	20.41	16.63
12.87	17.18	14.12	16.40	23.58	24.70	22.80	28.32	24.28	27.30	18.01	16.63
12.87	17.18	12.09	10.86	23.58	22.43	22.80	28.32	24.28	27.30	20.41	16.63
12.87	17.18	12.09	10.86	23.58	22.43	22.80	28.32	24.28	24.56	18.01	16.63
12.87	17.18	12.09	13.17	23.58	22.43	20.70	28.32	24.28	27.30	20.41	16.63
12.87	17.18	12.09	13.17	23.58	22.43	22.80	28.32	24.28	27.30	18.01	16.63
10.87	17.18	14.12	13.17	23.58	20.58	18.98	31.31	24.28	27.30	18.01	16.63
10.87	17.18	12.09	10.86	23.58	22.43	20.70	31.31	24.28	24.56	20.41	16.63
10.87	17.18	14.12	13.17	21.45	20.58	20.70	28.32	24.28	27.30	18.01	16.63
12.87	17.18	14.12	10.86	23.58	22.43	20.70	28.32	24.28	27.30	18.01	16.63
10.87	17.18	14.12	13.17	21.45	22.43	18.98	25.88	24.28	27.30	18.01	16.63
10.87	20.64	14.12	13.17	23.58	22.43	20.70	28.32	24.28	27.30	20.41	16.63
12.87	17.18	14.12	10.86	23.58	22.43	22.80	28.32	27.26	27.30	16.13	16.63
12.87	17.18	14.12	13.17	23.58	22.43	20.70	31.31	27.26	27.30	20.41	16.63
10.87	17.18	14.12	13.17	26.30	24.70	18.98	28.32	24.28	30.68	18.01	14.65
9.42	9.65	10.51	7.82	16.37	17.82	15.32	19.62	16.94	18.86	14.64	16.63
12.87	17.18	14.12	16.40	23.58	24.70	20.70	28.32	21.87	22.30	18.01	16.63
12.87	17.18	14.12	13.17	23.58	22.43	18.98	28.32	24.28	30.68	16.13	16.63

续表

S1	S2	S3	S4	S5	S6	S7	S8	S9	S10	S11	S12
12.87	17.18	14.12	13.17	23.58	22.43	20.70	28.32	27.26	27.30	18.01	16.63
12.87	17.18	16.78	13.17	23.58	22.43	18.98	25.88	27.26	30.68	18.01	16.63
12.87	17.18	14.12	13.17	23.58	22.43	22.80	28.32	24.28	27.30	18.01	16.63
12.87	17.18	14.12	16.40	26.30	19.07	20.70	25.88	27.26	30.68	16.13	16.63
12.87	20.64	14.12	13.17	23.58	22.43	22.80	28.32	24.28	24.56	18.01	16.63
10.87	17.18	14.12	16.40	26.30	19.07	18.98	29.74	24.28	28.90	18.01	16.63
12.87	17.18	12.09	16.40	23.58	22.43	22.80	28.32	24.28	24.56	18.01	16.63
10.87	17.18	14.12	14.65	22.46	19.07	19.80	27.04	24.28	30.68	18.01	16.63
12.87	17.18	13.04	11.93	26.30	22.43	20.70	28.32	25.69	24.56	18.01	16.63
11.79	17.18	16.78	18.52	23.58	19.79	19.80	25.88	24.28	30.68	18.01	16.63
12.87	18.78	13.04	11.93	26.30	24.70	25.39	31.31	24.28	24.56	19.14	16.63
12.87	17.18	14.12	14.65	23.58	21.46	19.80	27.04	27.26	30.68	16.13	16.63
12.87	17.18	13.04	11.93	23.58	22.43	25.39	31.31	23.01	27.30	19.14	16.63
11.79	17.18	14.12	18.52	23.58	19.79	19.80	25.88	27.26	28.90	16.13	16.63
15.80	22.80	13.04	11.93	26.30	22.43	25.39	29.74	21.87	22.30	19.14	16.63
10.87	17.18	14.12	16.40	22.46	19.79	18.98	25.88	24.28	30.68	18.01	15.59
12.87	15.79	13.04	11.93	26.30	22.43	22.80	31.31	27.26	24.56	19.14	17.79
12.87	17.18	14.12	14.65	23.58	19.07	19.80	27.04	27.26	30.68	16.13	16.63
12.87	18.78	12.09	10.86	26.30	22.43	25.39	29.74	25.69	22.30	18.01	17.79
9.42	10.91	9.25	6.80	18.41	17.82	15.32	19.62	14.86	22.30	12.45	19.08
11.79	17.18	14.12	14.65	23.58	19.07	19.80	25.88	24.28	28.90	18.01	15.59
12.87	18.78	13.04	11.93	26.30	26.06	25.39	31.31	21.87	27.30	19.14	16.63
11.79	17.18	16.78	18.52	22.46	21.46	18.98	27.04	24.28	30.68	18.01	16.63
12.87	18.78	12.09	11.93	26.30	24.70	25.39	31.31	25.69	22.30	18.01	19.08
11.79	17.18	16.78	18.52	24.85	19.79	19.80	27.04	24.28	30.68	18.01	16.63
12.87	18.78	14.12	11.93	26.30	22.43	24.02	31.31	27.26	24.56	18.01	16.63
10.87	20.64	16.78	18.52	24.85	19.79	19.80	27.04	24.28	28.90	18.01	15.59
12.87	22.80	13.04	11.93	26.30	24.70	24.02	31.31	25.69	27.30	17.00	19.08
11.79	17.18	14.12	18.52	22.46	19.79	18.98	28.32	24.28	30.68	20.41	15.59
15.80	22.80	13.04	11.93	26.30	24.70	25.39	31.31	24.28	27.30	18.01	16.63
11.79	17.18	16.78	18.52	24.85	19.79	18.98	28.32	27.26	30.68	18.01	15.59
15.80	22.80	13.04	11.93	26.30	22.43	22.80	31.31	27.26	22.30	18.01	19.08

续表

S1	S2	S3	S4	S5	S6	S7	S8	S9	S10	S11	S12
11.79	17.18	14.12	18.52	24.85	21.46	19.80	29.74	27.26	30.68	18.01	15.59
12.87	18.78	13.04	11.93	23.58	22.43	24.02	31.31	27.26	27.30	19.14	16.63
11.79	17.18	14.12	18.52	23.58	21.46	19.80	27.04	24.28	30.68	20.41	15.59
12.87	18.78	13.04	11.93	23.58	22.43	24.02	31.31	24.28	24.56	18.01	16.63
12.87	18.78	13.04	11.93	26.30	24.70	21.70	31.31	25.69	24.56	19.14	16.63
12.87	17.18	14.12	14.65	24.85	22.43	20.70	28.32	24.28	30.68	18.01	16.63
12.87	17.18	14.12	14.65	24.85	22.43	20.70	28.32	24.28	30.68	18.01	16.63
12.87	18.78	14.12	13.17	23.58	22.43	21.70	28.32	24.28	27.30	19.14	16.63
12.87	17.18	14.12	14.65	24.85	22.43	20.70	28.32	24.28	30.68	18.01	16.63
12.87	18.78	14.12	13.17	23.58	22.43	21.70	28.32	24.28	27.30	19.14	16.63
11.79	17.18	14.12	14.65	24.85	22.43	20.70	28.32	24.28	30.68	18.01	16.63
12.87	18.78	14.12	13.17	23.58	22.43	21.70	28.32	24.28	27.30	19.14	16.63
12.87	18.78	14.12	13.17	23.58	22.43	21.70	28.32	24.28	27.30	19.14	16.63
12.87	18.78	14.12	13.17	23.58	22.43	21.70	28.32	24.28	27.30	19.14	16.63
12.87	18.78	14.12	13.17	23.58	22.43	21.70	28.32	24.28	27.30	19.14	16.63
12.87	18.78	13.04	13.17	23.58	22.43	21.70	28.32	24.28	27.30	19.14	16.63
11.79	17.18	14.12	14.65	24.85	22.43	20.70	28.32	24.28	30.68	18.01	16.63
12.87	18.78	14.12	13.17	23.58	22.43	21.70	28.32	24.28	27.30	19.14	16.63
12.87	17.18	14.12	14.65	24.85	22.43	20.70	28.32	24.28	30.68	18.01	16.63
12.87	18.78	14.12	5.13	23.58	22.43	21.70	28.32	24.28	27.30	19.14	16.63
12.87	17.18	14.12	14.65	24.85	22.43	20.70	28.32	24.28	30.68	18.01	16.63
12.87	18.78	14.12	13.17	23.58	22.43	21.70	28.32	24.28	27.30	19.14	16.63
12.87	17.18	14.12	14.65	24.85	22.43	20.70	28.32	24.28	30.68	18.01	16.63
12.87	18.78	14.12	13.17	23.58	22.43	21.70	28.32	23.01	27.30	19.14	16.63
12.87	17.18	12.09	14.65	24.85	22.43	20.70	28.32	24.28	30.68	18.01	16.63
12.87	18.78	14.12	13.17	23.58	22.43	21.70	28.32	24.28	27.30	19.14	16.63
12.87	17.18	14.12	14.65	24.85	22.43	20.70	28.32	24.28	30.68	18.01	16.63
12.87	18.78	14.12	13.17	23.58	22.43	21.70	28.32	24.28	27.30	19.14	16.63
12.87	17.18	14.12	14.65	24.85	22.43	20.70	28.32	24.28	30.68	18.01	16.63
12.87	18.78	14.12	13.17	23.58	22.43	21.70	28.32	24.28	27.30	19.14	16.63
12.87	17.18	14.12	14.65	24.85	22.43	20.70	28.32	24.28	30.68	18.01	16.63
12.87	18.78	14.12	13.17	23.58	22.43	21.70	28.32	24.28	27.30	19.14	16.63

续表

S1	S2	S3	S4	S5	S6	S7	S8	S9	S10	S11	S12
11.79	17.18	14.12	14.65	24.85	22.43	20.70	27.04	24.28	28.90	20.41	16.63
12.87	18.78	14.12	13.17	18.41	22.43	21.70	25.88	24.28	27.30	19.14	16.63
12.87	17.18	14.12	14.65	24.85	22.43	20.70	28.32	24.28	30.68	18.01	16.63
12.87	18.78	13.04	13.17	23.58	22.43	21.70	28.32	24.28	27.30	18.01	16.63
11.79	17.18	14.12	14.65	24.85	22.43	20.70	27.04	24.28	30.68	18.01	16.63
12.87	18.78	14.12	13.17	23.58	22.43	21.70	28.32	24.28	27.30	19.14	16.63
12.87	17.18	14.12	14.65	24.85	22.43	20.70	28.32	24.28	30.68	18.01	16.63
12.87	18.78	14.12	13.17	23.58	22.43	21.70	28.32	24.28	27.30	19.14	16.63
12.87	17.18	20.35	14.65	24.85	22.43	20.70	28.32	24.28	30.68	18.01	16.63
12.87	18.78	14.12	13.17	23.58	22.43	21.70	28.32	24.28	27.30	19.14	16.63
12.87	17.18	14.12	14.65	24.85	22.43	20.70	28.32	24.28	30.68	18.01	16.63
12.87	18.78	14.12	13.17	23.58	22.43	21.70	28.32	23.01	27.30	19.14	16.63
12.87	17.18	14.12	14.65	24.85	22.43	20.70	28.32	24.28	30.68	18.01	16.63
12.87	18.78	14.12	13.17	23.58	22.43	21.70	28.32	24.28	27.30	19.14	16.63
12.87	17.18	14.12	14.65	24.85	22.43	20.70	28.32	24.28	30.68	18.01	16.63
12.87	18.78	14.12	13.17	23.58	22.43	21.70	28.32	24.28	27.30	19.14	16.63
12.87	17.18	14.12	13.17	24.85	22.43	20.70	28.32	24.28	30.68	18.01	16.63
12.87	18.78	14.12	13.17	23.58	22.43	21.70	28.32	24.28	27.30	18.01	16.63
12.87	17.18	14.12	14.65	23.58	22.43	20.70	28.32	24.28	28.90	18.01	16.63
12.87	18.78	14.12	13.17	23.58	22.43	21.70	28.32	24.28	27.30	18.01	16.63
12.87	18.78	14.12	13.17	23.58	22.43	21.70	28.32	24.28	27.30	19.14	16.63
12.87	18.78	14.12	13.17	23.58	22.43	21.70	28.32	24.28	27.30	19.14	16.63
12.87	18.78	14.12	13.17	23.58	22.43	21.70	28.32	24.28	27.30	19.14	16.63
12.87	18.78	14.12	13.17	23.58	22.43	21.70	28.32	24.28	27.30	19.14	16.63
12.87	18.78	14.12	13.17	23.58	22.43	21.70	28.32	24.28	27.30	19.14	16.63
12.87	17.18	14.12	14.65	24.85	22.43	20.70	28.32	24.28	30.68	18.01	16.63
12.87	18.78	14.12	13.17	23.58	22.43	21.70	28.32	24.28	27.30	19.14	16.63
12.87	17.18	14.12	14.65	24.85	22.43	20.70	28.32	24.28	30.68	18.01	16.63
12.87	17.18	14.12	14.65	24.85	22.43	20.70	25.88	24.28	30.68	18.01	16.63
12.87	17.18	14.12	14.65	24.85	22.43	20.70	28.32	24.28	30.68	18.01	16.63
12.87	17.18	14.12	14.65	23.58	22.43	20.70	28.32	24.28	30.68	18.01	16.63
12.87	17.18	14.12	14.65	24.85	22.43	20.70	28.32	24.28	30.68	18.01	16.63

续表

S1	S2	S3	S4	S5	S6	S7	S8	S9	S10	S11	S12
12.87	17.18	14.12	14.65	24.85	22.43	20.70	28.32	24.28	30.68	18.01	16.63
12.87	17.18	14.12	14.65	24.85	22.43	20.70	28.32	24.28	30.68	18.01	16.63
12.87	18.78	14.12	13.17	23.58	22.43	24.02	28.32	24.28	27.30	19.14	16.63
12.87	17.18	14.12	14.65	24.85	22.43	20.70	28.32	24.28	30.68	18.01	16.63
12.87	17.18	14.12	14.65	24.85	22.43	20.70	28.32	24.28	30.68	18.01	16.63
12.87	17.18	14.12	14.65	24.85	22.43	20.70	28.32	24.28	30.68	18.01	16.63
8.34	10.91	9.25	7.82	17.30	17.82	15.32	19.62	15.82	13.80	27.82	16.63
12.87	17.18	14.12	14.65	24.85	22.43	20.70	28.32	24.28	30.68	18.01	16.63
12.87	17.18	14.12	14.65	24.85	22.43	20.70	28.32	24.28	30.68	18.01	16.63
12.87	17.18	14.12	14.65	24.85	22.43	20.70	28.32	24.28	30.68	18.01	16.63
12.87	18.78	14.12	13.17	23.58	22.43	21.70	28.32	24.28	27.30	19.14	16.63
12.87	17.18	14.12	14.65	24.85	22.43	20.70	28.32	24.28	30.68	18.01	16.63
12.87	18.78	14.12	13.17	23.58	22.43	21.70	28.32	24.28	27.30	19.14	16.63
12.87	18.78	14.12	13.17	23.58	22.43	21.70	28.32	24.28	27.30	19.14	16.63
12.87	17.18	14.12	14.65	24.85	22.43	20.70	28.32	24.28	30.68	18.01	16.63
12.87	17.18	14.12	14.65	24.85	22.43	20.70	28.32	24.28	30.68	18.01	16.63
12.87	17.18	14.12	14.65	23.58	22.43	20.70	28.32	24.28	30.68	18.01	16.63
12.87	18.78	14.12	13.17	23.58	22.43	21.70	28.32	24.28	27.30	19.14	16.63
12.87	18.78	14.12	13.17	23.58	22.43	21.70	28.32	24.28	27.30	19.14	16.63
12.87	18.78	14.12	13.17	23.58	22.43	21.70	28.32	24.28	27.30	19.14	16.63
12.87	18.78	14.12	13.17	23.58	22.43	21.70	28.32	24.28	27.30	19.14	16.63
12.87	17.18	14.12	13.17	24.85	22.43	20.70	28.32	24.28	30.68	18.01	16.63
12.87	17.18	14.12	14.65	24.85	22.43	20.70	28.32	24.28	30.68	18.01	16.63
12.87	17.18	14.12	14.65	24.85	22.43	20.70	28.32	24.28	30.68	18.01	16.63
12.87	17.18	14.12	13.17	23.58	22.43	21.70	28.32	24.28	27.30	19.14	16.63

（2）优化运行方案下全部列车的牵引能耗结果

表6-14列出了优化运行方案下，八通线四惠—土桥方向190个计划运行车次（全部车次）各个区间的牵引能耗结果。

表 6-14 四惠—土桥区间牵引能耗结果（优化运行方案） 单位：kW·h

S1	S2	S3	S4	S5	S6	S7	S8	S9	S10	S11	S12
7.50	9.61	8.08	6.85	16.03	16.47	14.08	18.27	14.84	18.71	12.43	14.81
11.53	15.66	12.57	11.99	24.55	20.82	19.62	26.29	22.57	28.64	16.33	15.03
14.58	17.07	11.69	11.82	21.93	23.14	20.16	29.22	25.42	25.38	16.53	14.82
11.37	17.18	11.40	11.71	24.54	20.58	22.28	29.36	25.70	22.90	16.56	14.64
11.48	17.22	11.47	11.88	24.41	22.87	22.56	29.28	25.50	22.67	16.55	14.91
11.57	15.57	15.25	14.93	21.93	20.81	19.39	29.28	25.65	22.44	19.22	14.77
11.58	15.51	12.52	11.99	24.51	20.89	19.34	29.40	20.67	28.53	16.53	15.02
11.70	18.95	12.80	9.70	24.26	22.99	19.29	29.19	25.54	25.68	16.51	14.84
11.73	15.61	13.51	11.92	21.99	20.84	21.03	29.29	25.51	22.79	16.50	14.77
11.45	19.05	12.62	11.79	24.77	20.72	21.10	29.38	25.53	25.30	16.33	14.78
11.51	15.29	15.14	9.68	24.42	22.75	23.85	29.27	25.60	22.65	16.42	15.06
11.51	18.77	12.68	9.53	22.05	20.87	19.19	29.13	22.59	25.38	16.48	14.84
11.47	15.55	15.20	14.77	21.95	20.76	19.23	26.79	22.34	25.32	16.49	14.99
11.65	15.46	12.73	12.11	21.96	20.69	19.20	26.33	22.57	25.27	16.48	14.96
11.80	15.44	12.46	11.73	22.06	20.87	19.22	26.35	25.65	25.24	16.42	14.99
11.54	15.43	12.63	14.65	21.84	20.96	19.31	26.58	22.69	25.29	16.51	14.99
11.62	15.68	12.48	9.60	22.13	20.99	19.38	29.38	25.86	25.46	16.57	14.81
11.67	15.66	12.56	11.62	21.98	20.83	19.30	26.33	25.31	24.96	16.19	14.96
11.76	15.62	12.76	11.86	24.54	20.81	21.25	26.52	22.94	25.66	16.32	14.92
11.79	15.48	12.62	9.67	21.91	20.95	17.91	26.31	25.36	25.37	16.23	15.03
11.67	15.64	14.81	11.84	22.07	21.36	21.03	26.47	20.33	25.19	16.40	15.02
11.59	15.56	12.59	11.89	22.00	20.85	21.21	26.57	25.25	25.10	18.76	14.89
11.60	15.37	12.59	11.86	24.67	22.88	21.28	26.47	23.14	25.49	16.47	14.85
11.43	15.59	12.67	11.92	24.54	20.91	21.16	29.26	25.56	22.80	16.63	14.75
11.78	15.55	15.08	9.67	21.80	20.88	19.28	26.31	22.65	25.12	16.45	14.99
14.28	15.67	12.58	11.65	24.58	20.93	19.18	29.45	22.44	25.29	16.53	14.74
7.55	15.45	15.22	11.90	21.95	20.67	19.62	23.99	21.89	25.47	16.56	14.93
11.49	15.47	12.69	11.77	21.88	20.68	19.22	29.36	25.54	28.43	18.67	16.30
11.39	15.55	12.87	14.99	21.95	20.99	19.80	26.53	22.86	25.44	16.50	15.07
11.83	18.92	12.67	11.86	21.84	20.92	21.40	26.47	22.33	22.63	18.47	14.91
12.08	15.54	12.53	11.72	22.05	19.09	19.43	26.58	20.34	28.38	14.64	14.92

第 6 章 典型线路列车运行能效状态估算与分析

续表

S1	S2	S3	S4	S5	S6	S7	S8	S9	S10	S11	S12
11.53	15.54	12.63	14.79	22.05	22.93	19.21	29.39	22.68	22.50	16.39	14.87
11.84	15.62	12.62	11.98	22.06	18.95	19.16	24.02	22.59	25.36	16.26	14.76
11.65	15.48	12.61	11.97	24.72	20.73	19.16	26.36	20.46	25.38	16.36	14.98
11.64	15.73	12.64	11.96	21.81	20.76	17.80	26.32	22.49	25.36	16.60	14.95
11.57	15.61	12.56	11.94	22.10	20.97	19.38	26.41	25.43	25.09	16.52	14.69
11.61	15.42	12.55	11.79	21.77	23.09	17.92	29.42	22.50	25.08	16.42	15.06
11.49	15.44	12.40	11.92	21.93	20.86	19.18	26.47	23.18	23.18	18.78	15.06
11.80	18.60	12.54	11.76	21.98	20.86	19.64	26.52	22.67	25.12	16.48	13.15
11.94	15.61	12.63	11.65	22.09	20.74	19.60	26.54	20.38	22.56	16.41	14.97
11.91	15.69	12.56	11.98	20.05	20.97	17.64	24.29	22.45	25.30	16.50	15.05
11.62	15.53	5.85	11.63	22.02	20.95	19.24	29.22	23.20	22.86	16.39	14.86
11.81	15.58	10.71	14.73	19.86	20.82	17.89	26.46	22.55	25.76	16.59	14.97
11.57	19.05	12.59	11.53	24.48	20.92	19.16	26.46	25.62	22.68	18.64	15.05
11.59	15.54	12.56	11.83	19.93	20.65	17.89	24.16	20.22	25.26	16.53	14.95
11.72	15.57	12.74	9.63	21.91	20.92	19.16	26.38	25.55	25.33	18.57	14.99
11.56	15.52	12.84	11.74	19.96	20.71	16.58	26.55	25.04	28.44	16.46	14.87
11.50	15.60	12.92	9.88	21.86	20.79	19.49	26.58	25.78	25.33	18.78	14.78
11.46	15.56	12.80	12.09	19.86	22.95	19.40	29.13	23.05	25.51	16.49	14.93
12.15	18.74	10.67	9.77	21.99	20.90	19.13	26.59	25.43	20.60	16.56	14.97
11.75	15.53	12.56	9.74	22.13	20.71	19.43	26.48	22.80	25.31	18.75	14.96
11.79	15.51	12.75	14.94	21.88	22.92	21.39	26.58	22.93	25.24	16.50	15.00
11.53	15.50	10.76	9.66	23.64	20.68	21.10	26.58	22.62	25.44	18.79	14.74
11.73	15.61	10.73	9.52	21.99	20.92	21.09	26.62	23.04	22.74	16.44	14.92
11.59	15.57	11.06	12.06	22.06	20.76	19.23	26.33	22.68	25.12	18.71	14.88
11.65	15.60	10.86	11.73	21.84	20.63	21.31	26.29	22.52	25.29	16.49	14.90
9.90	15.84	12.55	11.94	21.99	18.97	17.87	29.35	23.15	25.42	16.51	14.81
9.97	15.58	10.74	9.75	22.16	20.85	19.21	29.49	22.85	22.75	18.79	14.78
9.87	15.60	12.75	12.14	20.08	19.05	19.36	26.63	22.75	25.36	16.45	15.04
11.66	15.59	12.74	9.72	21.93	20.83	19.19	26.45	22.59	25.31	16.40	15.10
9.85	15.75	12.63	11.68	19.97	20.97	17.86	24.04	22.67	25.52	16.54	15.21
9.79	18.72	12.64	11.74	22.06	20.86	19.46	26.56	22.91	25.20	18.77	14.98
11.53	15.37	12.56	9.68	21.84	20.81	21.36	26.60	25.88	25.24	14.73	14.89

续表

S1	S2	S3	S4	S5	S6	S7	S8	S9	S10	S11	S12
11.67	15.47	12.85	11.69	22.04	20.92	19.35	29.38	25.49	25.29	18.73	15.14
9.89	15.70	12.99	11.83	24.67	22.97	17.80	26.48	22.73	28.40	16.54	13.07
8.39	8.56	9.20	7.08	15.16	16.52	14.60	18.21	15.89	17.29	13.33	14.77
11.63	15.56	12.62	14.82	21.87	22.96	19.18	26.63	20.44	20.67	16.54	15.07
11.70	15.49	12.64	11.72	21.94	20.56	17.75	26.51	22.85	28.56	14.78	14.91
11.54	15.67	12.66	11.77	21.81	20.75	19.38	26.53	25.60	25.44	16.50	14.80
11.60	15.58	14.92	11.96	22.11	20.71	17.51	24.19	25.90	28.57	16.35	15.08
11.53	15.50	12.39	12.14	22.04	20.86	21.59	26.47	22.45	25.22	16.57	15.16
11.62	15.51	12.63	14.78	24.51	17.62	19.12	24.27	25.43	28.81	14.77	14.93
11.87	18.84	12.50	11.94	22.01	20.83	21.50	26.30	22.75	22.60	16.50	14.94
9.86	15.39	12.72	15.10	24.48	17.66	17.93	27.83	22.80	27.06	16.57	17.67
11.59	15.51	10.71	14.66	21.99	20.89	21.21	26.34	23.15	22.84	16.49	14.71
9.79	15.81	12.74	13.25	20.75	17.56	18.49	25.13	22.51	28.43	16.41	15.06
11.63	15.65	11.58	10.64	24.52	20.84	19.16	26.28	23.98	22.73	16.47	14.96
10.65	15.55	15.13	17.17	22.05	18.34	18.33	24.12	23.16	28.47	16.53	14.87
11.43	17.13	11.59	10.91	24.58	23.11	23.70	29.30	23.10	22.58	17.47	14.85
11.70	15.49	12.74	13.65	22.14	19.72	18.55	25.30	25.28	28.45	14.77	14.97
11.78	15.66	11.69	10.74	22.00	20.83	23.66	29.10	21.45	25.17	17.36	14.88
10.81	15.36	12.64	16.99	22.00	18.31	18.43	24.26	25.55	26.64	14.73	15.02
14.23	20.98	11.54	10.73	24.35	20.67	23.57	27.79	20.37	20.65	17.57	14.82
9.77	15.57	12.74	14.84	20.87	18.58	17.64	24.10	23.00	28.66	16.30	13.84
11.55	14.16	11.45	10.95	24.69	20.93	21.49	29.18	25.50	22.69	17.37	16.06
11.60	15.54	12.61	13.33	21.95	17.64	18.67	25.34	25.72	28.72	14.54	14.71
11.83	17.04	10.64	10.07	24.46	20.74	24.22	27.82	23.95	20.57	16.34	16.07
8.57	9.72	8.20	7.11	17.05	16.37	14.29	18.18	14.06	20.68	11.43	17.30
10.76	15.53	12.51	13.21	21.97	17.71	18.50	24.20	22.55	26.89	16.62	13.92
11.65	17.25	11.67	10.63	24.47	24.39	23.60	29.31	20.26	25.03	17.36	14.80
10.60	15.63	15.33	17.01	20.67	20.07	17.55	25.12	22.42	28.59	16.35	14.64
11.88	16.68	10.62	10.75	24.50	22.97	23.64	30.16	23.74	20.97	16.68	17.24
10.65	15.53	15.11	17.27	23.21	18.53	18.38	25.36	22.68	28.62	16.51	14.82
11.64	17.01	12.49	10.50	24.52	20.66	22.53	29.26	25.52	22.65	16.41	14.63
9.75	18.76	15.23	17.03	23.22	18.50	18.78	24.98	22.63	26.91	16.42	13.98

续表

S1	S2	S3	S4	S5	S6	S7	S8	S9	S10	S11	S12
11.71	20.77	11.75	10.65	24.55	23.04	22.28	29.18	23.97	24.93	15.42	17.28
10.72	15.34	12.58	17.23	20.93	18.30	17.90	26.43	22.64	28.66	18.80	13.67
14.42	21.07	11.71	10.86	24.42	22.90	23.54	29.21	22.47	25.42	16.54	15.00
10.81	15.52	15.07	17.11	23.15	18.30	17.73	26.38	25.76	28.29	16.48	13.99
14.41	20.92	11.70	10.56	24.56	20.91	21.49	29.29	25.65	20.25	16.53	17.17
10.78	15.64	12.94	17.10	23.18	19.94	18.51	27.57	25.34	28.53	16.42	13.94
11.49	17.12	11.48	10.83	21.91	20.62	22.28	29.18	25.39	25.37	17.46	15.03
12.51	15.64	12.53	17.12	22.05	19.78	18.33	25.26	22.75	28.54	18.73	14.05
11.62	17.12	11.50	10.55	22.04	20.91	22.20	29.40	22.40	22.63	16.48	15.03
11.68	17.16	11.63	10.72	24.31	22.93	20.07	29.28	24.14	22.43	17.78	14.94
11.66	15.46	12.47	13.17	23.04	20.83	19.31	26.47	22.87	28.34	16.52	15.09
11.64	15.58	12.94	13.02	23.06	20.61	19.23	26.52	22.99	28.58	16.59	14.94
11.46	17.11	12.53	11.96	21.98	20.73	20.27	26.55	22.68	25.33	17.52	14.93
11.66	15.43	12.71	13.49	23.08	20.95	19.20	26.69	22.68	28.55	16.39	14.83
11.59	16.95	12.62	11.69	21.93	20.82	21.74	26.18	22.66	25.09	17.77	14.92
10.71	15.45	12.52	13.13	23.20	20.79	19.33	26.65	22.76	28.47	16.46	14.81
11.54	17.02	12.66	11.80	22.04	20.90	20.16	26.37	22.92	25.31	17.62	14.99
11.54	17.13	12.69	11.95	22.28	20.82	20.06	26.56	22.50	25.08	17.49	14.72
11.67	17.17	12.64	11.82	22.02	20.79	20.31	26.41	22.78	25.32	17.33	15.09
11.61	17.22	12.67	11.68	22.06	20.93	20.32	26.48	22.61	25.00	17.46	14.84
11.68	17.17	11.95	11.75	22.05	20.69	20.22	26.46	22.59	25.33	17.64	14.82
10.58	15.50	12.53	13.24	23.18	20.81	19.15	26.17	23.01	28.28	16.48	14.92
11.51	17.08	12.50	11.91	22.05	20.80	20.22	26.40	22.51	25.05	17.44	15.21
11.48	15.46	12.73	12.93	23.11	20.86	19.38	26.36	22.79	28.54	16.38	14.90
11.71	16.98	12.63	4.51	22.02	20.84	20.04	26.56	22.77	25.11	17.39	14.99
11.34	15.53	12.59	13.23	23.22	20.85	19.24	26.28	22.85	28.59	16.29	14.93
11.48	17.04	12.79	11.89	22.00	21.03	20.23	26.55	22.31	25.37	17.62	14.83
11.77	15.40	12.72	13.71	23.21	20.82	19.16	26.56	22.68	28.47	16.56	14.90
11.79	16.95	12.69	11.82	22.01	20.78	20.20	26.43	21.52	25.18	17.60	14.97
11.55	15.68	10.74	13.55	23.03	20.78	19.51	26.40	22.78	28.55	16.54	15.01
11.58	17.22	12.57	12.00	22.00	20.82	20.36	26.42	22.52	25.31	17.58	15.04
11.48	15.77	12.61	13.35	22.87	20.84	18.96	26.47	22.92	28.31	16.48	15.00

续表

S1	S2	S3	S4	S5	S6	S7	S8	S9	S10	S11	S12
11.67	17.00	12.60	11.71	22.08	20.85	19.93	26.48	22.50	25.51	17.50	14.96
11.69	15.56	12.81	13.48	23.48	20.86	19.24	26.48	22.76	28.52	16.26	14.86
11.60	17.11	12.74	12.00	21.88	20.77	20.08	26.37	22.68	25.48	17.62	14.84
11.76	15.57	12.28	13.18	22.99	20.74	19.30	26.35	22.90	28.68	16.62	14.96
11.58	17.08	12.54	12.16	21.93	20.91	20.40	26.47	22.56	25.33	17.43	14.98
10.74	15.64	12.61	13.17	23.06	20.95	19.40	25.27	22.63	26.66	18.78	14.97
11.77	17.19	12.77	12.01	17.17	20.48	19.94	24.19	22.61	25.51	17.76	14.73
11.66	15.58	12.56	13.44	23.22	20.63	19.10	26.41	22.61	28.48	16.50	14.91
11.43	17.11	11.66	11.79	21.93	20.92	20.09	26.50	23.06	25.48	16.49	14.66
10.55	15.68	12.50	13.24	23.15	20.87	19.35	25.28	23.01	28.49	16.43	15.11
11.84	17.12	12.47	11.85	22.01	20.70	20.35	26.58	22.73	25.26	17.48	14.84
11.60	15.58	12.61	13.07	23.19	20.64	19.40	26.32	22.55	30.29	16.42	14.96
11.84	16.92	12.78	11.57	21.92	20.82	20.30	26.50	22.89	25.49	17.59	14.74
11.36	15.60	18.55	13.27	23.41	20.72	19.42	26.40	23.07	28.51	16.54	14.71
11.55	16.89	12.60	11.66	22.11	20.80	20.06	26.43	22.72	25.13	17.52	14.94
11.68	15.29	12.48	13.26	23.13	20.84	19.59	26.37	22.84	28.30	16.40	15.00
11.71	17.15	12.65	11.79	22.16	20.72	20.28	26.38	21.47	25.31	17.40	14.88
11.55	15.72	12.81	13.43	23.17	20.86	19.48	26.54	22.42	28.43	16.51	14.97
12.03	17.16	12.50	11.76	21.96	20.83	20.18	26.38	22.83	25.45	17.66	14.99
11.57	15.49	12.55	13.14	23.05	20.87	19.53	26.47	22.75	28.62	16.53	14.87
11.66	17.28	12.71	12.00	21.93	20.94	20.24	26.43	22.85	25.39	17.62	14.97
11.43	15.58	12.56	11.71	23.07	20.84	19.07	26.37	22.85	28.63	16.48	14.89
11.70	16.90	12.67	11.84	22.03	20.82	19.57	26.28	22.90	25.19	16.50	14.77
11.56	15.43	12.94	13.15	21.97	20.74	19.27	26.60	22.73	26.76	16.63	14.96
11.86	17.02	12.52	11.79	22.16	20.76	20.18	26.61	23.22	26.05	16.38	15.09
11.68	16.82	12.69	11.84	21.84	20.84	20.28	26.54	22.59	25.47	17.45	15.01
11.64	17.00	12.69	11.68	22.10	20.71	20.22	26.56	22.68	25.26	17.39	14.85
11.64	17.15	12.66	11.97	22.02	20.88	19.94	26.48	22.42	25.38	17.59	15.02
11.48	17.20	12.56	12.16	21.93	20.79	20.39	26.79	22.57	25.28	17.55	14.81
11.82	17.05	12.64	11.63	21.92	20.85	20.16	26.40	22.83	25.17	17.55	15.01
11.86	15.54	12.59	13.22	23.14	20.89	19.52	26.58	22.59	28.27	16.41	15.19
11.73	16.98	12.77	12.09	21.90	20.74	20.12	26.34	22.68	25.42	17.60	14.85

续表

S1	S2	S3	S4	S5	S6	S7	S8	S9	S10	S11	S12
11.51	15.59	12.95	13.18	23.17	20.99	19.71	26.49	22.85	28.73	16.53	15.15
11.66	15.29	12.76	13.10	23.12	20.84	19.42	23.94	22.45	28.69	16.43	14.86
11.80	15.38	12.74	13.15	23.12	20.89	19.39	26.62	22.69	28.81	16.47	14.99
11.52	15.68	12.85	13.44	21.86	20.78	19.41	26.49	22.63	28.51	16.55	14.95
11.69	15.35	12.53	13.34	23.04	20.91	19.18	26.47	22.68	28.68	16.52	14.86
11.43	15.46	12.52	13.27	23.14	20.96	19.51	26.44	23.02	28.85	16.46	15.02
11.59	15.43	12.59	13.11	23.10	20.85	19.61	26.50	22.50	28.56	16.34	14.88
11.74	17.02	12.71	11.70	21.94	20.65	22.30	26.55	22.88	25.30	17.50	15.03
11.65	15.53	12.82	13.12	23.25	20.93	19.31	26.52	22.46	28.60	16.62	14.94
11.77	15.59	12.65	13.23	23.15	20.85	19.33	26.36	22.79	28.43	16.52	14.97
11.48	15.38	12.71	13.33	23.13	21.00	19.28	26.40	22.69	28.39	16.46	15.00
7.41	9.56	8.24	6.86	16.03	16.58	14.30	18.37	14.58	12.56	25.48	14.98
11.69	15.46	12.64	13.03	23.13	20.92	19.68	26.42	22.81	28.59	16.40	14.91
11.43	15.46	12.56	13.42	23.15	20.57	19.23	26.48	22.97	28.51	16.35	14.97
11.56	15.79	12.96	13.05	23.15	20.87	19.77	26.41	22.35	28.20	16.31	14.84
11.97	15.65	12.46	13.28	23.07	20.71	19.40	26.44	23.14	28.31	16.34	14.96
11.68	17.23	12.60	11.69	21.87	21.02	20.10	26.24	22.53	25.45	17.51	14.95
11.45	15.38	12.46	13.29	23.28	20.97	19.00	26.16	22.78	28.79	16.44	15.05
11.91	16.94	12.70	11.76	21.94	20.85	20.15	26.38	22.90	25.14	17.58	14.88
11.72	17.06	12.64	11.79	21.98	20.73	20.16	26.50	22.96	25.48	17.68	14.98
11.77	15.51	12.58	13.34	23.21	20.84	19.27	26.48	22.86	28.60	16.56	14.94
11.95	15.60	12.54	13.19	23.10	20.78	19.55	26.66	22.64	28.42	16.43	14.72
11.86	15.53	12.62	13.17	22.17	20.98	19.51	26.41	22.77	28.55	16.42	15.01
11.78	17.07	12.57	11.69	22.09	20.67	20.15	26.45	22.69	25.21	17.64	14.90
11.57	17.08	12.61	12.05	22.05	20.81	20.35	26.52	23.30	25.48	17.56	15.05
11.54	17.05	12.61	11.88	22.02	20.86	20.60	26.34	23.01	25.23	17.39	14.83
11.70	17.10	12.64	11.88	22.00	20.95	20.40	26.44	22.58	25.31	17.51	14.98
11.49	15.49	12.76	11.68	23.18	20.71	19.35	26.35	22.69	28.53	16.64	14.91
11.96	15.48	12.70	13.17	22.96	20.95	19.38	26.38	22.60	28.44	16.48	14.87
11.49	15.53	12.76	13.19	23.19	20.71	19.56	26.44	22.53	28.68	16.65	14.94
11.49	15.60	12.95	11.53	22.05	20.85	20.16	26.35	22.93	25.22	17.60	14.92

（3）优化运行方案下全部列车的牵引节能结果

表 6-15 列出了优化运行方案下，八通线四惠—土桥方向 190 个计划运行车次（全部车次）各个区间的牵引能耗相对于参考运行方案的节能结果。

表 6-15 四惠—土桥区间牵引节能结果（优化运行方案） 单位：kW·h

S1	S2	S3	S4	S5	S6	S7	S8	S9	S10	S11	S12
0.84	1.30	1.17	0.97	1.27	1.35	1.24	1.35	0.98	1.72	1.01	1.82
1.34	1.52	1.55	1.18	1.75	1.61	1.08	2.03	1.71	2.04	1.68	1.60
1.22	1.71	1.35	1.35	1.65	1.56	1.54	2.09	1.84	1.92	1.48	1.81
1.50	1.60	1.64	1.46	1.76	1.85	1.74	1.95	1.56	1.66	1.45	1.99
1.39	1.56	1.57	1.29	1.89	1.83	1.46	2.03	1.76	1.89	1.46	1.72
1.30	1.61	1.53	1.47	1.65	1.62	1.31	2.03	1.61	2.12	1.19	1.86
1.29	1.67	1.60	1.18	1.79	1.54	1.36	1.91	1.20	2.15	1.48	1.61
1.17	1.69	1.32	1.16	2.04	1.71	1.41	2.12	1.72	1.62	1.50	1.79
1.14	1.57	0.61	1.25	1.59	1.59	1.77	2.02	1.75	1.77	1.51	1.86
1.42	1.59	1.50	1.38	1.53	1.71	1.70	1.93	1.73	2.00	1.68	1.85
1.36	1.89	1.64	1.18	1.88	1.95	1.54	2.04	1.66	1.91	1.59	1.57
1.36	1.87	1.44	1.33	1.53	1.56	1.51	2.18	1.69	1.92	1.53	1.79
1.40	1.63	1.58	1.63	1.63	1.67	1.47	1.53	1.94	1.98	1.52	1.64
1.22	1.72	1.39	1.06	1.62	1.74	1.50	1.99	1.71	2.03	1.53	1.67
1.07	1.74	1.66	1.44	1.52	1.56	1.48	1.97	1.61	2.06	1.59	1.64
1.33	1.75	1.49	1.75	1.74	1.47	1.39	1.74	1.59	2.01	1.50	1.64
1.25	1.50	1.64	1.26	1.45	1.44	1.32	1.93	1.40	1.84	1.44	1.82
1.20	1.52	1.56	1.55	1.60	1.60	1.40	1.99	1.95	2.34	1.82	1.67
1.11	1.56	1.36	1.31	1.76	1.62	1.55	1.80	1.34	1.64	1.69	1.71
1.08	1.70	1.50	1.19	1.67	1.48	1.07	2.01	1.90	1.93	1.78	1.60
1.20	1.54	1.97	1.33	1.51	1.07	−0.33	1.85	1.54	2.11	1.61	1.61
1.28	1.62	1.53	1.28	1.58	1.58	1.59	1.75	2.01	2.20	1.65	1.74
1.27	1.81	1.53	1.31	1.63	1.82	1.52	1.85	1.14	1.81	1.54	1.78
1.44	1.59	1.45	1.25	1.76	1.52	1.64	2.05	1.70	1.76	1.38	1.88
1.09	1.63	1.70	1.19	1.78	1.55	1.42	2.01	1.63	2.18	1.56	1.64
1.52	1.51	1.54	1.52	1.72	1.50	1.52	1.86	1.84	2.01	1.48	1.89
0.79	1.73	1.56	1.27	1.63	1.76	1.08	1.89	−0.02	1.83	1.45	1.70
1.38	1.71	1.43	1.40	1.70	1.75	1.48	1.95	1.72	2.25	1.74	0.33

续表

S1	S2	S3	S4	S5	S6	S7	S8	S9	S10	S11	S12
1.48	1.63	1.25	1.41	1.63	1.44	0.90	1.79	1.42	1.86	1.51	1.56
1.04	1.72	1.45	1.31	1.74	1.51	1.40	1.85	1.95	1.93	1.94	1.72
0.79	1.64	1.59	1.45	1.53	1.49	1.27	1.74	1.53	2.30	1.49	1.71
1.34	1.64	1.49	1.61	1.53	1.77	1.49	1.92	1.60	2.06	1.62	1.76
1.03	1.56	1.50	1.19	1.52	1.63	1.54	1.86	1.69	1.94	1.75	1.87
1.22	1.70	1.51	1.20	1.58	1.70	1.54	1.96	1.41	1.92	1.65	1.65
1.23	1.45	1.48	1.21	1.77	1.67	1.18	2.00	1.79	1.94	1.41	1.68
1.30	1.57	1.56	1.23	1.48	1.46	1.32	1.91	1.83	2.21	1.49	1.94
1.26	1.76	1.57	1.38	1.81	1.61	1.06	1.89	1.78	2.22	1.59	1.57
1.38	1.74	1.72	1.25	1.65	1.57	1.52	1.85	1.10	1.38	1.63	1.57
1.07	2.04	1.58	1.41	1.60	1.57	1.06	1.80	1.61	2.18	1.53	1.50
0.93	1.57	1.49	1.52	1.49	1.69	1.10	1.78	1.49	2.00	1.60	1.66
0.96	1.49	1.56	1.19	1.40	1.46	1.34	1.59	1.83	2.00	1.51	1.58
1.25	1.65	0.84	1.54	1.56	1.48	1.46	2.09	1.08	1.70	1.62	1.77
1.06	1.60	1.38	1.67	1.59	1.61	1.09	1.86	1.73	1.54	1.42	1.66
1.30	1.59	1.53	1.64	1.82	1.51	1.54	1.86	1.64	1.88	1.77	1.58
1.28	1.64	1.56	1.34	1.52	1.78	1.09	1.72	1.65	2.04	1.48	1.68
1.15	1.61	1.38	1.23	1.67	1.51	1.54	1.94	1.71	1.97	1.84	1.64
1.31	1.66	1.28	1.43	1.49	1.72	0.96	1.77	−0.76	2.24	1.55	1.76
1.37	1.58	1.20	0.98	1.72	1.64	1.21	1.74	1.48	1.97	1.63	1.85
1.41	1.62	1.32	1.08	1.59	1.75	1.30	2.18	1.23	1.79	1.52	1.70
0.72	1.90	1.42	1.09	1.59	1.53	1.57	1.73	1.83	1.70	1.45	1.66
1.12	1.65	1.56	1.12	1.45	1.72	1.27	1.84	1.48	1.99	1.66	1.67
1.08	1.67	1.37	1.46	1.70	1.78	1.41	1.74	1.35	2.06	1.51	1.63
1.34	1.68	1.33	1.20	−0.06	1.75	1.70	1.74	1.66	1.86	1.62	1.89
1.14	1.57	1.36	1.34	1.59	1.51	1.71	1.70	1.24	1.82	1.57	1.71
1.28	1.61	1.03	1.11	1.52	1.67	1.47	1.99	1.60	2.18	1.70	1.75
1.22	1.58	1.23	1.44	1.74	1.80	1.49	2.03	1.76	2.01	1.52	1.73
0.97	1.34	1.57	1.23	1.59	1.61	1.11	1.96	1.13	1.88	1.50	1.82
0.90	1.60	1.35	1.11	1.42	1.58	1.49	1.82	1.43	1.81	1.62	1.85
1.00	1.58	1.37	1.03	1.37	1.53	1.34	1.69	1.53	1.94	1.56	1.59
1.21	1.59	1.38	1.14	1.65	1.60	1.51	1.87	1.69	1.99	1.61	1.53

续表

S1	S2	S3	S4	S5	S6	S7	S8	S9	S10	S11	S12
1.02	1.43	1.49	1.49	1.48	1.46	1.12	1.84	1.61	1.78	1.47	1.42
1.08	1.92	1.48	1.43	1.52	1.57	1.24	1.76	1.37	2.10	1.64	1.65
1.34	1.81	1.56	1.18	1.74	1.62	1.44	1.72	1.38	2.06	1.40	1.74
1.20	1.71	1.27	1.48	1.54	1.51	1.35	1.93	1.77	2.01	1.68	1.49
0.98	1.48	1.13	1.34	1.63	1.73	1.18	1.84	1.55	2.28	1.47	1.58
1.03	1.09	1.31	0.74	1.21	1.30	0.72	1.41	1.05	1.57	1.31	1.86
1.24	1.62	1.50	1.58	1.71	1.74	1.52	1.69	1.43	1.63	1.47	1.56
1.17	1.69	1.48	1.45	1.64	1.87	1.23	1.81	1.43	2.12	1.35	1.72
1.33	1.51	1.46	1.40	1.77	1.68	1.32	1.79	1.66	1.86	1.51	1.83
1.27	1.60	1.86	1.21	1.47	1.72	1.47	1.69	1.36	2.11	1.66	1.55
1.34	1.68	1.73	1.03	1.54	1.57	1.21	1.85	1.83	2.08	1.44	1.47
1.25	1.67	1.49	1.62	1.79	1.45	1.58	1.61	1.83	1.87	1.36	1.70
1.00	1.80	1.62	1.23	1.57	1.60	1.30	2.02	1.53	1.96	1.51	1.69
1.01	1.79	1.40	1.30	1.82	1.41	1.05	1.91	1.48	1.84	1.44	−1.04
1.28	1.67	1.38	1.74	1.59	1.54	1.59	1.98	1.13	1.72	1.52	1.92
1.08	1.37	1.38	1.40	1.71	1.51	1.31	1.91	1.77	2.25	1.60	1.57
1.24	1.53	1.46	1.29	1.78	1.59	1.54	2.04	1.71	1.83	1.54	1.67
1.14	1.63	1.65	1.35	1.53	1.45	1.47	1.76	1.12	2.21	1.48	1.76
1.44	1.65	1.45	1.02	1.72	1.59	1.69	2.01	1.18	1.98	1.67	1.78
1.17	1.69	1.38	1.00	1.44	1.74	1.25	1.74	1.98	2.23	1.36	1.66
1.09	1.52	1.35	1.19	1.58	1.60	1.73	2.21	1.56	2.13	1.78	1.75
0.98	1.82	1.48	1.53	1.58	1.48	1.37	1.62	1.71	2.26	1.40	1.61
1.57	1.82	1.50	1.20	1.95	1.76	1.82	1.95	1.50	1.65	1.57	1.81
1.10	1.61	1.38	1.56	1.59	1.21	1.34	1.78	1.28	2.02	1.71	1.75
1.32	1.63	1.59	0.98	1.61	1.50	1.31	2.13	1.76	1.87	1.77	1.73
1.27	1.64	1.51	1.32	1.63	1.43	1.13	1.70	1.54	1.96	1.59	1.92
1.04	1.74	1.45	0.79	1.84	1.69	1.17	1.92	1.74	1.73	1.67	1.72
0.85	1.19	1.05	−0.31	1.36	1.45	1.03	1.44	0.80	1.62	1.02	1.78
1.03	1.65	1.61	1.44	1.61	1.36	1.30	1.68	1.73	2.01	1.39	1.67
1.22	1.53	1.37	1.30	1.83	1.67	1.79	2.00	1.61	2.27	1.78	1.83
1.19	1.55	1.45	1.51	1.79	1.39	1.43	1.92	1.86	2.09	1.66	1.99

续表

S1	S2	S3	S4	S5	S6	S7	S8	S9	S10	S11	S12
0.99	2.10	1.47	1.18	1.80	1.73	1.75	1.15	1.95	1.33	1.33	1.84
1.14	1.65	1.67	1.25	1.64	1.26	1.42	1.68	1.60	2.06	1.50	1.81
1.23	1.77	1.63	1.43	1.78	1.77	1.49	2.05	1.74	1.91	1.60	2.00
1.12	1.88	1.55	1.49	1.63	1.29	1.02	2.06	1.65	1.99	1.59	1.61
1.16	2.03	1.29	1.28	1.75	1.66	1.74	2.13	1.72	2.37	1.58	1.80
1.07	1.84	1.54	1.29	1.53	1.49	1.08	1.89	1.64	2.02	1.61	1.92
1.38	1.73	1.33	1.07	1.88	1.80	1.85	2.10	1.81	1.88	1.47	1.63
0.98	1.66	1.71	1.41	1.70	1.49	1.25	1.94	1.50	2.39	1.53	1.60
1.39	1.88	1.34	1.37	1.74	1.52	1.31	2.02	1.61	2.05	1.48	1.91
1.01	1.54	1.18	1.42	1.67	1.52	1.29	2.17	1.92	2.15	1.59	1.65
1.38	1.66	1.56	1.10	1.67	1.81	1.74	2.13	1.87	1.93	1.68	1.60
−0.72	1.54	1.59	1.40	1.53	1.68	1.47	1.78	1.53	2.14	1.68	1.54
1.25	1.66	1.54	1.38	1.54	1.52	1.82	1.91	1.88	1.93	1.53	1.60
1.19	1.62	1.41	1.21	1.99	1.77	1.63	2.03	1.55	2.13	1.36	1.69
1.21	1.72	1.65	1.48	1.81	1.60	1.39	1.85	1.41	2.34	1.49	1.54
1.23	1.60	1.18	1.63	1.79	1.82	1.47	1.80	1.29	2.10	1.42	1.69
1.41	1.67	1.59	1.21	1.60	1.70	1.43	1.77	1.60	1.97	1.62	1.70
1.21	1.75	1.41	1.16	1.77	1.48	1.50	1.63	1.60	2.13	1.62	1.80
1.28	1.83	1.50	1.48	1.65	1.61	−0.04	2.14	1.62	2.21	1.37	1.71
1.08	1.73	1.60	1.52	1.65	1.64	1.37	1.67	1.52	2.21	1.55	1.82
1.33	1.76	1.46	1.37	1.54	1.53	1.54	1.95	1.36	1.99	1.52	1.64
1.33	1.65	1.43	1.22	1.30	1.61	1.64	1.76	1.78	2.22	1.65	1.91
1.20	1.61	1.48	1.35	1.56	1.64	1.39	1.91	1.50	1.98	1.81	1.54
1.26	1.56	1.45	1.49	1.52	1.50	1.38	1.84	1.67	2.30	1.68	1.79
1.19	1.61	1.09	1.42	1.53	1.74	1.48	1.86	1.69	1.97	1.50	1.81
1.21	1.68	1.59	1.41	1.67	1.62	1.55	2.15	1.27	2.40	1.53	1.71
1.36	1.70	1.62	1.26	1.53	1.63	1.48	1.92	1.77	2.25	1.70	1.42
1.39	1.72	1.39	1.72	1.74	1.57	1.32	1.96	1.49	2.14	1.63	1.73
1.16	1.80	1.49	0.62	1.56	1.59	1.66	1.76	1.51	2.19	1.75	1.64
1.53	1.65	1.53	1.42	1.63	1.58	1.46	2.04	1.43	2.09	1.72	1.70
1.39	1.74	1.33	1.28	1.58	1.40	1.47	1.77	1.97	1.93	1.52	1.80

续表

S1	S2	S3	S4	S5	S6	S7	S8	S9	S10	S11	S12
1.10	1.78	1.40	0.94	1.64	1.61	1.54	1.76	1.60	2.21	1.45	1.73
1.08	1.83	1.43	1.35	1.57	1.65	1.50	1.89	1.49	2.12	1.54	1.66
1.32	1.50	1.35	1.10	1.82	1.65	1.19	1.92	1.50	2.13	1.47	1.62
1.29	1.56	1.55	1.17	1.58	1.61	1.34	1.90	1.76	1.99	1.56	1.59
1.39	1.41	1.51	1.30	1.98	1.59	1.74	1.85	1.36	2.37	1.53	1.63
1.20	1.78	1.52	1.46	1.50	1.58	1.77	1.84	1.78	1.79	1.64	1.67
1.18	1.62	1.31	1.17	1.37	1.57	1.46	1.84	1.52	2.16	1.75	1.77
1.27	1.67	1.38	1.17	1.70	1.66	1.62	1.95	1.60	1.82	1.52	1.79
1.11	1.61	1.84	1.47	1.86	1.69	1.40	1.97	1.38	2.00	1.39	1.67
1.29	1.70	1.58	1.01	1.65	1.52	1.30	1.85	1.72	1.97	1.71	1.65
1.05	1.54	1.51	1.48	1.79	1.48	1.30	1.77	1.65	2.24	1.63	1.66
1.10	1.59	1.35	1.16	1.24	1.95	1.76	1.69	1.67	1.79	1.38	1.90
1.21	1.60	1.56	1.21	1.63	1.80	1.60	1.91	1.67	2.20	1.51	1.72
1.44	1.67	1.38	1.38	1.65	1.51	1.61	1.82	1.22	1.82	1.52	1.97
1.24	1.50	1.62	1.41	1.70	1.56	1.35	1.76	1.27	2.19	1.58	1.52
1.03	1.66	1.65	1.32	1.57	1.73	1.35	1.74	1.55	2.04	1.66	1.79
1.27	1.60	1.51	1.58	1.66	1.79	1.30	2.00	1.73	0.39	1.59	1.67
1.03	1.86	1.34	1.60	1.66	1.61	1.40	1.82	1.39	1.81	1.55	1.89
1.51	1.58	1.80	1.38	1.44	1.71	1.28	1.92	1.21	2.17	1.47	1.92
1.32	1.89	1.52	1.51	1.47	1.63	1.64	1.89	1.56	2.17	1.62	1.69
1.19	1.89	1.64	1.39	1.72	1.59	1.11	1.95	1.44	2.38	1.61	1.63
1.16	1.63	1.47	1.38	1.42	1.71	1.42	1.94	1.54	1.99	1.74	1.75
1.32	1.46	1.31	1.22	1.68	1.57	1.22	1.78	1.86	2.25	1.50	1.66
0.84	1.62	1.62	1.41	1.62	1.60	1.52	1.94	1.45	1.85	1.48	1.64
1.30	1.69	1.57	1.51	1.80	1.56	1.17	1.85	1.53	2.06	1.48	1.76
1.21	1.50	1.41	1.17	1.65	1.49	1.46	1.89	1.43	1.91	1.52	1.66
1.44	1.60	1.56	1.46	1.78	1.59	1.63	1.95	1.43	2.05	1.53	1.74
1.17	1.88	1.45	1.33	1.55	1.61	1.13	2.04	1.38	2.11	1.51	1.86
1.31	1.75	1.18	1.50	1.61	1.69	1.43	1.72	1.55	2.14	1.38	1.67
1.01	1.76	1.60	1.38	1.42	1.67	1.52	1.71	1.06	1.25	1.63	1.54
1.19	1.96	1.43	1.33	1.74	1.59	1.42	1.78	1.69	1.83	1.69	1.62

续表

S1	S2	S3	S4	S5	S6	S7	S8	S9	S10	S11	S12
1.23	1.78	1.43	1.49	1.48	1.72	1.48	1.76	1.60	2.04	1.75	1.78
1.23	1.63	1.46	1.20	1.56	1.55	1.76	1.84	1.86	1.92	1.55	1.61
1.39	1.58	1.56	1.01	1.65	1.64	1.31	1.53	1.71	2.02	1.59	1.82
1.05	1.73	1.48	1.54	1.66	1.58	1.54	1.92	1.45	2.13	1.59	1.62
1.01	1.64	1.53	1.43	1.71	1.54	1.18	1.74	1.69	2.41	1.60	1.44
1.14	1.80	1.35	1.08	1.68	1.69	1.58	1.98	1.60	1.88	1.54	1.78
1.36	1.59	1.17	1.47	1.68	1.44	0.99	1.83	1.43	1.95	1.48	1.48
1.21	1.89	1.36	1.55	1.73	1.59	1.28	1.94	1.83	1.99	1.58	1.77
1.07	1.80	1.38	1.50	1.73	1.54	1.31	1.70	1.59	1.87	1.54	1.64
1.35	1.50	1.27	1.21	1.72	1.65	1.29	1.83	1.65	2.17	1.46	1.68
1.18	1.83	1.59	1.31	1.81	1.52	1.52	1.85	1.60	2.00	1.49	1.77
1.44	1.72	1.60	1.38	1.71	1.47	1.19	1.88	1.26	1.83	1.55	1.61
1.28	1.75	1.53	1.54	1.75	1.58	1.09	1.82	1.78	2.12	1.67	1.75
1.13	1.76	1.41	1.47	1.64	1.78	1.72	1.77	1.40	2.00	1.64	1.60
1.22	1.65	1.30	1.53	1.60	1.50	1.39	1.80	1.82	2.08	1.39	1.69
1.10	1.59	1.47	1.42	1.70	1.58	1.37	1.96	1.49	2.25	1.49	1.66
1.39	1.80	1.41	1.32	1.72	1.43	1.42	1.92	1.59	2.29	1.55	1.63
0.93	1.35	1.01	0.96	1.27	1.24	1.02	1.25	1.24	1.24	2.34	1.65
1.18	1.72	1.48	1.62	1.72	1.51	1.02	1.90	1.47	2.09	1.61	1.72
1.44	1.72	1.56	1.23	1.70	1.86	1.47	1.84	1.31	2.17	1.66	1.66
1.31	1.39	1.16	1.60	1.70	1.56	0.93	1.91	1.93	2.48	1.70	1.79
0.90	1.53	1.66	1.37	1.78	1.72	1.30	1.88	1.14	2.37	1.67	1.67
1.19	1.55	1.52	1.48	1.71	1.41	1.60	2.08	1.75	1.85	1.63	1.68
1.42	1.80	1.66	1.36	1.57	1.46	1.70	2.16	1.50	1.89	1.57	1.58
0.96	1.84	1.42	1.41	1.64	1.58	1.55	1.94	1.38	2.16	1.56	1.75
1.15	1.72	1.48	1.38	1.60	1.70	1.54	1.82	1.32	1.82	1.46	1.65
1.10	1.67	1.54	1.31	1.64	1.59	1.43	1.84	1.42	2.08	1.45	1.69
0.92	1.58	1.58	1.46	1.75	1.65	1.15	1.66	1.64	2.26	1.58	1.91
1.01	1.65	1.50	1.48	1.41	1.45	1.19	1.91	1.51	2.13	1.59	1.62
1.09	1.71	1.55	1.48	1.49	1.76	1.55	1.87	1.59	2.09	1.50	1.73
1.30	1.70	1.51	1.12	1.53	1.62	1.35	1.80	0.98	1.82	1.58	1.58
1.33	1.73	1.51	1.29	1.56	1.57	1.10	1.98	1.27	2.07	1.75	1.80

续表

S1	S2	S3	S4	S5	S6	S7	S8	S9	S10	S11	S12
1.17	1.68	1.48	1.29	1.58	1.48	1.30	1.88	1.70	1.99	1.63	1.65
1.38	1.69	1.36	1.49	1.67	1.72	1.35	1.97	1.59	2.15	1.37	1.72
0.91	1.70	1.42	1.48	1.89	1.48	1.32	1.94	1.68	2.24	1.53	1.76
1.38	1.65	1.36	1.46	1.66	1.72	1.14	1.88	1.75	2.00	1.36	1.69
1.38	1.58	1.17	1.64	1.53	1.58	1.54	1.97	1.35	2.08	1.54	1.71

3. 能耗节约量对比

对所列出的土桥—四惠方向、四惠—土桥方向 190 个车次（全部车次）所得列车节能优化运行方案相对于参考运行方案的能耗节约量进行汇总，以列车运行速度这一与牵引能耗最为直接的影响要素为对象，图 6-17 和图 6-19 分别绘制出了两个方向所有车次区间能耗节约量与列车运行速度的关系边界，图 6-18 和图 6-20 分别绘制出了利用全部特征数据得到的拟合曲线，其具体的关系模型如下。

土桥—四惠方向的拟合模型为

$$\delta E(\overline{v}_{\text{sec}}) = -0.00113\overline{v}_{\text{sec}}^2 + 0.1316\overline{v}_{\text{sec}} - 2.002 \quad (6-14)$$

四惠—土桥方向的拟合模型为

$$\delta E(\overline{v}_{\text{sec}}) = 0.0001433\overline{v}_{\text{sec}}^2 + 0.0281\overline{v}_{\text{sec}} + 0.06235 \quad (6-15)$$

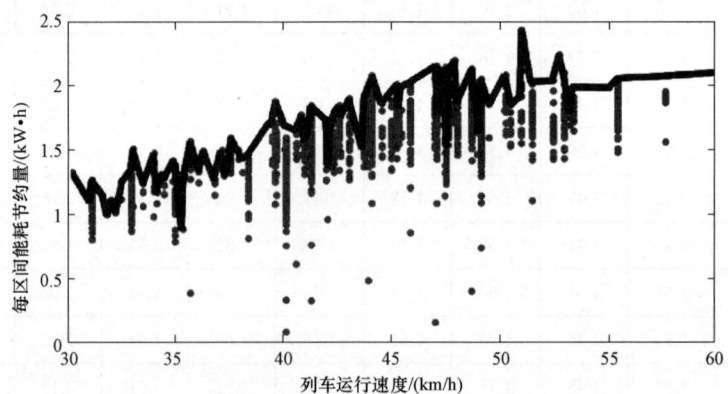

图 6-17 列车能耗节约量与运行速度的关系边界（土桥—四惠）

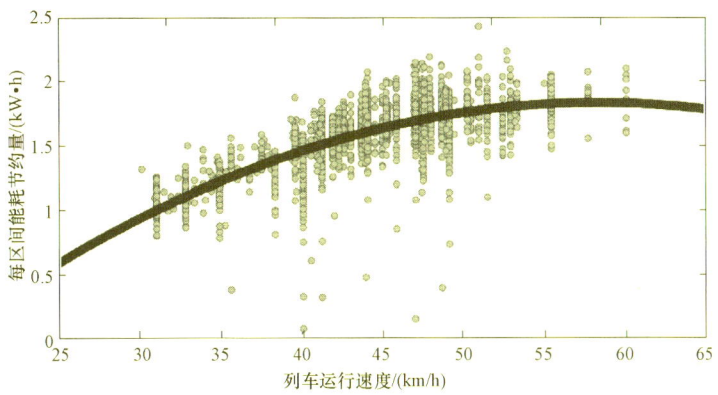

图 6-18 列车能耗节约量与运行速度的拟合模型（土桥—四惠）

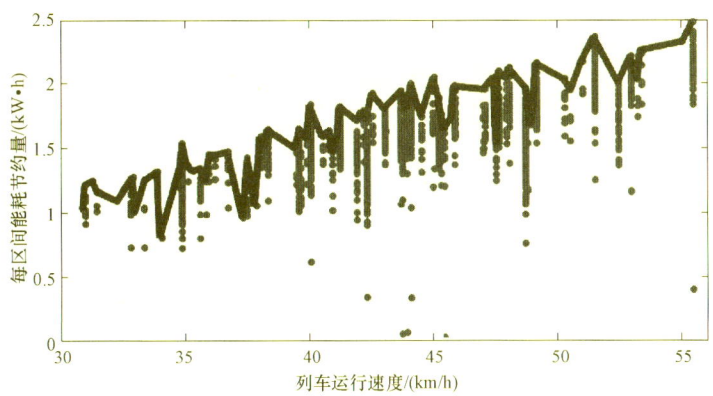

图 6-19 列车能耗节约量与运行速度的关系边界（四惠—土桥）

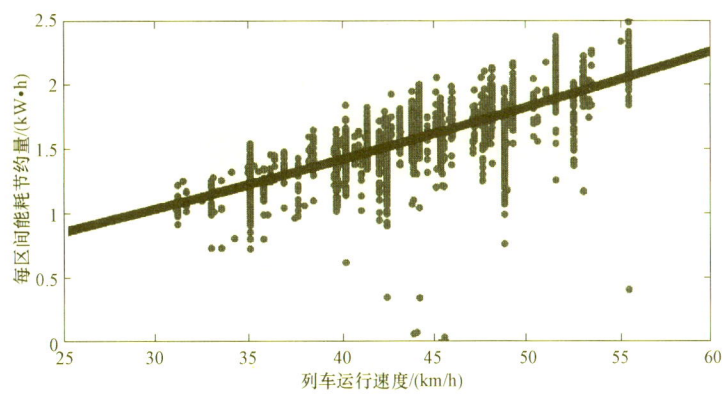

图 6-20 列车能耗节约量与运行速度的拟合模型（四惠—土桥）

从上述结果可以得出以下结论。

① 不同计划列车区间运行速度条件下，在采用本章所给出的节能牵引策略的情况

下，能耗节约水平各有不同，且存在较大差异；总体而言，所达到的能耗节约量与计划运行速度成正比。

② 不同区间即使采用相同的计划运行速度，其所达到的节能水平也存在较大差异；单独采用二项拟合方式不可能对所有样本点实现无差拟合，但能够在一定程度上反映两个量之间的趋势关系。

③ 八通线各个区间的线路条件具有较大差异，因此在制定相应的节能策略时，需要定制化考虑各区间的区别，而非采用完全一致的策略。

④ 虽然在评估中各个计划列车所能达到的节能水平不一，但在实际运行中按照预定计算得出的优化曲线运行，能够在一定程度上实现预期的节能效果，由于实际运行条件限制及列车牵引控制操纵的跟踪出现偏差，其实现能力会低于理论分析评估的水平，但其反映出的节能趋势及规律能够为实际的操纵与实施工作提供指导。

第 7 章
城市轨道交通能量综合利用与能效管理系统

7.1 系统架构设计

7.1.1 平台物理架构

基于城市轨道交通系统实际运营情况，城市轨道交通能量综合利用与能效管理平台采用集中式结构（集中式的平台设计更有利于保障系统的稳定性与数据的安全性），即城市轨道交通系统设置一个系统级的能效管理中心和若干个子系统级的能效管理中心。系统级的能效管理中心可以通过城市轨道交通系统局域网从各子系统级的能效管理中心获取能耗数据，从而实现城市轨道交通系统能耗数据的集中监测和管理。

城市轨道交通能量综合利用与能效管理平台的物理架构图如图 7-1 所示。

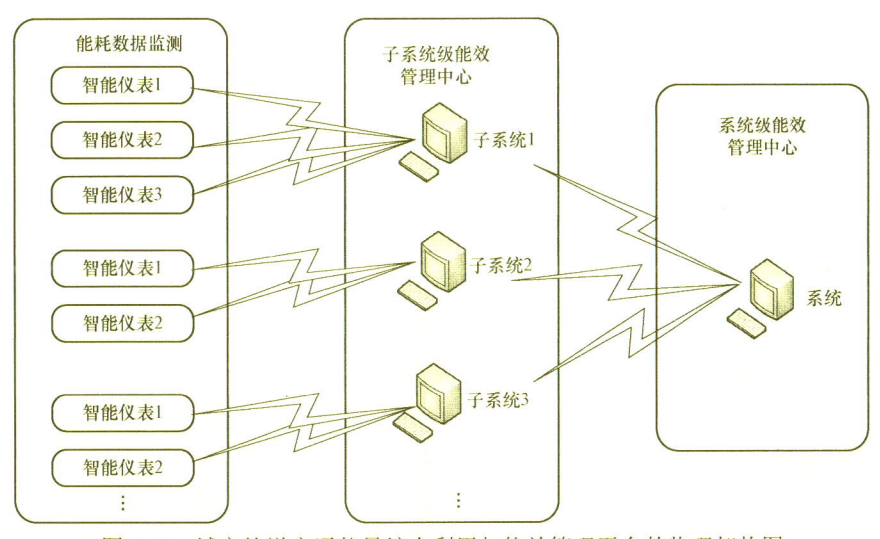

图 7-1 城市轨道交通能量综合利用与能效管理平台的物理架构图

7.1.2 平台总体架构

城市轨道交通能量综合利用与能效管理平台的总体架构设计包括三个层面：数据层、支撑层和应用层。

1. 数据层

数据层是城市轨道交通能量综合利用与能效管理平台的数据来源，是平台构建的基础，平台大部分功能的实现都需要有数据的支撑。根据目前的研究需求，数据层中应包含城市轨道交通系统、子系统的额定能耗数据、历史能耗数据、运营能耗数据和能效阈值数据。其中需要对能效阈值数据进行解释，在理论研究中，通过历史能耗数据计算得出城市轨道交通系统、子系统的能效阈值数据。这样得到的阈值数据有可能会和实际阈值数据有偏差。如果可以获得城市轨道交通系统、子系统的阈值数据，对于后续城市轨道交通系统能效控制策略的研究将有极大的帮助。

2. 支撑层

支撑层是城市轨道交通能量综合利用与能效管理平台的方法支撑，是平台的核心，平台具体功能的实现必须依靠合理的方法和手段。根据相关研究，城市轨道交通能量综合利用与能效管理平台包含以下内容：能耗数据关联分析方法、能耗关联网络模型构建方法、能耗关联网络节点权重计算方法、能效特征值涌现计算方法、关键能效节点辨识方法及能效调控策略。

3. 应用层

应用层是城市轨道交通能量综合利用与能效管理平台的具体功能，是平台的表现形式。根据相关研究内容，城市轨道交通能量综合利用与能效管理平台包含以下 4 个功能模块：能耗数据统计分析模块、能效节点综合管理模块、全局能效调控模块和平台维护模块。

城市轨道交通能量综合利用与能效管理平台的总体架构如图 7-2 所示。

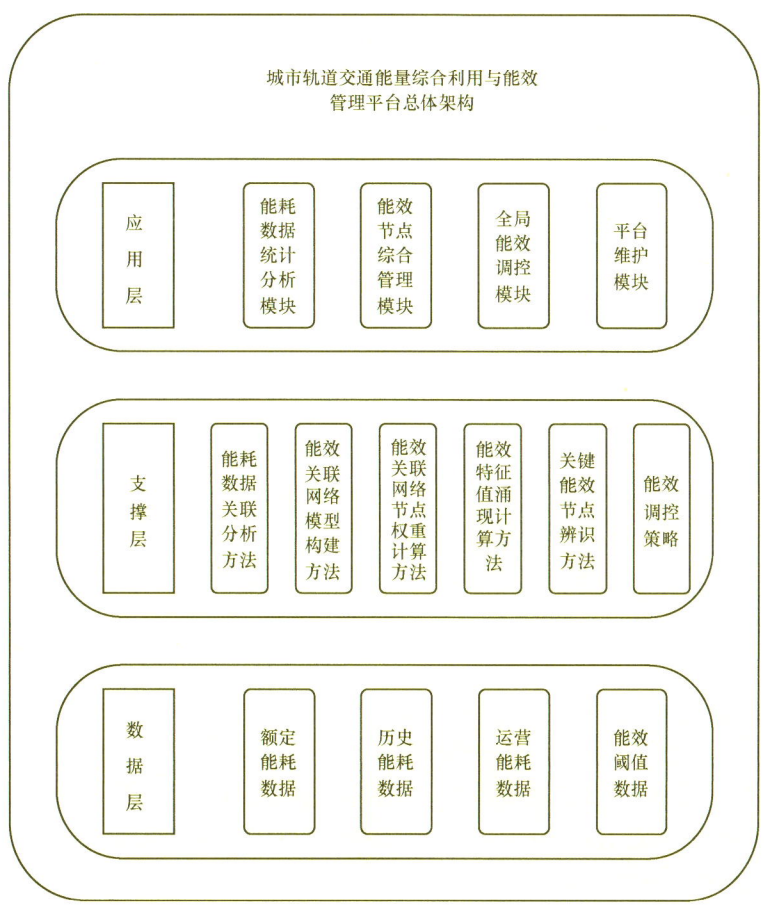

图 7-2　城市轨道交通能量综合利用与能效管理平台总体架构

7.2　系统功能设计

上文已经提出城市轨道交通能量综合利用与能效管理平台包含 4 个功能模块：能耗数据统计分析模块、能效节点综合管理模块、全局能效调控模块和平台维护模块。本节将对各个模块的具体功能进行介绍，其中核心功能将给出详细的设计方案。

7.2.1　能耗数据统计分析模块

能耗数据统计分析模块可以实现对系统、子系统能耗信息的管理、查询及分析，其功能如下：

① 能耗数据资料管理。能够对能耗数据资料进行增加、删除、查询和修改。

② 能耗数据信息分析、挖掘。能够对能耗数据信息进行分析、挖掘，同时也能探索

城市轨道交通系统能耗数据中关联因素并进行分析。

7.2.2 能效节点综合管理模块

能效节点综合管理模块，是对城市轨道交通系统中能效节点进行管理和对节点在能耗关联网络中重要度进行评估的模块，其功能主要如下。

① 能效节点添加。当城市轨道交通系统的能效节点增多时，能够实现平台添加新增加的能效节点，为平台提供实时准确的能效节点信息。

② 能效节点删除。当城市轨道交通系统的能效节点减少时，能够实现平台删除不存在的能效节点，为平台提供实时准确的能效节点信息。

③ 能效节点查询。能够通过平台查询任何一个能效节点的属性信息。

④ 能效节点修改。当能效节点的属性信息发生变化时，能够实现对能效节点属性信息的修改，为平台提供实时准确的能效节点信息。

⑤ 能效节点重要度评估。能够依据能效节点的属性信息对能效节点的重要度进行评估和计算。

7.2.3 全局能效调控模块

全局能效调控模块主要实现城市轨道交通系统能耗过程表征参数的计算、城市轨道交通系统能效关键节点的辨识，并可基于上述研究得到不同层的城市轨道交通系统能效调控策略，其具体功能如下。

① 系统能耗过程表征参数计算。基于城市轨道交通系统额定能耗数据、历史能耗数据/实际能耗数据，能够实现对城市轨道交通系统、子系统的历史/实际能耗过程表征参数的计算。

② 系统关键能效节点的辨识。基于数据可以对系统目前的关键能效节点进行辨识，让用户可以直观地看出系统能效控制的关键节点，从而有利于用户对系统能效的调控。

③ 系统能效分层管理。当用户给出具体的能效调控目标后，平台将依据系统关键能效节点的辨识结果和各系统、子系统的能效阈值，为用户提供最合理的能效调控策略；基于城市轨道交通系统能耗关联网络模型，可以为不同层级的城市轨道交通系统的能效调控提供不同的策略。

7.2.4 平台维护模块

① 用户管理。用户管理模块对用户权限进行设置，采用表驱动方式，即从系统的操作细化到功能。首先，对用户进行组分配；其次，明确各个用户使用的功能；最后，明确用户和用户组的具体隶属关系。该模块主要执行用户组、用户信息的维护及功能项的添加、修改、删除和查询等。

② 部门管理。对各子系统级的能效管理中心的基础信息、职权信息、机构设置等进

行管理。

③ 权限管理。对访问平台的用户权限进行管理。

④ 联系人管理。对子系统级的能效管理中心的相关负责人进行管理，以确保其能及时更新信息。

7.3 城市轨道交通能量综合利用与能效管理平台数据流图与接口设计

7.3.1 城市轨道交通能量综合利用与能效管理平台数据流图

基于能效管理平台的功能设计，结合提出的相关计算方法，从平台数据传递和数据加工的角度，构建城市轨道交通能量综合利用与能效管理平台数据流图如图7-3所示。

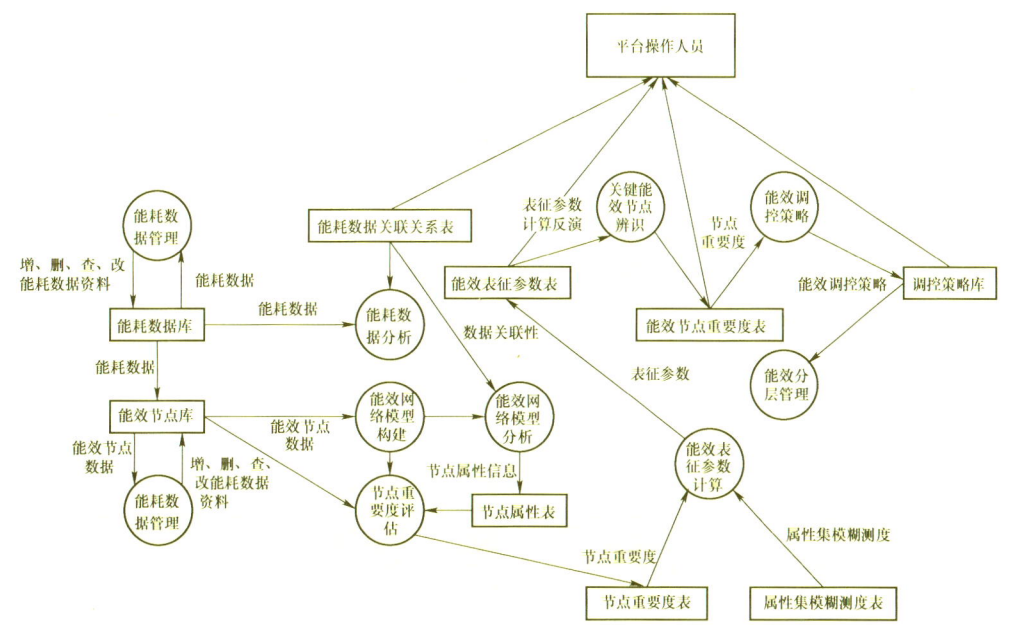

图7-3 城市轨道交通能量综合利用与能效管理平台数据流图

7.3.2 城市轨道交通能量综合利用与能效管理平台接口设计

1. 增加、删除、查询、修改能耗记录

输入项：要增加、删除、询查、修改的系统、子系统的能耗数据记录。

输出项：该操作已增加/删除/查询/修改成功。

接口设置及接口异常处理见表7-1。

表7-1 增加/删除/查询/修改能耗记录接口设置

接口	接口设置	接口异常处理
增加能耗数据	ENERGYMANAGER.AENERGY( )	ENERGYMANAGER_AENERGY_EXCEPTION( )
删除能耗数据	ENERGYMANAGER.DENERGY( )	ENERGYMANAGER_DENERGY_EXCEPTION( )
查询能耗数据	ENERGYMANAGER.SENERGY( )	ENERGYMANAGER_SENERGY_EXCEPTION( )
修改能耗数据	ENERGYMANAGER.EENERGY( )	ENERGYMANAGER_EENERGY_EXCEPTION( )

2. 能耗数据关联性分析

输入项：历史能耗数据、运营能耗数据。

输出项：能耗数据之间的关联性指标——Pearson系数。

接口设置及接口异常处理见表7-2。

表7-2 能耗数据关联性分析接口设置

接口	接口设置	接口异常处理
能耗数据关联性	ENERGYMANAGER.C ENERGY( )	ENERGYMANAGER CENERGY_EXCEPTION( )

3. 添加、删除、查询、修改能效节点

输入项：要添加、删除、查询、修改的系统、子系统的能效节点属性信息。

输出项：该操作已添加、删除、查询、修改成功。

接口设置及接口异常处理见表7-3。

表7-3 添加/删除/查询/修改能效节点接口设置

接口	接口设置	接口异常处理
添加能效节点	EFFICIENCY.AENERGY( )	EFFICENCY_AENERGY_EXCEPTION( )
删除能效节点	EFFICTENCY.DENERGY( )	EFFICIENCY_DENERGY_EXCEPTION( )
查询能效节点	EFFICIENCY.SENERGY( )	EFFICIENCY_SENERGY_EXCEPTION( )
修改能效节点	EFFICIENCY.EENERGY( )	EFFICTENCY_EENERGY_EXCEPTION( )

4. 能效节点权重计算

输入项：能效节点的拓扑属性和数据属性，其中拓扑属性包括节点的重要度、介数和聚类系数，数据属性包括节点的能耗和节点强度。

输出项：能效节点在能耗关联网络中的节点权重。

接口设置及接口异常处理见表7-4。

表7-4 能效节点权重计算接口设置

接　　口	接 口 设 置	接口异常处理
能效节点权重	EFFICIENCY.EVALUATE( )	EFFICIENCY_EVALUATE_EXCEPTION( )

5. 系统能耗过程表征参数计算

输入项：可监测能效节点的额定能耗数据和历史/实际能耗数据及能效节点的权重。
输出项：不可监测能效节点的能耗过程表征参数。
接口设置及接口异常处理见表7-5。

表7-5 系统能耗过程表征参数计算接口设置

接　　口	接 口 设 置	接口异常处理
系统能耗过程表征参数计算	EFFICIENCY.VALUE( )	EFFICIENCY_VALUE_EXCEPTION( )

6. 系统关键能效节点的辨识

输入项：系统能耗过程表征参数的计算公式和系统能耗过程表征参数计算过程中各属性集的模糊测度。
输出项：系统节点的能耗过程重要度。
接口设置及接口异常处理见表7-6。

表7-6 系统关键能效节点辨识接口设置

接　　口	接 口 设 置	接口异常处理
系统关键能效节点辨识	EFFICIENCY.IDENTIFY( )	EFFICIENCY_IDENTIFY_EXCEPTION( )

7. 系统能效调控策略

输入项：各能效节点能耗过程表征参数变化值和其所对应系统能耗过程表征参数变化值。
输出项：基于系统节点的能耗过程重要度的系统能效调控策略。
接口设置及接口异常处理见表7-7。

表7-7 系统能效调控策略接口设置

接　　口	接 口 设 置	接口异常处理
系统能效调控策略	EFFICIENCY.CONTROL( )	EFFICIENCY_CONTROL_EXCEPTION( )

8. 系统能效分层管理

输入项：用户选择进行能效调控的层的编号。
输出项：用户选择进行能效调控的层的控制策略。
接口设置及接口异常处理见表7-8。

表7-8 系统能效分层管理接口设置

接口	接口设置	接口异常处理
系统能效分层管理	EFFICIENCY.LAYMANAGE( )	EFFICIENCY_LAYMANAGE_EXCEPTION( )

9. 用户管理

输入项：用户登录信息。
输出项：用户添加、修改、删除和查询的信息。
接口说明：为用户提供添加、修改、删除和查询服务。
接口设置及接口异常处理见表7-9。

表7-9 用户管理接口设置

接口	接口设置	接口异常处理
用户添加	GLOBAL.AMANAGER( )	GLOBAL_AMANAGER_EXCEPTION( )
用户修改	GLOBAL.EMANAGER( )	GLOBAL_EMANAGER_EXCEPTION( )
用户删除	GLOBAL.DMANAGER( )	GLOBAL_DMANAGER_EXCEPTION( )
用户查询	GLOBAL.SMANAGER( )	GLOBAL_SMANAGER_EXCEPTION( )

10. 部门管理模块

对各子系统级的能效管理中心的基础信息、职权信息、机构设置等进行管理。
输入项：各个部门的相关信息。
输出项：用户添加、修改、删除和查询的信息。
接口说明：为用户提供添加、修改、删除和查询服务。
接口设置及接口异常处理见表7-10。

表7-10 部门管理接口设置

接口	接口设置	接口异常处理
信息添加	GLOBAL.AINFORMATION( )	GLOBAL_AINFORMATION_EXCEPTION( )
信息修改	GLOBAL.EINFORMATION( )	GLOBAL_EINFORMATION_EXCEPTION( )
信息删除	GLOBAL.DINFORMATTON( )	GLOBAL_DINFORMATJON_EXCEPTION( )
信息查询	GLOBAL.SINFORMATTON( )	GLOBAL_SINFORMATION_EXCEPTION( )

第 7 章 城市轨道交通能量综合利用与能效管理系统

11. 联系人管理模块

输入项：各个部门负责人登录信息。
输出项：对能耗负责人下发的信息及负责人修改后的信息。
接口说明：该模块为能耗数据负责人提供，此模块可为其提供能耗数据的上传等功能。
接口设置及接口异常处理见表 7-11。

表 7-11 联系人管理接口设置

接　　口	接 口 设 置	接口异常处理
联系人管理	ENERGY.UPLOAD( )	ENERGY_UPLOAD_EXCEPTION( )

7.4 系统界面设计

上文对城市轨道交通能量综合利用与能效管理平台的架构设计、功能设计及平台模块之间接口和数据流进行了介绍，下面对城市轨道交通能量综合利用与能效管理平台中部分功能界面进行展示。

图 7-4 展示了城市轨道交通能量综合利用与能效管理平台的登录界面，用户可以通过账号和密码登录系统。

图 7-4 城市轨道交通能量综合利用与能效管理平台登录界面

图 7-5 展示了城市轨道交通能量综合利用与能效管理平台的能耗数据统计分析模块界面，用户可以通过按钮完成城市轨道交通系统能耗数据的管理和分析。其中，能耗数据管理包括能耗数据的增加、删除、查询和修改，如图 7-5（a）所示；能耗数据分析包括能耗数据基础分析和能耗数据关联性分析，如图 7-5（b）所示。

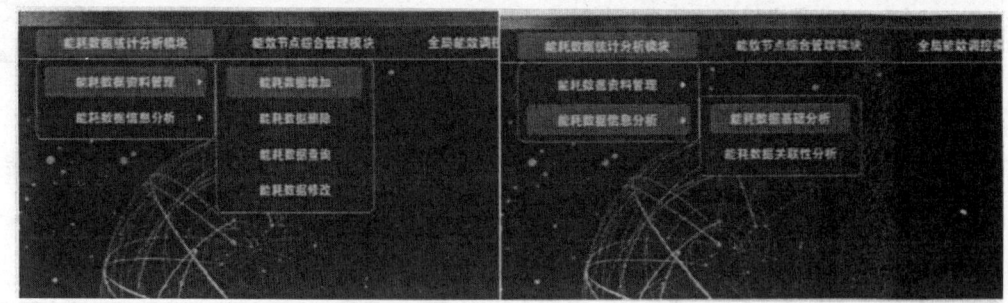

(a)能耗数据资料管理　　　　　　　　　(b)能耗数据分析

图 7-5　城市轨道交通能量综合利用与能效管理平台的能耗数据统计分析模块界面

图 7-6 展示了城市轨道交通能量综合利用与能效管理平台的能效节点综合管理模块，用户可以通过按钮完成城市轨道交通系统能效节点的管理和能效节点权重的计算。

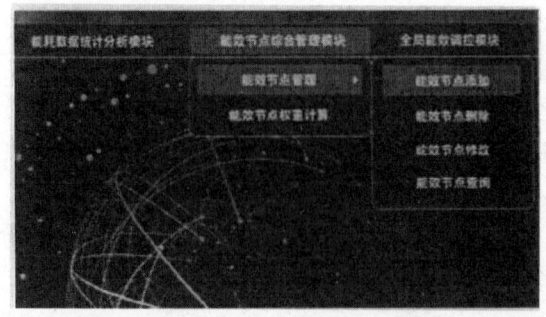

图 7-6　城市轨道交通能量综合利用与能效管理平台的能效节点综合管理模块界面

图 7-7 展示了城市轨道交通能量综合利用与能效管理平台的全局能效调控模块界面，用户可以通过按钮实现城市轨道交通系统能耗过程表征参数的计算、能效关键节点的辨识，进而实现系统能效的分级管理。

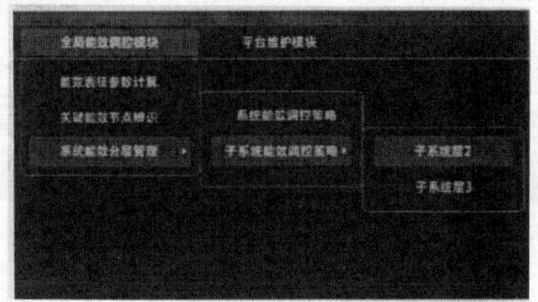

图 7-7　城市轨道交通能量综合利用与能效管理平台的全局能效调控模块界面

图 7-8 展示了城市轨道交通能量综合利用与能效管理平台的维护模块界面，用户可

以通过按钮实现平台对于用户、部门、权限和联系人的管理操作。

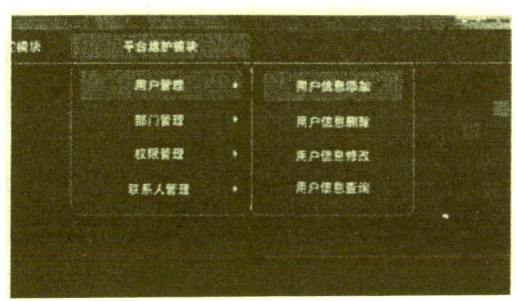

图 7-8　城市轨道交通能量综合利用与能效管理平台的维护模块界面

参考文献

[1] 杨永平，边颜东，周晓勤，等. 我国城市轨道交通存在的主要问题及发展对策[J]. 城市轨道交通研究，2013（10）：1-6.

[2] 周晓勤. 中国城市轨道交通的发展现状及机遇[J]. 城市轨道交通，2018（10）：23-24.

[3] 韩宝明，金天凤，方恒堃，等. 中国城市轨道交通系统多制式发展综述[J]. 都市快轨交通，2018，31（1）：45-50.

[4] 张坤. 城市轨道交通牵引能耗系统性节能研究[J]. 现代制造技术与装备，2019（5）：85-88.

[5] 宋勐潇，李杰，张洪广. 一种城市轨道交通节能优化控制算法设计[J]. 机车电传动，2017（2）：101-105.

[6] 李晋. 城市轨道交通列车能耗监测及节能方案研究[J]. 铁道运输与经济，2017，39（4）：95-100.

[7] 杨严杰，贺德强，郭锐. 轨道交通全自动驾驶及运营节能策略[J]. 控制与信息技术，2018（6）：14-20.

[8] 段洪亮. 城市轨道交通车辆照明系统节能方案研究[J]. 城市轨道交通研究，2018，21（2）：34-37.

[9] 彭磊. 城市轨道交通列车牵引节能综合技术研究与实践[J]. 城市轨道交通研究，2018，21（3）：84-92.

[10] 贺力霞，韩宝明，李得伟，等. 基于动态客流的城市轨道交通列车牵引能耗分析[J]. 都市快轨交通，2018，31（1）：143-148.

[11] 高东升. 城市轨道交通能耗特性分析及评价指标研究[J]. 电气化铁道，2019，30（6）：78-82.

[12] 卢海洋，尹华，郭华芳. 地铁车站节能研究现状[J]. 新能源进展，2019，7（4）：333-345.

[13] 石静雅，苏永清，岳继光. 轨道交通能耗影响因素分析及能耗评价体系的建立[J]. 铁道运输与经济，2008（9）：46-49.

[14] 穆广友，李晓龙，尹力明，等. 地铁车站照明系统能耗分析及节能对策[J]. 城市轨道交通研究，2010，13（8）：35-39.

[15] 袁宏伟，孔令洋. 城市轨道交通能耗影响因素及测算研究[J]. 都市快轨交通，2012，25（2）：41-44.

[16] 谢汉生，满朝翰，商一帆. 地铁主要能耗影响因素及节能措施分析研究[J]. 现代城市轨道交通，2013（4）：65-67.

[17] 陈进杰，高桂凤，王兴举，等. 城市轨道交通全寿命周期能耗计算方法[J]. 交通运

输工程学报，2014，14（4）：89-97.

[18] 步兵，滕昌敏，陈尔超，等. 城市轨道交通多车协作节能控制方法研究[J]. 铁道学报，2018，40（8）：43-51.

[19] 杨松坡. 面向乘客的多目标城市轨道交通列车节能运行图优化[D]. 北京：北京交通大学，2019.

[20] 王慧文. 城市轨道交通车站能耗预测及定额标准研究[D]. 北京：北京交通大学，2019.

[21] 王环宇. 城市轨道交通车站动力系统能耗体系分析与节能措施研究[D]. 北京：北京交通大学，2018.

[22] 刘志鹏. 城市轨道交通系统运营能耗研究与节能优化[D]. 南京：东南大学，2018.

[23] 乜莹. 地铁车站照明系统能耗分析及节能对策[J]. 中国标准化，2017（8）：29-30.

[24] 王志强. 地铁车站智能照明控制系统方案设计[J]. 城市轨道交通研究，2013（6）：124-125.

[25] 张世勇，张国华. 城市轨道交通通风空调系统的节能研究与应用[J]. 电气化铁道，2012，23（1）：45-47.

[26] 陈世栋. 地铁车站人工照明智能控制与节能研究[D]. 西安：西安建筑科技大学，2013.

[27] 张海尚. 地铁车站通风空调智能控制系统的节能[J]. 城市轨道交通研究，2018，21（9）：45-48.

[28] 张涛，刘晓华，关博文. 地铁车站通风空调系统设计、运行现状及研究展望[J]. 暖通空调，2018，48（3）：8-14.

[29] 穆广友，李晓龙. 地铁车辆基地照明系统能耗分析和节能对策[J]. 装备机械，2011（4）：45-48.

[30] 朱金陵，李会超，王青元，等. 列车节能控制的优化分析[J]. 中国铁道科学，2008（2）：104-108.

[31] 石红国，彭其渊，郭寒英. MRT列车运行模拟模型的多目标改进遗传算法[J]. 西南交通大学学报，2006（5）：658-662.

[32] 冯晓云，何鸿云，朱金陵. 列车优化操纵原则及其优化操纵策略的数学描述[J]. 机车电传动，2001（4）：13-16.

[33] 崔世文，冯晓云. 列车优化操纵与自动驾驶模式的研究与仿真[J]. 铁道机车车辆，2005（5）：12-15.

[34] HOWLETT P G. Optimal strategies for the control of a train[J]. Automatic, 1966, 32(4)：519-532.

[35] HOWLETT P G. Existence of an optimal strategy for the control of a train[C]. School of Mathematics Report 3. University of South Australia, 1988.

[36] HOWLETT P G. Optimal strategies for the control of a train on a track with non-constant gradient[C]. School of Mathematics Report 6. University of South Australia, 1992.

[37] HOWLETT P G, CHENG J. Optimal driving strategies for a train on a track with continuously varying gradient[J]. Austral.Math.Soc, 1995（38）：388-410.

[38] HOWLETT P G, PUDNEY P J. Energy-efficient train control[M]. London: Springer Press, 1995.

[39] HOWLETT P G, PUDNEY P J. Energy-efficient driving strategies for long-haul trains[C]. Proceedings of CORE 2000 Conference on Railway Engineeing. Glenelg, 2000: 154-159.

[40] HOWLETT P G. The optimal control of a train[J]. Annals of operations research, 2000（98）：65-87.

[41] HOWLETT P G, LEIZAROWITZ A. Optimal strategies for vehicle control problems with finite control sets[J]. Dynamics of continuous discrete & impulsive systems, 2001, 8（1）：41-69.

[42] LIU R F, GOLOVITCHER I M. Energy-efficient operation of rail vehicles[J]. Transportation Research Part A, 2003（37）：917-932.